I MiniMammut

158

Quarta edizione in questa collana: dicembre 2021
© 1991 Newton & Compton editori s.r.l.
© 2008, 2016 Newton Compton editori s.r.l., Roma

ISBN 978-88-541-8946-1

www.newtoncompton.com

Realizzazione a cura di Corpotre, Roma

Sigmund Freud

Il sogno
e
Scritti su ipnosi e suggestione

Edizioni integrali

Newton Compton editori

Paperbacks
sezione I MiniMammut
Pubblicazione settimanale, 23 dicembre 2021
Direttore responsabile: Raffaello Avanzini
Registrazione del Tribunale di Roma n. 16024 del 27 agosto 1975
Stampato per conto della Newton Compton editori s.r.l., Roma
presso Puntoweb s.r.l., Ariccia (Roma)

Nota biobibliografica

Sigmund Freud nasce il 6 maggio 1856 nella cittadina morava di Freiberg, allora territorio dell'Impero austro-ungarico, dal terzo matrimonio del padre, Jakob, un modesto commerciante di lane ebreo nella zona di confine tra la Galizia russa e l'Austria, con Amalia Nathanson. Quando il piccolo Sigmund (sulla Bibbia di famiglia il padre gli ha attribuito i nomi Sigismund Schlomo) ha quattro anni, la famiglia si trasferisce a Vienna, dove il fondatore della psicoanalisi vivrà fino al 1938 e che lascerà solo per trascorrere l'ultimo anno della sua vita, da esule, a Londra. Nel 1873 il giovane Freud, dopo essere stato per sette anni consecutivi il miglior studente del suo Ginnasio (lo "Sperlgymnasium"), si iscrive alla Facoltà di Medicina dell'Università di Vienna e viene accolto, per le sue doti di intelligenza e perseveranza nella ricerca, prima nel laboratorio di zoologia di Carl Claus (recandosi per due periodi di studio nella stazione sperimentale di biologia marina a Trieste) e poi nel laboratorio di fisiologia di Ernst Brücke, dove comincia ad approfondire l'istologia e la fisiologia del sistema nervoso, animale ed umano.

Si laurea nel 1881 e nella stessa Facoltà di Medicina, grazie alle sue ricerche e alle sue pubblicazioni in campo istologico e neuropatologico, diventa nel 1885 *Privatdozent*, libero docente, in clinica delle malattie nervose. Di particolare significato durante quegli anni, anche per la storia successiva della nascita e dello sviluppo della psicoanalisi, è un saggio d'impostazione ancora neurologica, *L'interpretazione delle afasie*, che Freud dedica alle patologie del linguaggio. Subito dopo la laurea usufruisce di una borsa di studio di quattro mesi da trascorrere a Parigi per un periodo di studio presso Jean M. Charcot, il celebre medico francese esperto in psicopatologia, che aveva dato dignità scientifica alle patologie isteriche, sottraendole all'ipotesi che fossero solo recite e simulazioni. Ma già a partire da alcuni anni Freud collabora con Joseph Breuer, un medico che si occupa di malattie nervose, anch'egli di origine ebraica e con una posizione di rilievo nella comunità medica viennese.

Attraverso Breuer Freud entra in contatto con il caso di Anna O., la giovane donna i cui gravissimi sintomi isterici vengono curati, per la prima

volta, attraverso il recupero alla memoria di eventi psichici traumatici che
sono stati rimossi dalla coscienza. La pratica della cura e della remissione
dei sintomi non è affidata a somministrazione di farmaci o a interventi di
elettroterapia sul corpo ma alla *parola*, alla possibilità cioè di recuperare,
sotto ipnosi, alla narrazione del paziente quanto ha dovuto rimuovere e
dimenticare. Si comincia così a prefigurare la specificità e l'originalità,
rispetto alle terapie chimico-farmacologiche della medicina ufficiale e
tradizionale, della terapia psicoanalitica quale *talking cure*: ossia quale
terapia che si basa, appunto, solo sulla parola.

Così è dalla consapevolezza che il malato isterico soffre, non per lesioni o
patologie organiche, bensì di «reminescenze», di ricordi non elaborati, che
muove l'avventura della psicoanalisi e di quella scoperta dell'«inconscio»,
che Freud comincia ad approfondire in termini di teoria e di pratica clinica
durante gli ultimi anni dell'800, fino a giungere al libro che lo consacra come
autore pienamente maturo nell'ambito di questo nuovo campo dell'esperienza umana e che è la *Traumdeutung* (*L'interpretazione dei sogni*) del 1900.

Intanto Freud durante gli anni che vanno dal 1895 al 1900 ha abbandonato
definitivamente per motivi economici la difficile strada della ricerca e dei
laboratori universitari, pur mantenendo la libera docenza (che corrisponde
alla possibilità di tenere corsi senza stipendio), ha accettato quindi un posto
con un ruolo secondario nell'Ospedale generale di Vienna, ed infine si è
risolto per la professione privata come medico di malattie nervose. Ha così
potuto sposare nel 1896 Martha Bernays, una giovane di famiglia ebraica
amburghese, con cui è fidanzato dal 1892 e dal matrimonio con la quale
nascono nel giro di dieci anni ben sei figli.

La strada verso l'inconscio è anche la strada della scoperta della sessualità
infantile. *L'interpretazione dei sogni* è infatti il libro che, attraverso l'analisi dell'esperienza onirica, pone in luce l'esistenza nella mente umana di
una logica del pensare diversa da quella della coscienza vigile e normale e
che si presenta come una *logica del pensiero concreto e figurale*. Ma nello
stesso tempo è il libro che evidenzia quanto il darsi di un pensiero inconscio sia legato ad eventi e pulsioni di un mondo infantile, fin dall'inizio
della vita animato e attraversato da tensioni sessuali. Del resto proprio per
tale apertura sul mondo della sessualità, per il non aver trovato consenso
da parte di Breuer su questa causa originariamente sessuale delle malattie
nervose, Freud ha lasciato la collaborazione con il collega più anziano e
ha stretto una intensa simbiosi intellettuale con Wilhelm Fliess, un medico
otorinolaringoiatra di Berlino con il quale Freud avrà un intenso scambio
epistolare che dura ininterrottamente dal 1887 al 1904.

Fliess, con il quale alla fine Freud romperà irriducibilmente, è un uomo la cui cultura attraversa vari campi. È un erudito, con la passione eccentrica per la numerologia: crede infatti a dei cicli bioritmici di 23 e 28 giorni che dovrebbero regolare la vita, rispettivamente, di donne e uomini. Ritiene che il naso sia l'organo fondamentale da cui dipenda la condizione di salute e malattia. Ma soprattutto è l'amico, per non dire la "figura paterna", che discute e dà credito alle idee di Sigmund, impegnato "in solitaria" nei nuovi percorsi delle ipotesi psicoanalitiche. Per altro lo stesso Fliess nei suoi scritti a metà degli anni Novanta tratta della sessualità infantile e introduce, ben prima di quanto farà Freud, il tema della bisessualità umana.

Nel primo decennio del Novecento Freud approfondisce e consolida i risultati conseguiti con *L'interpretazione dei sogni*: l'esistenza della costellazione edipica, quale triangolo che ogni essere umano deve attraversare e superare per raggiungere la sua maturità, la natura energetico-pulsionale del corpo umano che vive del contrasto tra pulsioni libidiche e pulsioni di autoconservazione dell'Io, la teoria dei tre stadi della sessualità, i meccanismi patogeni di difesa a muovere dalla rimozione, la scissione della personalità. Pubblica così, tra molti altri scritti, la *Psicopatologia della vita quotidiana* (1901), i *Tre saggi sulla sessualità* (1905), *Comportamenti ossessivi e pratiche religiose* (1907), in cui riduce la fede religiosa a mera nevrosi, e alcune descrizioni di patologie particolari che diverranno i famosi «casi clinici» del piccolo Hans (1909) e dell'uomo dei topi (1909).

Ormai Freud sta acquisendo sempre più sicurezza nell'addentrarsi nella scoperta del *nuovo continente* dell'esistenza umana, costituito dall'inconscio e dagli effetti della vita fantasmatica sulle pratiche, i comportamenti, gli affetti degli esseri umani. Rivendica che la psicoanalisi non sia solo indagine e terapia delle patologie della mente: per esser tale è anche – *deve essere* – una teoria del funzionamento normale e fisiologico della vita della psiche nella sua compresenza al corpo pulsionale e desiderante. Deve essere cioè una filosofia antropologica generale dell'essere umano ed infatti l'opera freudiana sfocia tra il 1915 e il 1917 nella stesura di una *Metapsicologia*, ossia di un insieme di saggi di definizione complessiva della psiche umana, *al di là* (come indica il prefisso *meta*) di riflessioni psicologiche circostanziate e legate a una finalità solo terapeutica e clinica. Ne uscirà il quadro concettuale più rigoroso e completo della cosiddetta «prima topica», cioè il quadro del rapporto mente-corpo a partire dal dualismo tra pulsioni libidiche e pulsioni di autoconservazione dell'Io.

Per altro Freud non si limita a ciò, perché il suo progetto è quello di estendere la funzione critica della psicoanalisi dall'ambito della mente individuale a quella storica e collettiva. L'antropologia psicoanalitica è ormai in grado d'interpretare, a suo avviso, anche eventi e passaggi fondamentali della storia dell'umanità, fenomeni culturali come l'arte e la religione, movimenti sociali e politici. Di questa "espansione" culturale della psicoanalisi sono testimonianza testi come *Totem e tabú* (1912-13), *Il Mosè di Michelangelo* (1914), *Psicologia collettiva e analisi dell'Io* (1921).

Frattanto Freud consolida «il movimento psicoanalitico» – l'insieme dei collaboratori, soprattutto medici, e dei discepoli che hanno progressivamente aderito alla rivoluzione dell'inconscio – da un punto di vista organizzativo e istituzionale.Tra i suoi allievi più fedeli basti ricordare Karl Abraham, Max Eitigon, Sandor Ferenczi, Paul Federn, Ernst Jones, Otto Rank e fino a un certo momento Alfred Adler e Wilhelm Stekel. Nel 1902 è nata, all'inizio in modo informale, la cosidetta "Società del mercoledì", formata da un gruppo di giovani medici che si stringono attorno a Freud, il mercoledì sera a Vienna, per apprendere, discutere ed imparare ad esercitare la psico-analisi. Da questo nucleo iniziale nasce nel 1908 la Società psicoanalitica viennese. Nel 1910 viene fondata l'"Associazione psicoanalitica interna-zionale" organizzata secondo sezioni nazionali, che nel giro di pochi anni comprende gruppi aventi sede in Austria, Germania, Ungheria, Svizzera, Gran Bretagna, Olanda, Russia, India e negli Stati Uniti. Dal 1908 viene pubblicata una rivista dedicata ai contributi teorici e clinici di argomento psicoanalitico, lo «Jahrbuch für psychoanalitische und psichopathologische Forschungen», cui si accompagna successivamente la pubblicazione di «Imago», un periodico che si occupa delle applicazioni della psicoanalisi nel campo più vasto delle scienze dello spirito.

Ma col consolidamento della dottrina freudiana e con il suo prendere corpo in una scuola di adepti e di studiosi non possono mancare di sorgere ben presto divisioni e scissioni, rispetto agli orientamenti teorici di fondo che Freud è venuto assegnando alla scienza della psiche. La più significa-tiva delle separazioni è quella che si consuma tra Freud e Jung, il giovane psichiatra svizzero, non ebreo a differenza di quasi tutti gli altri suoi disce-poli, cui Freud pensa a un certo punto come al suo più promettente erede spirituale e che invece si allontana dal maestro, proponendo una concezione dell'energia psichica non limitata alla sessualità e dando luogo a una scuola psicoanalitica di diverso indirizzo e ispirazione.

Inoltre a segnare profondamente la vita e la riflessione di Freud giunge l'esperienza della prima guerra mondiale con i suoi sterminati massacri e con i gradi più alti raggiunti dalla crudeltà e dall'aggressività umana. Sul piano privato, Freud assiste, tra gli orrori della guerra, alla caduta in prigionia di uno dei due figli sul fronte italiano. Subisce egli stesso, in prima persona, per quanto privilegiato dalla professione e dalla fama raggiunta, le restrizioni nei consumi e il peggioramento nelle condizioni materiali di vita, cui l'Austria, e in particolare la città di Vienna, vanno necessariamente incontro dopo la sconfitta e la caduta dell'Impero austro-ungarico. Nel 1920 muore per un'influenza complicata da una polmonite l'amatissima figlia Sophie, ancora in attesa del terzo figlio. Ma come se non bastasse, nel giugno del 1923 muore per una tubercolosi miliare anche il figlio minore di Sophie, Heinele di quattro anni, adorato dall'intera famiglia dei Freud, e di cui il nonno Sigmund scrive: «Era un bambino incantevole, e per quanto mi riguarda, so di non avere mai amato un essere umano, e sicuramente mai un bambino quanto lui». Infine nel 1923 gli viene diagnosticato un cancro alla mascella e al palato e già in quello stesso anno subisce due interventi operatori.

Ma questi eventi drammatici della biografia di Freud non bastano a spiegare la profonda rielaborazione della sua teoria, attraverso la quale, con due scritti fondamentali degli anni '20, *Al di là del principio del piacere* (1920) e *L'Io e l'Es* (1923), egli giunge a mettere a tema come fortemente operosa nella vita di ciascun esser umano la presenza di una tendenza originaria all'aggressività e alla distruzione, che Freud chiama "pulsione di morte" (*Todestrieb*). Accanto alla potenza pulsionale dell'Eros e della libido sessuale la psiche, ora afferma Freud, è mossa da una forza originaria che spinge non a creare unioni e legami, bensì a rifiutarli e a distruggerli. E appunto dalla teorizzazione della pulsione di morte prende avvio il passaggio del pensiero di Freud dalla *prima* alla *seconda* topica, con una conseguente rielaborazione dell'intera configurazione dell'apparato psichico.

Ma tale passaggio non si spiega, come si è detto, con le sole vicende personali dell'uomo Freud, come pretenderebbero troppe semplicistiche interpretazioni, pronte a risolvere e a ridurre la complessità della teoria nella biografia e nella psicologia personale. Si spiegano con motivazioni più profonde che risalgono alle componenti di aggressività e di distruttività, la cui presenza già il primo Freud aveva rilevato nell'operare della sessualità e della libido.

Infine, durante l'ultimo quindicennio della sua vita Freud continua a lavorare su più fronti. I congressi internazionali dell'Associazione psicoanalitica si susseguono regolarmente ogni due anni. Le sue opere vengono tradotte in più lingue. In particolare tra il 1924 e il 1925 esce in lingua inglese una raccolta delle sue opere, in quattro volumi, i *Collected Papers*. Nell'estate del 1918 è nata una casa editrice viennese, il «Verlag», che si occupa delle pubblicazioni di argomento psicoanalitico la cui supervisione è nelle mani di Freud. Così come s'intensifica la pubblicazione delle riviste psicoanalitiche. Dopo l'esperienza dello «Jahrbuch», sono iniziate le pubblicazioni della rivista in lingua tedesca, la «Internationale Zeitschrift für Psychoanalyse», nel 1926 esce in Francia la «Revue Française de Psychanalyse», nel 1932 in Italia la «Rivista di Psicoanalisi». Uno dei più fidati discepoli di Freud, Ernest Jones, dà vita in Inghilterra all'«International Journal of Psycho-Analysis». Come ininterrotta è la cura da parte di Freud della propagazione della cultura analitica all'estero: tanto che i suoi settant'anni, nel 1926, vengono ricordati e celebrati, con una citazione sufficientemente esatta della sua attività, su un gran numero di giornali esteri.

Ma anche per quanto concerne l'attività propriamente teorica Freud continua ad essere impegnato sia nell'ambito della problematica più tipicamente psicoanalitica, qual è quella dell'indagine sui processi e le funzioni intrapsichiche, sia nell'ambito dell'applicazione della psicoanalisi alle scienze dello spirito e della cultura. Pubblica così da un lato *Inibizione, sintomo e angoscia* (1926), mentre sul fronte della critica del fenomeno religioso e dell'essenza della civilizzazione umana pubblica rispettivamente *L'avvenire di un'illusione* (1927) e *Il disagio della civiltà* (1930).

Così come ancora da un duplice campo d'interesse – uno più volto verso il consolidamento dell'identità concettuale e interiore della disciplina psicoanalitica e l'altro più verso l'esposizione della psicoanalisi riguardo alla storia e agli eventi collettivi – sono le sue due ultime opere: rispettivamente il *Compendio di psicoanalisi* e il "romanzo storico" su *Mosè e il monoteismo*.

Ma questi due ultimi scritti sono composti nel precipitare, di nuovo tormentato e drammatico, della vita di Freud. Negli ultimi anni ha assistito sgomento alla nascita e allo sviluppo del nazismo hitleriano in Germania, al dilagare dell'antisemitismo e alla successiva nazistificazione dell'Austria. Frattanto il cancro alla mascella si è sempre più aggravato, malgrado le reiterate operazioni e le protesi che ormai invalidano la sua vita. Sollecitato dagli amici e soccorso dall'aiuto internazionale, per sfuggire alle persecuzioni antiebraiche, va in esilio, più che ottantenne, in Inghilterra, dove trascorre l'ultimo anno della sua vita e muore il 23 settembre 1939.

Bibliografia consigliata

D. ANZIEU, *L'autoanalisi di Freud e la scoperta della psicoanalisi*, 2 voll., Astrolabio, Roma 1976.

R. BODEI, *Le logiche del delirio. Ragione, affetti, follia*, Laterza, Roma-Bari 2000.

V. CAPPELLETTI, *Introduzione a Freud*, Laterza, Roma-Bari 2000.

A. CAROTENUTO, *Diario di una segreta simmetria. Sabina Spielrein tra Jung e Freud*, Astrolabio, Roma 1980.

M. DE LILLO, *Freud e il linguaggio. Dalla neurologia alla psicoanalisi*, Pensa Multimedia, Lecce 2005.

H. F. ELLENBERGER, *La scoperta dell'inconscio. Storia della psichiatria dinamica*, 2 voll., Boringhieri, Torino 1996.

A. B. FERRARI, *L'eclissi del corpo. Una ipotesi psicoanalitica*, Borla, Roma 1992.

P. GAY, *Freud, Una vita per i nostri tempi*, Bompiani, Milano 1988.

E. JONES, *Vita e opere di Freud*, 3 voll., Il Saggiatore, Milano 1962.

W. MCGUIRE (a cura di), *Lettere tra Freud e Jung (1906-1913)*, Boringhieri, Torino 1980.

P. PETRELLA, *Il modello freudiano*, in A.A. Semi (a cura di), *Trattato di psiconalisi*, vol. 1, Raffaello Cortina, Milano 1988-89, pp. 41-146.

P. RICOEUR, *Della interpretazione. Saggio su Freud*, Il Saggiatore, Milano 1966.

F. J. SULLOWAY, *Freud, biologo della psiche. Al di là della leggenda psicoanalitica*, Feltrinelli, Milano 1982.

S. VEGETTI FINZI, *Storia della psicoanalisi. Autori, opere, teorie 1895-1990*, Oscar Mondadori, Milano 1990.

(*A cura di Roberto Finelli*)

Il sogno e altri scritti

(1898/1913)

Meccanismo psichico della dimenticanza*
(1898)

Non c'è dubbio che noi tutti abbiamo sperimentato in noi stessi, od osservato in altri, il fenomeno della dimenticanza, che è mio desiderio descrivere e quindi spiegare in questo articolo. Detto fenomeno interessa in particolare l'uso dei nomi propri – *nomina propria* –, manifestandosi nella seguente maniera: nel bel mezzo di una conversazione, ci vediamo costretti a confessare alla persona con la quale stiamo discorrendo che non ci riesce di ricordare un nome che volevamo citare proprio in quel momento, e ci sentiamo obbligati a ricorrere all'aiuto – inefficace, di solito – del nostro interlocutore. «Qual *è* il suo nome? Lo conosco tanto bene. Ce l'ho sulla punta della lingua. M'è sfuggito proprio adesso.»

Gli sforzi successivi per ritrovare quel nome, che sentiamo di aver avuto in mente fino a un momento fa, si accompagnano a una netta sensazione di irritazione, simile a quella che si ha nell'afasia motoria. Nei casi tipici, due caratteristiche concomitanti ci si presentano, le quali sono degne di rilievo. In primo luogo, la volontaria, energica concentrazione di quella funzione che chiamiamo attenzione, per quanto a lungo possa essere protratta, si dimostra impotente a ritrovare il nome smarrito. In secondo luogo, invece del nome che cerchiamo, ne compare subito un altro, che riconosciamo sbagliato e respingiamo, ma che si ripresenta con insistenza. Oppure, anziché un nome sostitutivo, troviamo nella nostra memoria una singola lettera o una sillaba, che riconosciamo essere parte del nome di cui andiamo alla ricerca. Per esempio,

* Titolo originale: «Zum psychischen Mechanismus der Vergesslichkeit». Pubblicato la prima volta in *Monatsschrift für Psichiatrie und Neurologie*, 4, 1898. Traduzione di Celso Balducci.

diciamo: «Comincia per "B"». Alla fine, se, bene o male, ci riesce di scoprire che nome è, la maggior parte delle volte troviamo che non comincia con una «B», anzi non contiene affatto la lettera «B».

Come si sa, il miglior modo per ritrovare il nome smarrito consiste nel «non pensarci», ossia nel distogliere dall'impresa quella parte dell'attenzione sulla quale possiamo esercitare un controllo volontario. Dopo un po' il nome mancante «esplode» nella mente e non possiamo fare a meno di pronunciarlo ad alta voce, con grande stupore del nostro interlocutore, che ha già dimenticato l'episodio, e che, in tutti i casi, aveva provato un ben scarso interesse per i nostri sforzi. «A dir la verità», è probabile che egli dica, «poco importa *come* si chiama quell'uomo; va' avanti col racconto.» Sinché la faccenda non è chiarita, anche dopo aver distolto volontariamente l'attenzione, ci sentiamo preoccupati a un punto tale da non essere giustificato dall'interesse effettivo della cosa[1].

In qualche caso in cui mi è capitato di dimenticare un nome in questo modo, sono riuscito, mediante l'analisi psichica, a spiegarmi la sequenza di eventi, e ora descriverò particolareggiatamente il più semplice e chiaro caso del genere.

Una volta, durante le vacanze estive, feci un viaggio in carrozza dalla deliziosa città di Ragusa ad una vicina cittadina, nell'Erzegovina. Come è naturale, la conversazione col mio compagno di viaggio verteva sulle condizioni delle due regioni (Bosnia ed Erzegovina) e sul carattere dei loro abitanti. Io parlavo delle diverse caratteristiche dei turchi che vivono colà, quali mi erano state descritte anni prima da un amico e collega che aveva passato molto tempo tra di loro in qualità di medico. Poco dopo, la nostra conversazione passò all'argomento dell'Italia e della pittura, così che ebbi occasione di raccomandare vivamente al mio compagno di visitare Orvieto, una volta o l'altra, per vedere gli affreschi sulla fine del mondo e il Giudizio Universale, con i quali un grande artista ha decorato una delle cappelle della cattedrale. Però il nome di questo artista mi sfuggiva e non mi riusciva di rammentarlo.

---

[1] E neppure da alcun senso di dispiacere che si possa provare essendo inibiti in un'attività psichica.

Esercitai le mie facoltà mnemoniche, ripassai nella mia memoria tutti i particolari della giornata trascorsa a Orvieto, convincendomi che nemmeno il più insignificante di essi era stato cancellato o era diventato indistinto. Anzi, riuscivo a rievocare l'immagine dei dipinti con una vivezza sensoriale superiore a quella che mi è abituale. Con particolare precisione mi vedevo dinanzi agli occhi l'autoritratto – col volto corrucciato e le dita intrecciate – che l'artista ha posto in un angolo di uno dei suoi dipinti, accanto al ritratto del suo predecessore in quel lavoro, il Beato Angelico. Però il nome dell'artista, che di solito mi è così familiare, si ostinava a rimanere nascosto, né il mio compagno di viaggio poteva essermi di aiuto. I miei ripetuti sforzi non ottennero alcun successo, se non quello di farmi venire in mente i nomi di altri due artisti, che pure sapevo che non potevano essere quelli giusti. Questi erano «Botticelli» e, in secondo luogo, «Boltraffio»[2]. La ripetizione della sillaba «Bo» in entrambi i nomi sostitutivi forse avrebbe indotto un novellino a credere che essa facesse parte anche del nome smarrito; io, però, mi guardai bene dall'affidarmi a questa speranza.

Siccome, per tutta la durata del viaggio, non avevo la possibilità di consultare alcun testo, fui costretto a tenermi questa lacuna della memoria insieme all'intimo tormento che le si accompagnava e che mi riprendeva a frequenti intervalli tutti i giorni, finché non incontrai un italiano colto, che me ne liberò dicendomi il nome: «Signorelli». Io stesso fui in grado di aggiungere il nome di battesimo dell'artista: «Luca». Istantaneamente svanì il ricordo chiarissimo dei lineamenti del maestro, quali egli li dipinse nell'autoritratto.

Quali influssi mi avevano portato a dimenticare il nome di «Signorelli», tanto familiare per me e che si imprime tanto facilmente nella memoria? E quali vie conducevano alla sua sostituzione con i nomi di «Botticelli» e di «Boltraffio»? Per far luce su entrambi i quesiti mi bastò riesaminare brevemente le circostanze in cui si era manifestata la dimenticanza.

Poco prima di attaccare l'argomento degli affreschi della cattedrale

---

[2] Il primo di questi nomi mi era conosciutissimo, mentre conoscevo a mala pena il secondo.

di Orvieto, io stavo riferendo al mio compagno di viaggio certe cose sui turchi della Bosnia, che avevo udito dal mio collega, anni prima. Questa gente tratta i medici con particolare riguardo e, in netto contrasto col nostro popolo, dimostra un atteggiamento di rassegnazione verso i voleri del destino. Se il medico deve informare un capofamiglia che uno dei suoi congiunti sta per morire, la risposta sarà: «*Herr* (Signore), cosa possiamo dire? Se lo si potesse salvare, so che lei lo aiuterebbe». Il medesimo collega mi aveva anche detto dell'immensa importanza attribuita dai bosniaci al piacere sessuale. Una volta, un paziente gli aveva detto: «*Herr*, deve sapere che se *questo* deve finire, la vita, allora, non ha più valore». In quel tempo, sia al dottore che a me era sembrato che questi due tratti del carattere del popolo della Bosnia, illustrati dai due esempi, potessero considerarsi come intimamente legati tra di loro. Però, nel rievocare queste storie durante il viaggio in Erzegovina, io soppressi la seconda, in cui si accennava all'argomento della sessualità. Fu immediatamente dopo che il nome di «Signorelli» mi sfuggì ed apparvero, quali sostituti, i nomi di «Botticelli» e «Boltraffio».

L'influenza che aveva reso inaccessibile alla memoria il nome di *Signorelli*, o, secondo quanto sono abituato a dire, lo aveva «rimosso», non poteva derivare che dalla storia, che avevo soppressa, del valore dato alla morte e al godimento sessuale. Se le cose stanno così, dovremmo essere in grado di scoprire le idee intermedie che erano valse a collegare i due temi. L'affinità dei loro *contenuti* – il Giudizio Universale, «giorno dell'ira», da un lato, e sesso e morte dall'altro – sembra molto scarsa, e poiché ci trovavamo di fronte a un caso di rimozione dalla memoria di un *nome*, era per ciò stesso probabile che la connessione fosse tra nome e nome.

Ora, *Herr* vuol dire *Signore* e la sillaba *Herr* si trova anche in *Herzegowina*[3]. Per di più non era certo privo di importanza che tutte e due le osservazioni dei malati contenessero un *Herr* quale appellativo rivolto al medico. Quindi la mia traduzione di *Signore* in *Herr* rappresentava il mezzo grazie al quale il racconto che avevo represso aveva trascinato con sé nella rimozione il nome che cerca-

---

[3] [*Herzegowina*: scrittura tedesca per *Erzegovina*.]

vo. È chiaro che tutto questo era stato facilitato dal fatto che, negli ultimi giorni a Ragusa, parlavo continuamente italiano e quindi mi ero abituato a tradurre mentalmente dal tedesco in italiano[4].

Allorché cercavo di recuperare il nome dell'artista, di sottrarlo alla rimozione, veniva immancabilmente a farsi sentire l'influenza del legame che il nome aveva contratto nel frattempo. Trovai un nome di artista, ma non quello giusto. Si trattava di un nome spostato e la base di tale spostamento era nei nomi contenuti nell'argomento rimosso. «Botticelli» contiene le stesse sillabe finali di «Signorelli». Dunque le sillabe finali – le quali, a differenza della prima parte del nome, «Signor», non potevano avere un legame diretto col nome «Erzegovina» – erano ritornate nella mia mente, ma l'influenza del nome «Bosnia», che di regola si associa a quello dell'Erzegovina, si era rivelata provocando la sostituzione con due nomi di artisti, che cominciano con la sillaba «Bo»: «Botticelli» e poi «Boltraffio». Quindi ne risulta che vi fu un'interferenza tra la ricerca del nome di «Signorelli» e l'argomento di conversazione che si trovava dietro di essa, nel quale ricorrevano i nomi della Bosnia e dell'Erzegovina.

Il fatto che io avessi soppresso una volta, nel corso di una conversazione, l'argomento di cui sopra, non basta a spiegare come si siano prodotti questi effetti, tanto più che si trattava di un avvenimento provocato da motivi casuali. Piuttosto dobbiamo presumere che l'argomento in sé fosse intimamente legato a serie di pensieri che erano in stato di rimozione in me, vale a dire a serie di pensieri che, nonostante il forte interesse che provavo per essi, urtavano contro una resistenza che impediva loro di essere manipolati da un determinato agente psichico, per cui non potevano diventare coscienti. La ricerca condotta su me stesso fornisce la prova certa, che qui non è il caso di addurre, che in quel momen-

---

[4] «Spiegazione stiracchiata e sforzata», si dirà. Questa impressione insorge necessariamente in quanto l'argomento represso lotta con tutti i mezzi per stabilire un rapporto conscio che non è represso, e, a tal fine, non disdegna neppure la via dell'associazione esteriore. È la stessa situazione «forzata» che si ha quando si deve trovare una rima.

to le cose stavano proprio così per quanto riguarda l'argomento della «morte e del sesso». Però posso richiamare l'attenzione su una delle conseguenze di questi pensieri rimossi. L'esperienza mi ha insegnato a pretendere che ciascun prodotto psichico sia integralmente delucidato e persino iperdeterminato. Conseguentemente, mi sembrò che il secondo nome sostitutivo, «Boltraffio», esigesse un'ulteriore determinazione; infatti, per il momento, solo le lettere iniziali trovavano una ragione nell'assonanza con «Bosnia». A questo punto mi ricordai che questi pensieri rimossi non mi avevano mai tanto assorbito quanto alcune settimane prima, dopo che avevo ricevuto una certa notizia. La località in cui tale notizia mi era pervenuta si chiamava *Trafoi* e questo nome è talmente simile alla seconda metà del nome di «Boltraffio», che non può non aver avuto un effetto determinante sulla sua scelta. Nel piccolo diagramma schematico ho cercato di riprodurre le connessioni che adesso sono venute alla luce.

Forse non è senza importanza, nel proprio interesse, riuscire a comprendere la storia di un evento psichico di questo genere, che rientra tra i disturbi più banali che possono interferire col controllo dell'apparato psichico, ma che, d'altra parte, è compatibile con una condizione di salute psichica per il resto del tutto normale. Ma l'esempio qui illustrato assume un altro, enorme interesse, allorché veniamo a sapere che esso può rappresentare addirittura il modello dei processi patologici ai quali devono la loro origine i sintomi psichici delle psiconevrosi (isteria, ossessioni e paranoia). In entrambi i casi ritroviamo gli stessi elementi e lo stesso gioco di forze tra detti elementi. Nello stesso modo che qui, e attraverso associazioni superficiali dello stesso genere, una serie rimossa di pensieri, nelle nevrosi, si impadronisce di una impressione recente, e innocente, e la trascina con sé nella rimozione. Lo stesso meccanismo che fa sì che da «Signorelli» emergano i nomi sostitutivi di «Botticelli» e «Boltraffio» (sostituzione tramite idee intermediarie o di compromesso), governa anche la formazione di pensieri ossessivi e di paramnesie paranoiche. Inoltre, abbiamo visto che certi casi di dimenticanza possiedono la caratteristica di provocare un disagio continuativo fino al momento in cui il problema si risolve;

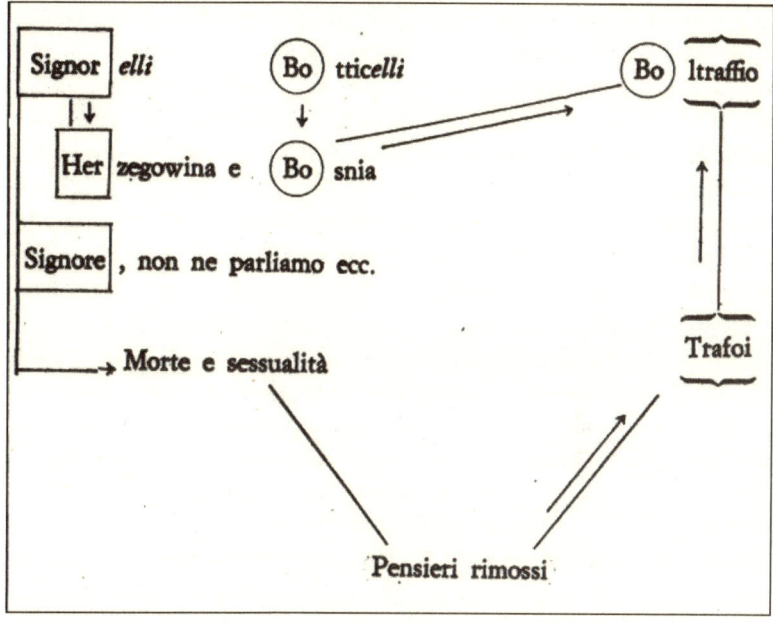

tale caratteristica rimane incomprensibile, se si prescinde da ciò, e, difatti, essa era incomprensibile per la persona con la quale discorrevo. Vi è però un'analogia assoluta tra questo fatto e il modo in cui gruppi di pensieri rimossi collegano la loro capacità di provocare uno stato affettivo a determinati sintomi, il cui contenuto, a nostro giudizio, sembra del tutto inadeguato allo scatenamento di tale stato affettivo. Infine, la risoluzione di tutta la tensione derivante dalla comunicazione da una fonte esterna del nome corretto, costituisce di per sé un buon esempio dell'efficacia della terapia psicoanalitica, che mira a correggere le rimozioni e gli spostamenti e che rimuove i sintomi ristabilendo l'oggetto psichico originale.

Pertanto, tra i diversi fattori che contribuiscono ad un'incapacità di ricordare o a una perdita di memoria, non bisogna trascurare il ruolo tenuto dalla rimozione, la cui presenza può essere dimostrata non soltanto nei nevrotici ma anche negli individui normali, in forme che, dal punto di vista qualitativo, sono le stesse. Si può affermare, in modo assolutamente generale, che la facilità (e, in definitiva, anche la fedeltà) con la quale una data impressione si ridesta nella memoria non dipende soltanto dalla costituzione psichica dell'individuo, dall'intensità dell'impressione quando questa era recente, dall'interesse riposto in essa in quel dato momento, dalla costellazione psichica del momento attuale, dall'interesse che *attualmente* è rivolto al suo ridestarsi, dalle connessioni assunte al momento da questa impressione, e così via, – non dipende, dico, soltanto da questi elementi, ma anche dall'atteggiamento favorevole o sfavorevole di un particolare fattore psichico, che si rifiuta di riprodurre tutto ciò che possa scatenare dispiacere o che possa condurre successivamente allo scatenamento di dispiacere. Pertanto la funzione della memoria, che noi amiamo considerare come un archivio aperto a chiunque ne sia curioso, è, in tal modo, assoggettata a restrizioni per opera di una tendenza della volontà, così come lo sono tutte le parti della nostra attività rivolte verso il mondo esterno. Il segreto dell'amnesia isterica è scoperto a metà allorché diciamo che gli individui isterici non sanno ciò che non *vogliono* sapere, e il trattamento psicoanalitico, che, nel corso del suo lavoro, si adopera per colmare tali lacune della memoria, ci porta a scoprire che alla rievocazione di tali ricordi perduti si oppone una certa resistenza che deve essere controbilanciata da un lavoro di proporzione adeguata alla sua intensità.

Naturalmente, nel caso di processi psichici che, nel complesso, sono normali, non si può affermare che l'influsso sulla rievocazione dei ricordi di questo fattore unilaterale debba sempre e regolarmente sovrastare tutti gli altri fattori, di cui si deve tener conto[5].

A proposito della tendenziosità della natura dei nostri ricordi e delle nostre dimenticanze, non molto tempo fa ne ho sperimentato

---

[5] Sarebbe un errore credere che il meccanismo che ho posto in luce in queste pagine agisca solo in rari casi. Invece è molto comune. Per esempio, in un caso in cui intendevo descrivere lo stesso piccolo incidente a un mio collega, mi sfuggì di mente all'improvviso il nome della mia autorità in fatto di notizie sulla Bosnia. La ragione di ciò era la seguente. Poco prima avevo giocato a carte. La mia autorità si chiamava Pick. Ora *Pick* e *Herz* (picche e cuori) sono due dei quattro *semi* delle carte. Per di più le due parole erano collegate in un aneddoto nel quale questa stessa persona diceva, indicando se stessa: «Non mi chiamo *Herz* ma *Pick*». *Herz* appare nel nome *Herzegowina* e, nel suo significato di cuore, sotto l'aspetto di organo ammalato, aveva parte nei pensieri che ho descritto come rimossi.

un esempio istruttivo – istruttivo per via di ciò che rivelava –, che desidero riportare qui. Avevo intenzione di andare a far visita, per un giorno intero, a un amico, che purtroppo sta molto lontano, e avevo la testa piena delle cose che dovevo dirgli. Prima, però, mi sentii in dovere di presentarmi a una famiglia di miei conoscenti a Vienna, un membro della quale si era trasferito nella città in cui dovevo recarmi, in modo da portare i loro saluti e messaggi a questo parente lontano. Mi dissero il nome della pensione in cui viveva, e anche il nome della strada e il numero civico, e, data la mia cattiva memoria, scrissero l'indirizzo su un biglietto che io misi nel portafogli. Il giorno dopo, arrivato da questo mio amico, cominciai: «Ho un solo dovere da compiere che potrebbe interferire col nostro stare insieme. Si tratta di una visita, e sarà la prima cosa che devo fare. Ho l'indirizzo nel portafogli». Però, con mio grande stupore, non ve lo trovai. E così, dopo tutto, dovevo ripiegare sulla mia memoria. La mia memoria per i nomi non è particolarmente buona, però è di gran lunga migliore di quella per le cifre e i numeri. Posso andare a fare delle visite mediche in una data casa per un anno intero, eppure, se ci dovessi andare con una carrozza pubblica, mi troverei in difficoltà a ricordare il numero civico. In questo caso, però, avevo preso nota del numero della casa nella mia mente, e in modo del tutto particolare: lo ricordavo chiarissimamente, e sembrava quasi si burlasse di me, perché, invece, nella mia memoria non restava alcuna traccia del nome della pensione né della via. Avevo dimenticato tutti gli elementi dell'indirizzo che avrebbero potuto servire da punto di partenza per scoprire la *pensione*, mentre, contrariamente al mio solito, avevo ritenuto il numero civico, che era inutile per questo scopo. In conseguenza non potei fare la visita. Ben presto mi consolai e mi dedicai interamente al mio amico. Quando fui di ritorno a Vienna, mentre stavo in piedi davanti alla scrivania, seppi, senza un attimo d'incertezza, dove avevo messo, nella mia «distrazione», il biglietto con l'indirizzo. Il fatto di aver nascosto inconsciamente questo biglietto era stato determinato dalla stessa intenzione che aveva provocato anche la mia strana dimenticanza.

Ricordi di copertura*
(1899)

Spesse volte, durante il trattamento di casi di isteria, di nevrosi ossessiva, ecc., ho avuto a che fare con ricordi frammentari, rimasti nella memoria del paziente dai primi anni della fanciullezza. Secondo quanto ho dimostrato altrove, alle impressioni di quel periodo della vita va attribuita una grandissima importanza patogena, ma, comunque, l'argomento dei ricordi infantili ha sempre un interesse psicologico, in quanto essi mettono distintamente in rilievo la differenza tra la funzionalità psichica dei fanciulli e quella degli adulti. Nessuno vorrà porre in dubbio il fatto che le esperienze dei primi anni dell'infanzia lascino tracce incancellabili nelle profondità della nostra mente. Però, se, nella nostra *memoria*, cerchiamo di stabilire quali fossero quelle impressioni che sono destinate ad esercitare la loro influenza su di noi fino al termine della vita, il risultato sarà del tutto nullo, oppure consisterà di un numero relativamente piccolo di ricordi isolati, la cui importanza spesso è incerta o enigmatica. Solo a partire dal sesto o settimo anno di età, e in molti casi dal decimo, siamo in grado di ricostruire nella memoria la nostra esistenza come una concatenazione di avvenimenti. Però, da quel tempo in poi, esiste anche un rapporto diretto tra il significato psichico di un'esperienza e la sua ritenzione mnemonica. Viene ricordato tutto ciò che appare importante in ragione delle sue conseguenze immediate o successive, mentre ciò che è giudicato privo di importanza viene dimenticato. Se riesco a ricordare un avvenimento molto tempo dopo che si è verificato, il fatto di averlo ritenuto nella memoria

* Titolo originale: «Über Deckerinnerungen». Pubblicato la prima volta in *Monatsschrift für Psychiatrie und Neurologie*, 6, 1899. Traduzione di Celso Balducci.

è per me una prova della profonda impressione che esercitò su di me in quel tempo. Mi sento sorpreso se dimentico qualche cosa molto importante e mi sento ancor più sorpreso, forse, se rammento qualche cosa evidentemente indifferente.

Solo in determinate situazioni psichiche patologiche viene meno quel rapporto che, nell'adulto normale, sussiste tra importanza psichica di un avvenimento e la sua ritenzione nella memoria. Per esempio, un isterico presenta di solito un'amnesia nei confronti di alcune, o di tutte le esperienze, che hanno determinato l'instaurarsi della sua malattia e che, per ciò stesso, sono divenute importanti per lui, potendo peraltro, a prescindere da ciò, essere anche importanti per se stesse. L'analogia esistente tra una amnesia patologica di questo tipo e la normale amnesia che colpisce i primi anni della vita mi sembra costituire una valida dimostrazione dell'intima correlazione esistente tra il contenuto psichico delle nevrosi e la nostra vita infantile.

Siamo talmente abituati a questa assenza del ricordo delle impressioni della fanciullezza, che tendiamo a trascurare il problema ad essa concomitante mentre ci sentiamo portati a spiegarla come un'ovvia conseguenza del carattere rudimentale delle attività mentali del bambino. Ma in realtà un bambino di tre o quattro anni, normalmente sviluppato, rivela una grandissima quantità di funzioni mentali altamente organizzate dimostrate dai suoi confronti e dalle sue deduzioni, oltre che dall'espressione dei suoi sentimenti, né vi è alcuna ragione evidente perché l'amnesia dovrebbe impossessarsi di queste attività psichiche, la cui importanza non è inferiore a quella delle attività psichiche delle età successive.

Prima di trattare i problemi psicologici attinenti ai più remoti ricordi dell'infanzia, sarebbe ovviamente di importanza fondamentale una raccolta di materiale, ottenuta inviando un questionario a un numero abbastanza grande di adulti normali, per scoprire che genere di ricordi essi siano in grado di rievocare di quegli anni remoti. Un primo passo in questo senso fu compiuto nel 1895 da V. e C. Henri, che fecero circolare un questionario preparato da loro. I risultati altamente suggestivi della loro inchiesta, in cui avevano ottenuto le risposte di 123 persone, furono pubblicati dai due autori nel 1897. Per il momento non è mia intenzione discutere l'argomento nella sua interezza e, pertanto, mi limiterò a sottolineare i pochi punti che mi consentiranno di presentare il concetto di ciò che ho denominato «ricordi di copertura».

Nella maggioranza dei casi l'età alla quale risalgono i primi ricordi dell'infanzia corrisponde al periodo tra i due e i quattro anni. (Ciò è stato confermato in 88 persone del gruppo studiato dagli Henri.) Però vi sono taluni individui i cui ricordi risalgono più indietro, addirittura precedentemente al compimento del primo anno, mentre ve ne sono altri i cui ricordi più antichi si fermano al sesto anno soltanto, o persino al settimo e all'ottavo. Attualmente non vi è nessun indizio atto a individuare gli elementi legati a queste differenze individuali, però si deve rilevare, secondo gli Henri, che un soggetto il cui primo ricordo risale a un'età molto tenera – forse anche al primo anno di vita – mantiene anche altri ricordi isolati degli anni successivi, e inoltre, riesce a rievocare le proprie esperienze quale successione continua a partire da un momento più remoto – pressappoco dal quinto anno – di quanto non possano quegli altri individui i cui ricordi datano da un periodo più avanzato. Dunque, in taluni individui possono essere in anticipo o in ritardo non solo la data del primo ricordo, bensì l'intera funzione mnemonica.

Particolarmente interessante è la questione di quale sia il *contenuto* abituale di questi primi ricordi d'infanzia. La psicologia dell'adulto necessariamente ci indurrebbe a presumere che dette esperienze siano selezionate tra quelle degne di essere ricordate, che hanno suscitato un'intensa emozione o che sono state giudicate importanti subito dopo il loro verificarsi, per le conseguenze che ne sono derivate. In effetti alcune tra le osservazioni registrate dagli Henri sembrano soddisfare a questo presupposto. Questi autori riferiscono che il contenuto più frequente dei primi ricordi di infanzia è legato da un lato ad occasioni di spavento, vergogna, dolore fisico, ecc., e, dall'altro, ad avvenimenti importanti quali malattie, decessi, incendi, nascite di fratelli, ecc. Pertanto saremmo indotti a dire che il principio che dirige la scelta dei ricordi è il medesimo sia nei bambini che negli adulti. È comprensibile, ma non per questo meno degno di essere enunciato esplicitamente, che i ricordi rimasti dall'infanzia debbano necessariamente riflettere la differenza tra ciò che attira l'interesse di un bambino e quello di un adulto, il che rende facilmente ragione del perché una donna riferisce di ricordare numerosi incidenti accaduti alle sue bambole quando aveva due anni, ma non rammenta i seri e tragici eventi di cui può essere stata spettatrice nello stesso periodo. Ora, però, ci troviamo di fronte a un fatto diametralmente opposto alle nostre previsioni, il che non può mancare di stupirci. Veniamo a sapere che vi sono delle persone i cui remoti ricordi d'infanzia riguardano avvenimenti ordinari e indifferenti, incapaci di produrre alcun effetto emotivo anche nei bambini, ma che sono rievocati (*troppo* chiaramente, saremmo tentati di dire) in tutti i più minuti particolari, mentre non sono rimasti nella loro memoria avvenimenti quasi contemporanei, persino nel caso che questi, secondo la testimonianza dei genitori, li abbiano fortemente emozionati. A questo proposito, gli Henri citano il caso di un professore di filologia, il più remoto ricordo del quale, risalente a un'età tra i tre e i quattro anni, consisteva nell'immagine di una tavola apparecchiata con sopra una bacinella piena di ghiaccio. Nello stesso periodo si era verificata la morte della nonna che, secondo i genitori, era stato un grave colpo per il fanciullo. Ma il professore di filologia attualmente non ha alcuna reminiscenza di quel lutto e tutto ciò che ricorda di quei giorni è la bacinella col ghiaccio. Un altr'uomo riferisce come suo primo ricordo l'episodio di una passeggiata, durante la quale staccò un ramo da un albero. Egli ritiene di essere ancora in grado di riconoscere il posto. Erano presenti molte persone e una di queste lo aiutò.

Secondo gli Henri questi sono casi rari, mentre sono molto frequenti nella mia esperienza che però, per la maggior parte, si fonda su nevrotici. Tra i problemi affrontati nella ricerca dagli Henri vi è il tentativo di spiegare il perché di queste immagini mnemoniche, la cui innocenza le rende tanto incomprensibili per loro, e la spiegazione che essi ne danno mi sembra centrata. Essi pensano che in tali casi la scena di cui si tratta sia forse rimasta *incompletamente* nella memoria e che questo sia forse il motivo per cui sembra così poco significativa: probabilmente la parte dimenticata si riferiva a ciò che rendeva importante l'esperienza. Io posso confermare la veridicità di questa concezione, per quanto preferirei definire *omessa*, piuttosto che dimenticata, quella parte dell'esperienza. Più volte sono riuscito, mediante trattamento psicoanalitico, a scoprire le parti mancanti dell'esperienza infantile, provando in tal modo che, quando sia stato ricostruito nella sua integrità un ricordo del quale non rimaneva se non un frammento nella memoria, esso concorda col presupposto che si rammentano le cose più importanti. Però, questo non ci fornisce una spiegazione della particolare selezione effettuata dalla memoria tra gli elementi dell'esperienza. Innanzitutto ci dobbiamo domandare perché è stato dimenticato proprio ciò che è importante e ritenuto ciò che è indifferente, né ci sarà possibile trovare una spiegazione finché non avremo studiato più a fondo il meccanismo di questi processi. Allora comprenderemo che due forze psichiche concorrono a creare tali ricordi. Una di queste si avvale dell'importanza dell'esperienza come di un motivo per cercare di ricordare, mentre l'altra, che è una resistenza, si sforza di impedire che si manifesti tale preferenza. Le due forze opposte non si annullano a vicenda, e nemmeno l'una elimina l'altra, con o senza una perdita da parte sua. Invece si stabilisce un compromesso, che, in un certo senso, è paragonabile alla risultante nel parallelogramma delle forze. Il compromesso è questo: ciò che viene registrato quale immagine mnemonica non è l'esperienza importante in sé e, sotto questo aspetto, la resistenza ottiene il suo scopo; ciò che viene fissato nella memoria è un altro elemento psichico, strettamente correlato con quello messo in questione e, sotto questo aspetto, è il *primo* principio ad affermarsi, quello cioè che si sforza di fissare le impressioni più importanti formando immagini mnemoniche riproducibili. Pertanto il risultato del conflitto sarà tale che, anziché un'immagine mnemonica giustificata dall'evento originario, se ne produce un'altra che, entro certi limiti, è *trasposta* nell'associazione. E siccome gli elementi dell'esperienza che hanno incontrato opposizione sono proprio quelli importanti, il ricordo sostitutivo necessariamente sarà privo di quegli importanti elementi e, quindi, ci colpirà per la sua banalità. Ciò sembrerà incomprensibile perché noi tendiamo a cercare la ragione per cui viene ricordato nel suo contenuto estrinseco, mentre in realtà il ricordo è conseguente al rapporto tra il suo contenuto e un altro contenuto differente che è stato rimosso. Tra di noi è diffuso un detto relativo ai gioielli falsi che non sono d'oro, ma forse sono stati qualche volta accanto a qualcosa d'oro. Questa stessa similitudine vale per certe esperienze nell'infanzia che sono rimaste nella memoria non perché fossero d'oro, ma perché vicine all'oro.

Sono possibili molti casi in cui un contenuto psichico prende il posto di un altro. Essi si ritrovano in moltissime costellazioni psicologiche. Uno dei casi più semplici è naturalmente quello che rientra nei ricordi infantili di cui ci occupiamo, cioè il caso in cui gli elementi essenziali di un'esperienza sono rappresentati nella memoria dagli elementi non essenziali della medesima esperienza. È un caso di spostamento su qualche cosa associata per contiguità o, se consideriamo il processo nel suo insieme, un caso di rimozione accompagnata dalla sostituzione con qualche cosa che si trova nelle vicinanze (sia nello spazio che nel tempo). In altra sede[1] ho avuto occasione di descrivere un caso di sostituzione, molto simile, osservato nell'analisi di una paziente affetta da paranoia. Questa donna udiva, nelle sue allucinazioni, delle voci che solevano ripetere lunghi passi del romanzo di Otto Ludwig, *Die Heiterethei*. Però i passi scelti erano i più banali e i meno importanti del libro. L'analisi dimostrò che vi erano, nella stessa opera, dei passi che avevano suscitato nella paziente pensieri quanto mai angosciosi. L'emozione angosciosa era un motivo per sollevare una difesa contro di essi, mentre non potevano essere rimossi i motivi tendenti a ricordarli. Il risultato era un compromesso, grazie al quale i passi innocenti riemergevano nel ricordo della paziente con intensità e chiarezza patologiche. Il processo che qui troviamo in azione – conflitto, rimozione, sostituzione per via di compromesso – si ritrova in tutti i sintomi psiconevrotici e ci dà la chiave per comprenderne la formazione. Quindi non è

---

[1] *Ulteriori osservazioni sulle neuropsicosi di difesa* (1896) [trad. it. in *Opere complete, vol. I 1886-1912*, Newton Compton editori, Roma 2015].

senza importanza che noi si sia capaci di mettere in evidenza il medesimo processo nella vita psichica delle persone normali, e il fatto che in queste la scelta dei ricordi d'infanzia è determinata proprio da questo processo sembra offrirci un'ulteriore prova degli intimi rapporti tra vita mentale dei fanciulli e materiale psichico delle nevrosi, sui quali ci siamo già soffermati.

I processi di difesa normali e patologici e le trasposizioni cui essi danno luogo, sono evidentemente di grande importanza, ma, per quanto mi risulta, finora gli psicologi non hanno compiuto alcuno studio su di essi e rimane da decidere in quali strati dell'attività psichica e in quali condizioni essi vengano a realizzarsi. Può darsi benissimo che la ragione di questa trascuratezza stia nel fatto che la nostra vita mentale, in quanto oggetto di percezione interna *cosciente*, non ci rivela nulla di questi processi, salvo i casi che noi classifichiamo come «ragionamenti fallaci» e talune attività mentali tendenti a produrre un effetto di comicità. L'affermazione che una carica psichica può essere trasposta da un contenuto ideativo (che quindi viene abbandonato) ad un altro (che assume il ruolo psicologico del precedente) per noi è altrettanto stupefacente quanto talune caratteristiche della mitologia greca, come ad esempio, quando viene detto che gli dèi rivestono qualcuno di bellezza quasi si trattasse di un manto, mentre *noi* riusciamo a concepire soltanto un volto trasfigurato da un mutamento di espressione.

Ulteriori indagini su questi ricordi indifferenti dell'infanzia mi hanno insegnato che essi possono avere anche altra origine e che, dietro la loro apparente innocenza, si cela un'insospettata ricchezza di significati. Ma, a questo punto, non mi accontenterò di una semplice affermazione, bensì fornirò una particolareggiata relazione di un caso, che mi sembra il più significativo tra moltissimi altri casi consimili. Indubbiamente il suo valore è accresciuto dal fatto che esso riguarda un soggetto che non è affatto nevrotico, o che lo è molto lievemente.

Il soggetto di questa osservazione è un uomo di cultura a livello universitario, dell'età di trentotto anni. Sebbene la sua professione sia orientata in un ambito del tutto differente, in lui è sorto un interesse per i problemi psicologici da quando io sono riuscito a liberarlo da una leggera fobia mediante la psicoanalisi. L'anno passato egli attrasse la mia attenzione sui suoi ricordi d'infanzia, che già avevano avuto una certa importanza nella sua analisi. Dopo aver studiato l'indagine condotta da V. e C. Henri, egli mi ha fornito questo sintetico resoconto della propria esperienza.

«Possiedo un buon numero di ricordi della mia prima infanzia, che posso datare con grande certezza. Infatti, a tre anni, lasciai il paesino dove ero nato e venni in una grande città. Dunque, tutti i miei ricordi legati al luogo natio risalgono al secondo e terzo anno della mia vita. Si tratta per lo più di scenette, che però sono ben conservate e complete di tutti i particolari della senso-percezione, in assoluto contrasto coi miei ricordi dell'età adulta, del tutto manchevoli quanto a elemento visivo. Dal terzo anno in poi i miei ricordi si fanno frammentari e meno chiari; tra di essi si frappongono lacune che devono coprire più di un anno, e penso che la corrente dei miei ricordi diventi continua solo verso il sesto o settimo anno. I ricordi precedenti al tempo del mio trasferimento dalla prima residenza si dividono in tre gruppi. Il primo gruppo è costituito da scene che i miei genitori mi hanno ripetutamente descritto. Quanto a queste, sono incerto se ne ho posseduto l'immagine mnemonica fin dall'inizio o se le ho semplicemente ricostruite dopo averne ascoltato le descrizioni. Però posso rilevare che vi sono anche avvenimenti dei quali non ho alcuna immagine mnemonica nonostante mi siano stati ripetutamente descritti dai miei genitori. Il secondo gruppo per me è più importante. Esso comprende delle scene che, per quanto mi consti, non mi sono state descritte, dato che, dal tempo in cui sono accadute, non ho più avuto occasione di incontrare le persone che vi ebbero parte (la governante e i compagni di gioco). Più tardi parlerò del terzo gruppo. Per quanto riguarda il contenuto di queste scene e la loro insistenza nell'essere ricordate, voglio dire che non mi trovo completamente sprovveduto. Infatti non posso sostenere che ciò di cui ho memoria siano ricordi dei fatti più importanti di quel periodo o che oggi giudicherei molto importanti. Non serbo il ricordo della nascita di mia sorella, più giovane di me di due anni e mezzo; la partenza, la vista della ferrovia e il lungo viaggio in carrozza prima di giungervi non hanno lasciato traccia nella mia memoria. D'altro canto rammento due fatterelli accaduti nel viaggio in treno che, come lei ricorderà, sono emersi durante l'analisi della mia fobia. Ma quel che avrebbe dovuto farmi più impressione è una ferita al viso che mi provocò una considerevole emorragia e per la quale un chirurgo dovette mettermi alcuni punti. La cicatrice lasciatami da questo incidente è ancora palpabile, però non suscita in me alcun ricordo, sia direttamente che indirettamente. A dire il vero in quel tempo forse avevo meno di due anni.

Non provo dunque sorpresa dinanzi alle rappresentazioni e alle scene appartenenti ai primi due gruppi. Senza dubbio si tratta di ricordi trasposti i cui elementi essenziali in massima parte sono stati omessi. Ma in alcuni di essi se ne trova almeno un cenno, e in altri mi riesce addirittura facile completarli seguendo determinati indirizzi. Con ciò io sono in grado di stabilire una ben fondata connessione tra i frammenti isolati di ricordi pervenendo a una chiara comprensione di quale fosse l'interesse infantile che raccomandava alla memoria quei fatti particolari, il che, peraltro, non è valido per il contenuto del terzo gruppo, di cui finora non ho parlato. Qui trovo del materiale – una scena piuttosto lunga e parecchi quadretti minori – del quale non riesco a trovare il bandolo. La scena mi pare assolutamente indifferente e non riesco a capire perché mi si sia fissata nella memoria. Gliela voglio descrivere. Vedo un tratto rettangolare di prato, alquanto in pendenza, coperto di erba verde e folta. Nel verde vi sono tanti fiori gialli, evidentemente comuni "denti di leone". All'estremità superiore del prato vi è un villino e davanti al villino ci sono due donne in piedi, intente a discorrere: una contadina col fazzoletto in testa e una governante di bambini. Tre bimbi stanno giocando sull'erba. Di questi, uno sono io (all'età di due o tre anni), gli altri due sono mio cugino più grande di me di un anno e sua sorella, quasi esattamente della mia stessa età. Stiamo cogliendo i fiori gialli e ciascuno di noi ne tiene un mazzo che ha già raccolto. La bambina ha il mazzo più bello e noi due maschietti, quasi per reciproco accordo, ci gettiamo su di lei e le strappiamo di mano i fiori. Lei sale di corsa per il prato, tutta in lacrime, e, per consolarla, la contadina le dà un grosso pezzo di pane nero. Appena ce ne accorgiamo, buttiamo via i fiori e ci precipitiamo al villino per avere anche noi del pane che, infatti, ci viene dato: la contadina taglia la pagnotta con un lungo coltello. Nel ricordo il sapore del pane è squisito e, a questo punto, la scena si interrompe.

Ora, cosa c'è in questo fatto che giustifichi lo sforzo di memoria che ha provocato in me? Mi ci sono invano spremuto il cervello. Forse che l'importanza sta nel nostro antipatico comportamento verso la bimbetta? O che mi piacesse tanto il colore giallo dei "denti di leone", fiori che oggi sono naturalmente ben lontano dall'ammirare? Oppure, per aver scorrazzato per l'erba, il pane mi sembrò tanto più buono del solito da lasciarmi un'impressione indimenticabile? Non riesco neppure a trovare alcuna connessione tra questa scena e l'interesse (che pure sono capace di scoprire senza difficoltà) che è comune alle altre scene della mia infanzia. Nel complesso, mi sembra che in questa scena ci sia qualcosa non del tutto giusta. Il colore giallo dei fiori è un elemento sproporzionatamente dominante nel complesso della scena e il buon sapore del pane mi sembra esagerato in modo pressoché allucinatorio. Non posso fare a meno di ricordare certi quadri che una volta ho veduto a una mostra di caricature. Talune parti di questi quadri, ovviamente le più sconvenienti, anziché essere dipinte, erano rappresentate in tre dimensioni, per esempio il posteriore delle signore. Ebbene, lei mi potrebbe indicare il modo di trovare una spiegazione o interpretazione di questo sovrabbondante ricordo della mia infanzia?»

Mi è sembrato opportuno chiedergli da quando i suoi pensieri fossero occupati da questo ricordo e se riteneva che gli ritornasse alla mente di tanto in tanto sin dall'infanzia o se, per caso, fosse sorto più tardi, in una circostanza che rammentasse. Questa domanda fu il mio unico contributo alla soluzione del problema; il rimanente fu scoperto dal mio stesso interlocutore, che non era un novellino in lavori del genere.

Mi rispose: «Non avevo preso in considerazione questo punto, ma ora che me lo domanda, mi sembra quasi certo che questo ricordo d'infanzia non mi è mai tornato alla memoria da ragazzo. Però, ricordo la circostanza che mi ha portato alla riscoperta di questo e di molti altri ricordi della prima infanzia. All'età di diciassette anni, mentre frequentavo le scuole medie, ritornai per la prima volta al paese natale in vacanza, ospite di una famiglia nostra amica sin da quei lontani tempi. So bene quale dovizia di impressioni mi invase in quei giorni. Ora, però, mi avvedo che devo narrarle un intero, lungo brano della mia storia che si riferisce a tutto ciò e che lei ha evocato con la sua domanda. Perciò ascolti. Ero figlio di persone originariamente benestanti che, immagino, conducevano una vita abbastanza agiata in quel remoto angolo di provincia. Quando avevo circa tre anni, il ramo dell'industria del quale si occupava mio padre subì un tracollo. Egli perse tutti i suoi averi e fummo costretti a lasciare il posto e a trasferirci in una grande città. Seguirono lunghi anni di difficoltà, nei quali, a mia impressione, non vi era niente che fosse degno di essere ricordato. In città non mi sono mai sentito veramente a mio agio. Penso, ora, di non essere mai riuscito a sbarazzarmi della nostalgia per i bei boschi vicino a casa, nei quali ero solito – secondo quanto so da un ricordo di quei giorni – sfuggire a mio padre, quasi prima di imparare a camminare. Quelle vacanze di quando avevo diciassette anni erano le mie prime vacanze in campagna e, come ho detto, io stavo con una famiglia della quale eravamo amici e che si era molto elevata nella scala sociale da che noi ci eravamo trasferiti. Mi era possibile fare un confronto tra l'agiatezza che regnava colà e il nostro tenore di vita nella casa in città. Ma è inutile seguitare a evitare l'argomento: devo ammettere che vi era un'altra cosa che mi turbò profondamente. Avevo diciassette anni e nella famiglia presso la quale mi trovavo c'era una figliola di quindici anni, della quale mi innamorai subito. Era il mio primo amore di adolescente ed era abbastanza intenso, ma lo tenni completamente segreto. Qualche giorno dopo, la ragazza tornò a scuola – dalla quale anche lei era tornata a casa per le vacanze – e fu questa separazione, dopo una così breve conoscenza, che esasperò il mio sentimento. Trascorrevo molte ore in passeggiate solitarie per i bei boschi che avevo ritrovato e passavo il tempo a fabbricare castelli in aria. È strano che questi non riguardavano il futuro ma cercavano di migliorare il passato. Oh, se soltanto non ci fosse stato il fallimento! Se soltanto fossi rimasto a casa e fossi cresciuto in campagna, venendo su robusto come i giovanotti di quella casa, i fratelli del mio amore! E allora, avessi io seguito la professione di mio padre e, infine, avessi sposato lei, perché in tutti quegli anni l'avrei conosciuta intimamente! Naturalmente non avevo il minimo dubbio che, nella situazione creata dalla mia fantasia, l'avrei amata con la stessa passione che ora mi sembrava di provare. È strano, perché ora, quando la vedo di tanto in tanto – si è sposata con uno di qui – mi è assolutamente indifferente. Eppure ricordo benissimo per quanto tempo, dopo, mi turbava, ogni volta che lo rivedevo non importa dove, il giallo della veste che indossava la prima volta che la conobbi».

«Ciò mi sembra molto simile alla sua osservazione, tra parentesi, che il comune "dente di leone" non le piace più. Non pensa che ci sia un rapporto tra il giallo del vestito della ragazza e il giallo brillantissimo dei fiori nella scena della sua infanzia?»

«È possibile, però non era lo stesso giallo. Il vestito era di un bruno giallastro più simile al colore delle violacciocche. Però le posso riferire un pensiero intermedio che potrebbe servire al suo scopo. In un periodo successivo, mentre mi trovavo nelle Alpi, notai come certi fiori che hanno un colorito più chiaro in pianura, assumono una tinta più forte in zone elevate. Se non mi sbaglio di grosso, nelle zone montuose si trova un fiore molto simile al "dente di leone" ma che è di un giallo scuro, colore che corrisponderebbe esattamente a quello del vestito della fanciulla di cui mi ero tanto innamorato. Ma non ho ancora finito. Ora arrivo a un'altra occasione che ha ridestato in me le impressioni dell'infanzia e che risale a una data non molto lontana dalla precedente. Avevo diciassette anni quando rividi il luogo natale. Tre anni dopo, per le vacanze, feci visita a mio zio e rividi coloro che erano stati i miei primi compagni di gioco, gli stessi due cugini, il ragazzo maggiore di me di un anno e la ragazza della mia stessa età, che compaiono nella scena infantile dei "denti di leone". Questa famiglia aveva lasciato il mio luogo natale contemporaneamente a noi e aveva fatto fortuna in una città assai lontana.»

«Si è innamorato di nuovo, di sua cugina questa volta, e si è abbandonato a una nuova serie di fantasticherie?»

«No, questa volta le cose sono andate molto diversamente. In quel tempo ero all'università, schiavo dei libri. Nulla di me era disponibile per mia cugina. Per quanto mi consta, non ebbi simili fantasie in quell'occasione. Però credo che mio padre e lo zio avessero architettato un piano secondo il quale avrei dovuto cambiare l'astrusa materia dei miei studi con un'altra di maggiore interesse pratico, stabilirmi, dopo il completamento degli studi, nel luogo di residenza di mio zio e sposare mia cugina. Non c'è dubbio che il piano fu lasciato cadere quando si accorsero di quanto fossi fermo nelle mie intenzioni, però sono certo dell'esistenza di quel piano. Solo più tardi, quando ero un uomo di scienza ancora novellino sotto la dura spinta delle esigenze della vita, e in attesa da tanto tempo di trovare un posto, dovetti fare, di tanto in tanto, la riflessione che mio padre aveva visto giusto nel pianificare per me quel matrimonio, onde riparare al danno che, coinvolgendo tutta la mia esistenza, aveva fatto seguito all'originario tracollo commerciale.»

«Quindi io sono dell'avviso che l'episodio dell'infanzia che stiamo studiando sia ritornato alla sua memoria in questo tempo, mentre lottava per il pane quotidiano, purché, però, lei confermi la mia idea che fu nello stesso tempo in cui vide per la prima volta le Alpi.»

«Sì, è proprio così: l'alpinismo era l'unica distrazione che mi concedevo in quel periodo. Però non riesco ancora a comprendere dove vuole andare a parare.»

«Ci arrivo subito. L'elemento al quale lei dà la massima importanza nella scena dell'infanzia è il fatto che il pane rustico le parve tanto buono. Sembra chiaro che questa idea, che arriva quasi con l'intensità di un'allucinazione, corrisponde alla sua fantasticheria sulla piacevole esistenza che avrebbe vissuto se fosse rimasto a casa e avesse sposato questa ragazza, ossia, in linguaggio simbolico, quanto sarebbe stato buono quel pane per il quale stava lottando tanto duramente. Anche il colore giallo dei fiori indica la stessa ragazza. Ma nella scena ci sono anche degli elementi che non possono essere messi in rapporto che con la *seconda* fantasia, quella in cui sposa sua cugina. Il fatto di gettar via i fiori per avere il pane mi colpisce come un travestimento, non male architettato, del piano che suo padre aveva nei suoi riguardi: lei doveva lasciar perdere le sue idee prive di praticità per assumere un impiego remunerativo, non è così?»

«Dunque pare che io abbia fuso insieme due gruppi di fantasie su come la mia vita sarebbe potuta diventare più piacevole: da una parte il "giallo" e "il pane fatto in casa" e dall'altra il fatto di gettar via i fiori e la considerazione nella vicenda di persone reali.»

«Sì. Lei ha proiettato le due fantasticherie l'una sull'altra e le ha trasformate in un ricordo d'infanzia. L'elemento riguardante i fiori alpini è come un marchio che dà la data di fabbricazione. Posso assicurarle che spesse volte le persone costruiscono inconsciamente queste cose, le compongono quasi come delle opere di narrativa.»

«Ma se le cose stanno così, *non* esiste nessun ricordo infantile ma soltanto una fantasticheria riferita all'infanzia. Però, qualcosa mi dice che la scena è autentica. Come la mettiamo?»

«In genere non c'è una garanzia per i dati fornitici dalla memoria. Però sono pronto a concordare con lei che la scena è autentica. Se così è, lei l'ha scelta tra innumerevoli altre scene analoghe o differenti perché, a causa del suo contenuto, in sé indifferente, si adattava bene a rappresentare le due fantasie che per lei erano abbastanza importanti. Una rievocazione di questo genere, il cui valore risiede nel fatto che rappresenta nella memoria impressioni e pensieri appartenenti a un periodo posteriore il cui contenuto si ricollega a quello della scena attraverso legami simbolici o di similitudine, ben a ragione può ricevere il nome di «*ricordo di copertura*». In tutti i casi cesserà di sorprendersi perché questa scena le torna in mente tanto spesso. Non può più essere considerata come una scena indifferente giacché, secondo quanto abbiamo scoperto, ha lo scopo preciso di rappresentare i due punti essenziali della sua vita, l'influenza dei due moventi principali: fame e amore.»

«Sì, rappresenta abbastanza bene la fame. Ma quanto all'amore?»

«Col giallo dei fiori, secondo me, ma non posso negare che in questa scena infantile l'amore è messo molto meno in rilievo di quanto accade solitamente, in base alla mia esperienza.»

«No, lei si sbaglia. L'amore è invece raffigurato con grande evidenza. Lo capisco ora per la prima volta. Ci pensi un istante! Portar via il fiore a una fanciulla significa defiorarla. Quale contrasto tra l'arditezza di questa fantasticheria, la mia timidezza della prima volta e l'indifferenza della seconda.»

«Posso assicurarle che la timidezza giovanile di solito trova il suo corrispettivo in ardite fantasticherie.»

«Ma in questo caso la fantasia che si è trasformata in questi ricordi d'infanzia non sarebbe una fantasia cosciente che io ricordo, bensì una fantasia inconscia.»

«I pensieri inconsci sono un prolungamento di quelli coscienti. Lei pensa coscientemente: «Se avessi sposato la tal dei tali», e dietro il pensiero c'è l'impulso a formarsi un'immagine di che cosa sia veramente "essere sposati".»

«Adesso posso andare avanti da solo. Per uno scapestratello adolescente la parte più seducente di tutta la faccenda è il pensiero della prima notte di nozze. (Chi si cura di quello che viene dopo?) Ma l'immagine non può emergere alla luce del sole: l'atteggiamento predominante di timidezza e di rispetto per la ragazza la mantiene in stato di rimozione, per cui rimane inconscia...»

«E scivola nei ricordi d'infanzia. Lei ha proprio ragione. È proprio l'elemento grossolanamente sensuale della fantasticheria che spiega perché essa non si trasformi in una fantasia *cosciente*, ma debba limitarsi a farsi strada tramite le allusioni e con un travestimento floreale nella scena dell'infanzia.»

«Ma, vorrei sapere, perché proprio in una scena infantile?»

«Forse grazie alla sua innocenza. Può immaginare un contrasto più stridente di quello che vi è tra la brutale aggressione sessuale e le birichinate infantili? Però vi sono dei fondamenti più generali che hanno un'influenza decisiva nel determinare il trapasso di pensieri e desideri rimossi in ricordi infantili. Infatti lei troverà che la stessa cosa accade invariabilmente nei pazienti isterici. Inoltre sembra che il ricordo del remoto passato sia facilitato da qualche motivo di piacere: *Forsan et haec olim meminisse iuvabit*[2].»

---

[2] [«Un giorno forse farà piacere ricordare anche queste cose», Virgilio, *Eneide*, I, 203.]

«Se è così, ho perduto ogni fiducia nella autenticità della scena dei "denti di leone". Ecco come l'intendo: nelle due occasioni che ho detto, e con l'aiuto di due moventi realistici e molto ben comprensibili, mi venne il pensiero: "Se avessi sposato questa o quella ragazza, la tua vita sarebbe diventata molto più piacevole". La corrente sensuale della mia mente si impadronì del pensiero contenuto nella protasi e lo riprodusse in forma di immagini capaci di dare soddisfazione alla corrente stessa. La seconda versione del pensiero rimase inconscia per la sua incompatibilità con la disposizione dominante nei confronti della sessualità, ma proprio il fatto di essere rimasta inconscia le permise di persistere nella mia mente molto tempo dopo che i mutamenti della situazione reale avevano totalmente eliminato la versione cosciente. In conformità, secondo quanto lei mi dice, a una legge generale, la parte rimasta inconscia cercò di trasformarsi in una scena infantile che, grazie alla sua innocenza, sarebbe potuta diventare cosciente. A questo scopo essa dovette subire una nuova trasformazione, o piuttosto due. L'una espungeva dalla protasi l'elemento sconveniente, esprimendolo figuratamente; l'altra imponeva all'apodosi una forma atta a essere rappresentata visivamente, impiegando come idee intermediarie le idee di "pane" e di "impiego remunerativo". Comprendo che, con questa fantasticheria, in effetti mi procuravo la soddisfazione dei due desideri rimossi: deflorare la ragazza e ottenere agi materiali. Ma ora che ho fornito un resoconto così esauriente dei moventi della mia fantasia sui "denti di leone", debbo necessariamente giungere alla conclusione che ciò di cui parlo non è mai accaduto e si è introdotto di straforo tra i miei ricordi d'infanzia.»

«Vedo che mi tocca prendere la difesa dell'autenticità dei fatti. Lei va troppo oltre. Ha accettato la mia affermazione che ogni fantasticheria di questo genere, se rimossa, tende a trasformarsi in una scena infantile. Ma ora supponiamo che ciò non può accadere se non esiste una traccia mnemonica il cui contenuto fornisce alla fantasticheria un punto di contatto, cioè, come è in realtà, le si fa incontro. Trovato il punto di contatto – nel nostro caso è la deflorazione, ossia il togliere i fiori – il resto della fantasia si rimodella con l'aiuto di ogni idea intermedia possibile – per esempio, il pane – finché non gli riesce di trovare altri punti di contatto con la scena infantile. È possibilissimo che, nel procedimento, anche la scena infantile subisca qualche modificazione. Per me è sicuro che anche le falsificazioni della memoria possano verificarsi in questo modo. Nel suo caso sembrerebbe soltanto che alcuni tratti di questa immagine mnemonica infantile siano stati marcati più profondamente: pensi all'eccessiva intensità del giallo e all'esagerata bontà del pane. Però, il materiale greggio era utilizzabile, ché, in caso contrario, questo particolare ricordo non avrebbe avuto la possibilità, più di un qualsiasi altro, di emergere nella coscienza. Non le sarebbe venuta in mente questa scena, sotto forma di ricordo infantile; forse gliene sarebbe venuta in mente un'altra. Lei sa, infatti, con quanta ingegnosità riusciamo a tracciare linee di congiunzione tra un punto e un altro punto qualsiasi. A prescindere dalle sue sensazioni soggettive, che io non vorrei sottovalutare, vi è anche un altro fattore che depone a favore dell'autenticità del ricordo dei «denti di leone». In esso vi sono certi elementi che non sono stati risolti da quello che mi ha detto e che, difatti, non concordano col senso voluto dalla fantasia: per esempio suo cugino che l'aiuta a strappare i fiori alla bambina (le sembra sensata l'idea di farsi aiutare a violentare una ragazza?), o la presenza della contadina e della governante davanti alla casetta.»

«Infatti, non mi sembrano significative.»

«Dunque la fantasia non coincide integralmente con la scena infantile. Si fonda su di essa solo in alcuni punti, il che depone a favore dell'autenticità del ricordo infantile.»

«Pensa che un'interpretazione come questa di un ricordo infantile apparentemente innocente trovi frequente applicazione?»

«Molto frequente, secondo la mia esperienza. Ci vogliamo togliere il gusto di vedere se i due esempi dati dagli Henri siano interpretabili come ricordi di copertura, che nascondono esperienze e desideri successivi? Intendo il ricordo di una tavola imbandita con sopra una bacinella di ghiaccio, che dovrebbe essere in rapporto con la morte della nonna del soggetto, e l'altro ricordo, quello di un bambino che spezza un ramo d'albero durante una passeggiata, aiutato da qualcun altro.»

Egli rifletté un momento e poi rispose: «Non riesco ad arrivare a capo del primo ricordo. Con ogni probabilità si tratta di un caso di trasposizione in atto, ma è impossibile intuire le fasi intermedie. Quanto al secondo, mi sentirei di darne un'interpretazione, purché la persona non fosse francese».

«Qui non riesco a seguirla. Che differenza vuole che faccia?»

«Una grandissima differenza, dato che la fase intermedia tra ricordo di copertura e fatto che viene celato potrebbe essere insita in un'espressione verbale. In tedesco "darsi una strappata" è un'espressione volgare molto comune per dire "masturbarsi". Allora la scena respingerebbe nella prima infanzia un invito alla masturbazione, con qualcuno che lo aiutava, fatto che accadde veramente in un periodo più tardo. Ma neppure così è tutto a posto, perché nella scena dell'infanzia erano presenti molte altre persone.»

«Mentre l'invito a masturbarsi deve essere accaduto nella solitudine e nell'intimità, ma è proprio questo contrasto che mi spinge ad accettare la sua opinione. Infatti serve anch'esso a rendere innocente la scena. Sa che cosa significa quando, in sogno, vediamo «tanti estranei», come avviene così spesso in quei sogni di nudità nei quali ci sentiamo terribilmente imbarazzati? Né più né meno che la segretezza, che anche in questo caso si esprime attraverso il suo opposto. Però la nostra interpretazione rimane un gioco, perché non abbiamo idea se un francese ravviserebbe un'allusione alla masturbazione nelle parole *casser une branche d'un arbre* o in altra frase adeguatamente emendata.»

Spero che questa analisi, che ho riportato con la massima esattezza possibile, abbia chiarito almeno un po' il concetto di «ricordo di copertura» quale ricordo che non deve il suo valore al fatto di essere una rievocazione, o al suo contenuto, bensì al rapporto esistente tra questo contenuto e un altro, che è stato rimosso. Diverse classi di ricordi di copertura sono distinguibili in base alla natura di detto rapporto. Abbiamo trovato esempi di due di queste classi tra quelli che sono stati presentati come antichi ricordi dell'infanzia, naturalmente classificando come ricordi di copertura anche le incomplete scene infantili, innocenti proprio per la loro incompletezza. Si può supporre che i ricordi di copertura si formino anche con i resti di ricordi legati ad epoca successiva. Chi ne tenga presente la caratteristica essenziale – vale a dire che si ricordano molto bene ma che il loro contenuto è completamente indifferente – trarrà agevolmente dalla sua memoria molti esempi del genere. Taluni ricordi di copertura, con contenuto di avvenimenti più recenti, devono la loro importanza al loro rapporto con esperienze della prima giovinezza che sono state rimosse, vale a dire che tale rapporto è l'inverso di quello del caso che ho analizzato, in cui un ricordo d'infanzia è chiamato a spiegare un'esperienza successiva. Un ricordo di copertura può essere definito retrodatato o antedatato a seconda della direzione del rapporto cronologico tra la copertura e ciò che è coperto. Sotto un diverso profilo, possiamo distinguere dai ricordi di copertura positivi quelli negativi (o refrattari), il cui contenuto ha un rapporto di opposizione rispetto al materiale rimosso. Tutta la questione merita ulteriore approfondimento, ma io mi devo limitare a far rilevare quanto siano complicati i processi che entrano nella formazione della memoria. (Tra parentesi, si tratta di processi assai simili a quelli di formazione dei sintomi isterici.)

I nostri primi ricordi di infanzia saranno sempre argomento di particolare interesse, perché il problema sollevato all'inizio di questo articolo (come mai le impressioni aventi la massima importanza per il nostro futuro di solito non lasciano traccia nella nostra memoria) ci costringe a meditare sull'origine dei ricordi coscienti in generale. Certamente ci sentiremo portati, in un primo momento, a separare i ricordi di copertura, oggetto del nostro studio, quali elementi eterogenei in mezzo ai vari residui mnemonici dell'infanzia. Per quanto riguarda le altre immagini, probabilmente accoglieremo la semplice opinione che esse si siano formate contemporaneamente a un'esperienza – quale immediata conseguenza dell'impressione provocata da questa – e che, da allora in poi, ricompaiano di tanto in tanto secondo le ben note leggi della riproduzione. Ma una disamina più accurata ci rivela talune caratteristiche che non si accordano con questo modo di vedere. Soprattutto, bisogna tener presente questo fatto: nella maggior parte delle scene infantili significative e, per il resto, ineccepibili, il soggetto vede se stesso nel ricordo come un bambino, ma vede questo bambino come lo vedrebbe un osservatore posto fuori della scena. Giustamente gli Henri fanno osservare che molti di coloro che furono consultati per la loro ricerca insistevano su questa caratteristica delle scene infantili. È evidente che questa rappresentazione non può essere l'esatta riproduzione dell'impressione originale, in quanto il soggetto si trovava allora nel bel mezzo della situazione e non stava osservando se stesso, bensì il mondo esterno.

Ogni volta che, in un ricordo, il soggetto appare come un oggetto tra altri oggetti, questo contrasto tra l'Io che agisce e l'Io che ricorda può essere considerato una prova del fatto che l'impressione originale è stata rielaborata. Si direbbe che una traccia mnemonica proveniente dalla fanciullezza sia stata ritradotta in forma plastica e visiva in una data successiva, la data in cui il ricordo si è manifestato, mentre nella coscienza del soggetto non è mai entrata alcuna riproduzione dell'impressione originale.

Vi è poi un altro fatto che ci fornisce una prova anche più convincente a favore di questo secondo modo di concepire la cosa. Tra molti ricordi infantili di esperienze significative, tutti distinti per esattezza e chiarezza, si troveranno alcune scene che, se controllate (per esempio con i ricordi degli adulti), risultano falsate. Non si tratta di invenzioni integrali; sono false nel senso che hanno trasposto un evento dal luogo dove questo è accaduto ad un altro – come in uno dei casi citati dagli Henri – oppure hanno fuso due persone in una sola o ne hanno scambiata una per l'altra, oppure le scene, nel loro insieme, danno l'impressione di risultare dalla combinazione di due esperienze separate. Non può trattarsi di semplice imprecisione della rievocazione, tenuto conto dell'alto livello di vivacità sensoriale posseduto dalle immagini e della capacità mnemonica propria dei giovani. Un esame più accurato dimostra che queste falsificazioni mnemoniche sono tendenziose, vale a dire che hanno per scopo la rimozione o sostituzione di impressioni reprensibili o sgradite. Dunque, ne consegue che anche questi ricordi falsati devono essere sorti in un periodo della vita in cui i conflitti di questo tipo e gli impulsi verso la rimozione hanno conseguito la possibilità di trovare posto nella vita psichica, molto più tardi, cioè, del periodo cui si riferisce il loro contenuto. Ma anche in questi casi, il ricordo falsato è il primo del quale diventiamo consapevoli. La materia prima, costituita dalle tracce mnemoniche con le quali viene plasmato il ricordo, ci rimane sconosciuta nella sua forma originale.

Il riconoscimento di questo fatto riduce il distacco fra ricordi di copertura e altri ricordi provenienti dall'infanzia. In effetti ci si può chiedere se abbiamo dei ricordi provenienti dall'infanzia. Tutto quello di cui disponiamo potrebbero essere dei ricordi costruiti sulla nostra infanzia. I ricordi infantili ci rappresentano i nostri primi anni non quali erano, ma quali apparivano in tempi più recenti, quando nacquero i ricordi. In questi periodi, di insorgenza dei ricordi, detti ricordi non *affiorano*, come si suol dire, ma si *formano*. Alla loro formazione concorrono diversi motivi, che non tengono conto dell'esattezza storica, ma fanno piuttosto una scelta dei ricordi in sé.

Il sogno*
(1901)

1.

Nell'epoca che possiamo chiamare prescientifica gli uomini non avevano difficoltà nel trovare una spiegazione ai sogni. Quando al risveglio ricordavano un sogno, lo consideravano una manifestazione favorevole od ostile di potenze superiori, demoniache e divine. Allorché cominciarono a diffondersi le dottrine naturalistiche, tutta questa ingegnosa mitologia si mutò in psicologia, ed oggi solo un'esigua minoranza delle persone istruite dubita che i sogni siano un prodotto della mente del sognatore.

Tuttavia, rifiutata l'ipotesi mitologica, persiste la necessità di spiegare i sogni. Le condizioni del loro originarsi, il loro rapporto con la vita psichica della veglia, il loro dipendere da stimoli che urgono verso la percezione durante lo stato di sonno, le molteplici particolarità del loro contenuto che ripugnano al pensiero da svegli, l'incompatibilità tra le loro rappresentazioni e gli affetti ad esse collegati, ed infine il loro carattere transitorio, la maniera in cui il pensiero vigile li spinge da parte come qualcosa di estraneo e li mutila e li annienta nella memoria: tutti questi ed ancora altri problemi sono rimasti in attesa di una chiarificazione per molte centinaia di anni, e fino ad ora non ne è stata ancora proposta una soluzione soddisfacente. Ma ciò che soprattutto ci interessa è il problema del significato dei sogni, problema che ha un doppio aspetto. In primo luogo esso indaga sul significato psichico del

* Titolo originale: «Über den Traum». Pubblicato la prima volta in *Grenzfragen des Nerven und Seelenlebens*, a cura di L. Löwenfeld e H. Kurella, Bergmann, Wiesbaden, 1901. Traduzione di Antonella Ravazzolo.

sognare, sul nesso tra i sogni e gli altri processi mentali e su qualsiasi funzione biologica essi possano avere; in secondo luogo cerca di scoprire se i sogni possono essere interpretati, se il contenuto dei sogni individuali ha un «significato», secondo quanto siamo abituati a trovare in altre strutture psichiche.

Nella valutazione del significato dei sogni si possono distinguere tre correnti di pensiero. Una di queste, che riecheggia in un certo senso l'antica sopravvalutazione dei sogni, trova espressione negli scritti di certi filosofi. Essi ritengono che la base della vita onirica sia un particolare stato di attività mentale e si spingono tanto in là da acclamare quello stato come un'elevazione ad un livello superiore. Schubert, ad esempio, sostiene che i sogni sono una liberazione dello spirito dalla potestà della natura esterna e un affrancarsi dell'anima dai legami dei sensi. Altri studiosi, senza andare così lontano, insistono tuttavia che i sogni sorgono essenzialmente da impulsi mentali e rappresentano manifestazioni di forze mentali alle quali è stata impedita la libera espansione durante il giorno. (Cfr. la «immaginazione del sogno» di Scherner e Volkelt.) Numerosi osservatori concordano nell'attribuire alla vita onirica una più alta capacità di adempimento delle funzioni, almeno in certi settori (ad esempio, la memoria).

In netta opposizione è la maggioranza dei medici, i quali adottano un loro punto di vista secondo il quale i sogni raggiungono appena il livello di fenomeni psichici. Nella loro teoria gli unici istigatori dei sogni sono gli stimoli sensoriali e somatici, che colpiscono il dormiente dall'esterno oppure diventano casualmente attivi nei suoi organi interni. Ciò che viene sognato, sostengono, non ha maggiori presupposti per avere un senso e un significato che, ad esempio, i suoni che sarebbero prodotti se «le dieci dita di un uomo che ignora del tutto la musica vagassero sui tasti di un pianoforte». Binz definisce i sogni come null'altro che «processi somatici che sono in ogni caso inutili e in molti casi effettivamente patologici». Tutte le caratteristiche della vita onirica verrebbero così spiegate come dovute all'attività sconnessa di organi distinti o di gruppi di cellule in un cervello altrimenti dormiente, attività ad essi imposta da stimoli fisiologici.

L'opinione popolare è ben poco influenzata da questo giudizio scientifico, non si cura delle fonti dei sogni e sembra perseverare nella convinzione che nonostante tutto i sogni hanno un significato, che si riferisce alla predizione del futuro e che può essere scoperto mediante un qualche processo di interpretazione di un contenuto che spesso è confuso ed enigmatico. I metodi di interpretazione impiegati consistono nel trasformare il contenuto del sogno così come viene ricordato, o sostituendolo brano per brano secondo una chiave prefissata, o sostituendo al sogno nel suo complesso un altro insieme al quale è legato da un nesso simbolico. Le persone riflessive sorridono di questi sforzi: *Träume sind Schäume* (i sogni sono schiuma).

2.

Un giorno ho scoperto con grande stupore che la concezione dei sogni più vicina alla verità non era quella medica, bensì quella popolare, per quanto fosse ancora per metà implicata nella superstizione. Infatti ero arrivato a nuove conclusioni sull'argomento dei sogni applicando ad essi un nuovo metodo di indagine psicologica che si era rivelato eccellente per risolvere fobie, ossessioni, allucinazioni, ecc. Da allora, sotto il nome di «psicoanalisi», esso è stato accettato da un'intera scuola di ricercatori. Molti ricercatori medici hanno davvero osservato esattamente le numerose analogie che esistono tra la vita onirica e una grande varietà di condizioni della malattia psichica. Sembrava quindi che ci fossero buoni presupposti per sperare che un metodo di ricerca che aveva dato risultati soddisfacenti nel caso di strutture psicopatiche sarebbe stato utile anche per chiarire i sogni. Le fobie e le ossessioni sono estranee alla coscienza normale come lo sono i sogni per la coscienza vigile, e la loro origine è ignota alla coscienza come quella dei sogni. Nel caso di queste strutture psicopatiche, considerazioni pratiche portarono ad una ricerca della loro origine e del loro modo di sviluppo, poiché l'esperienza aveva dimostrato che la scoperta dei percorsi ideativi che, nascosti alla coscienza, collegano le idee patologiche con il restante contenuto della mente, equivale ad una risoluzione dei sintomi ed ha come conseguenza la padronanza delle idee che fino allora non potevano essere inibite. Così la psicoterapia fu il punto di partenza del procedimento di cui mi sono servito per la spiegazione dei sogni.

Questo procedimento si descrive facilmente, benché siano necessari addestramento e pratica prima di poterlo realizzare.

Se ne facciamo uso su qualcun altro, diciamo un paziente con una fobia, gli chiediamo di rivolgere la sua attenzione sull'idea in questione, tuttavia non per riflettere su di essa come ha già fatto così spesso, ma per prendere nota di *qualunque cosa gli venga in mente senza alcuna eccezione* e riferirla al medico. Se egli afferma allora che la sua attenzione è del tutto incapace di afferrare qualcosa, bisogna controbattere assicurandolo energicamente che una assenza completa di un qualsiasi contenuto rappresentativo è del tutto impossibile. Ed infatti molto presto numerose idee gli verranno in mente e lo porteranno ad altre idee, ma invariabilmente saranno precedute da un giudizio dell'auto-osservatore nel senso che gli appariranno assurde o prive di importanza, irrilevanti e sopravvenutegli per caso, senza alcun nesso con l'argomento considerato. Ci rendiamo immediatamente conto che proprio questo atteggiamento critico impediva al soggetto di riferire alcune di queste idee e aveva precedentemente impedito che divenissero coscienti. Se riusciamo a persuaderlo ad abbandonare la critica delle idee che gli vengono in mente ed a seguire il corso dei pensieri che emergeranno per tutto il tempo che egli mantiene fissa la sua attenzione, ci troveremo in possesso di una quantità di materiale psichico chiaramente connesso all'idea patologica che era il nostro punto di partenza; questo materiale rivelerà presto delle relazioni tra l'idea patologica ed altre idee e alla fine ci darà la possibilità di sostituire all'idea patologica una nuova idea che si inserisce intelligibilmente nel contesto psichico.

Non è questo il luogo per dare un resoconto dettagliato delle premesse sulle quali è basato questo esperimento o delle conseguenze che seguono il suo invariabile successo. Sarà sufficiente dire che otteniamo materiale che ci permette di risolvere qualsiasi idea patologica, se rivolgiamo la nostra attenzione proprio a quelle associazioni che sono «involontarie», «che interferiscono con la nostra riflessione» e che normalmente vengono respinte dalla nostra facoltà critica come sciocchezze senza importanza.

Se ci serviamo di questo procedimento su noi stessi, possiamo meglio collaborare all'indagine scrivendo subito quelle che al principio sembrano associazioni incomprensibili.

Adesso mostrerò i risultati dell'applicazione di questo metodo d'indagine ai sogni. Qualunque esempio di sogno sarebbe ugualmente adatto allo scopo, ma per ragioni particolari sceglierò un mio sogno, che sembri oscuro e privo di significato nel modo in cui lo ricordo ed abbia il vantaggio di essere breve. Il sogno che ho effettivamente fatto l'altra notte credo abbia questi requisiti. Il contenuto, che ho annotato immediatamente dopo il risveglio, era il seguente:

«*Compagnia a tavola o* table d'hôte... *si mangiavano spinaci... Frau E. L. sedeva accanto a me; aveva completamente rivolto la sua attenzione su di me e poggiato la sua mano sul mio ginocchio in un atteggiamento intimo. Allontanai la sua mano senza ricambiare. Allora ella disse: "Ma avete sempre avuto degli occhi così belli"... Ebbi una visione indistinta di due occhi, come se fosse un disegno o il contorno di un paio di occhiali...*».

Questo era tutto il sogno, o almeno tutto quello che ricordavo. Mi sembrava oscuro e privo di significato, ma soprattutto sorprendente. Frau E. L. è una persona con la quale non sono quasi mai stato in rapporti amichevoli, né, per quanto ne sappia, ho mai desiderato avere con lei rapporti più stretti. Non la vedo da molto tempo e credo che il suo nome non sia stato pronunziato negli ultimi giorni. Il processo onirico non era unito ad affetti di alcun genere.

Non mi avvicinai alla comprensione del sogno riflettendoci su, tuttavia decisi di prendere nota, senza alcuna premeditazione o critica, delle associazioni che si presentavano alla mia autoosservazione. È consigliabile, a questo scopo, dividere il sogno nei suoi elementi e cercare separatamente le associazioni che si collegano ad ognuno di questi frammenti.

Compagnia a tavola o table d'hôte. Questo mi ha fatto subito venire in mente un episodio verificatosi ieri sera tardi. Venivo via da una riunione in compagnia di un amico che si offrì di prendere una carrozza e accompagnarmi a casa. «Preferisco prendere una carrozza con il tassametro», disse, «tiene la mente occupata così piacevolmente, si ha sempre qualcosa da guardare.» Prendemmo posto nella vettura e il conducente inserì il contatore, per cui divenne visibile il primo importo di sessanta *heller*. Allora io portai avanti lo scherzo: «Siamo appena saliti», dissi, «e già gli dobbiamo sessanta *heller*. Una vettura con tassametro mi ricorda sempre una *table d'hôte*. Mi rende avaro ed egoista, perché continua a ricordarmi quanto devo pagare. Il mio debito sembra aumentare troppo velocemente ed ho paura di avere la peggio nell'affare; ed esattamente allo stesso modo ad una *table d'hôte* non posso fare a meno di avere la comica sensazione che sto ricevendo troppo poco e che devo tenere d'occhio i miei interessi». Proseguii facendo una citazione, quasi senza nesso:

> *Ihr führt ins Leben uns hinein,*
> *Ihr lasst den Armen schuldig werden*[1].

Ed ora un'altra associazione a *table d'hôte*. Poche settimane prima, mentre eravamo a tavola in albergo, in una località montana del Tirolo, mi ero irritato molto perché pensavo che mia moglie non fosse sufficientemente riservata con certe persone che sedevano accanto a noi e che non desideravo affatto conoscere. Le chiesi di occuparsi di me più che di questi sconosciuti. Ancora una volta era *come se stessi avendo la peggio nell'affare alla table d'hôte*. Fui colpito anche dal contrasto tra il comportamento di mia moglie a tavola e quello di Frau E. L. nel sogno, che «aveva completamente rivolto la sua attenzione su di me».

Andiamo avanti. Vedevo ora che i fatti del sogno erano la riproduzione di un piccolo episodio del tutto simile verificatosi tra mia moglie e me, quando la corteggiavo segretamente. La carezza

---

[1] [«Tu ci guidi nella vita / miserelli tu ci fai colpevoli»; i versi sono tratti dal *Wilhelm Meisler* di Goethe.]

che mi dava sotto la tovaglia era la sua risposta ad una pressante lettera d'amore. Tuttavia nel sogno mia moglie era sostituita da una persona relativamente sconosciuta, E. L.

Frau E. L. è la figlia di un uomo col quale una volta ero *indebitato*. Non potei fare a meno di osservare che questo rivelava una relazione insospettata tra alcune parti del contenuto del sogno e le mie associazioni. Se si segue la successione di associazioni partendo da un elemento del contenuto del sogno, si ritorna subito ad un altro dei suoi elementi. Le mie associazioni nei confronti del sogno stavano portando alla luce delle correlazioni che nel sogno stesso erano invisibili.

Se una persona pretende che un'altra gli tenga d'occhio i propri interessi senza alcun tornaconto, la sua ingenuità è atta a provocare la sprezzante domanda: «Credi che farò questo o quello per i tuoi *begli occhi?*». Stando così le cose, l'osservazione di Frau E. L. nel sogno, «Avete sempre avuto degli occhi così belli», poteva solo significare: «La gente ha sempre fatto tutto per voi per amore, voi avete sempre avuto ogni cosa *senza pagarla*». La verità, naturalmente, è proprio il contrario: ho sempre pagato caro qualunque vantaggio io abbia ricevuto da altre persone. Dopotutto il fatto che il mio amico mi avesse accompagnato a casa in carrozza ieri, senza che io dovessi pagare, deve avermi fatto impressione.

Tra l'altro, l'amico del quale eravamo ospiti ieri mi ha fatto spesso dei prestiti. Proprio recentemente mi sono lasciato sfuggire un'occasione di ripagarlo. Egli ha ricevuto da me un solo regalo, un vaso antico sul quale sono dipinti degli *occhi*: cioè quello che si chiama un «occhiale», per distogliere il *malocchio*. Inoltre egli è oculista. La stessa sera gli ho chiesto notizie di una paziente che gli avevo mandato perché le adattasse un paio di *occhiali*.

Mi accorgevo ora che quasi tutti gli elementi del contenuto onirico erano stati portati nel nuovo contesto. In nome della coerenza si potrebbe tuttavia chiedere ancora perché nel sogno venivano serviti proprio gli *spinaci*. La risposta è che gli *spinaci* si richiamavano ad un fatto accaduto non molto tempo prima a tavola in casa, quando uno dei miei figli (e precisamente quello che veramente merita di essere ammirato per i suoi *begli occhi)* si è rifiutato di mangiare gli spinaci. Io stesso mi sono comportato esattamente nello stesso modo quando ero bambino. Per molto tempo ho odiato gli spinaci, finché poi il mio gusto è cambiato e quella verdura è divenuta uno dei miei piatti preferiti. Così la menzione di questo cibo ha riunito i miei primi anni di vita e quelli di mio figlio. «Dovresti essere contento di mangiare spinaci», aveva esclamato la madre del piccolo buongustaio, «ci sono bambini che sarebbero ben felici di mangiare spinaci». Così mi vennero in mente i doveri dei genitori verso i figli. Le parole di Goethe

Ihr führt ins Leben uns hinein,
Ihr lasst den Armen schuldig werden

acquistavano un nuovo significato in questa relazione.

Mi fermerò qui per esaminare i risultati finora raggiunti con l'analisi del sogno. Seguendo le associazioni che partivano dai diversi elementi del sogno separati dal loro contesto, sono arrivato ad una quantità di pensieri e ricordi, che non potevo non riconoscere come importanti prodotti della mia vita psichica. Questo materiale svelato dall'analisi del sogno era intimamente collegato al contenuto onirico, tuttavia il nesso era di natura tale che non avrei mai potuto dedurre il nuovo materiale da quel contenuto. Il sogno era privo di emozioni, sconnesso e incomprensibile, ma mentre tiravo fuori i pensieri sottostanti al sogno, ero consapevole degli intensi e ben fondati impulsi affettivi. Gli stessi pensieri ricadevano subito in concatenazioni logiche, nelle quali determinate idee centrali si ripresentavano più di una volta. Così il contrasto tra «egoista» e «altruista» e gli elementi «avere debiti» e «non pagare» erano idee centrali di questo tipo, non rappresentate nel sogno in sé. Potrei ravvicinare ancora di più le fila del materiale svelato dall'analisi, e potrei allora dimostrare che esse convergono su un unico punto focale, ma considerazioni di carattere personale e non scientifico mi impediscono di farlo in pubblico. Sarei costretto a denunciare molte cose che sarà meglio restino segrete, poiché mentre procedevo alla soluzione del sogno sono venute alla luce diverse cose che ero restìo ad ammettere perfino davanti a me stesso. Perché allora, mi si chiederà, non ho scelto qualche altro sogno, la cui analisi si potesse raccontare, così da presentare prove più convincenti del significato e della concatenazione del materiale rivelato dall'analisi? La risposta è che qualsiasi sogno che cercassi di trattare, porterebbe a cose egualmente difficili da riferire e mi imporrebbe una pari discrezione. Né eviterei questa difficoltà scegliendo per l'analisi un sogno di qualcun altro, a meno che le circostanze non mi permettessero di lasciar cadere qualsiasi maschera senza danno per la persona che si è confidata con me.

Al punto in cui sono arrivato, sono portato a considerare il sogno come una specie di sostituto dei processi di pensiero, pieni di significato ed emozioni, che ho scoperto dopo aver completato l'analisi. Non conosciamo ancora la natura del processo che fa sì che il sogno venga generato da questi pensieri, ma possiamo vedere che è sbagliato considerarlo puramente fisico e privo di significato psichico, come un processo sorto dall'attività isolata di gruppi separati di cellule cerebrali destate dal sonno.

Altre due cose sono già chiare. Il contenuto del sogno è un condensato dei pensieri che secondo me sostituisce, e l'analisi ha svelato come istigatore del sogno un fatto privo d'importanza della sera precedente.

Naturalmente non trarrei conclusioni di così vasta portata se avessi a mia disposizione un'unica analisi di sogno. Tuttavia se l'esperienza mi dimostra che seguendo senza critica le associazioni che sorgono da qualsiasi sogno posso arrivare ad una simile successione di pensieri, tra i quali appaiono gli elementi che costituiscono il sogno e che questi pensieri sono interrelati in maniera razionale e comprensibile, allora si potrà con sicurezza trascurare la vaga possibilità che le relazioni osservate in un primo esperimento siano dovute al caso. Credo quindi di essere giustificato nell'adottare una terminologia che cristallizzerà la nostra nuova scoperta. Per contrapporre il sogno come viene trattenuto nella mia memoria all'importante materiale scoperto analizzandolo, chiamerò il primo «contenuto *manifesto* del sogno» ed il secondo (senza per ora fare ulteriori distinzioni) «contenuto *latente* del sogno». Devo ora affrontare due nuovi problemi, che non sono ancora stati formulati.

1. Qual è il processo psichico che ha trasformato il contenuto *latente* del sogno nel contenuto manifesto che mi viene reso noto dal ricordo? 2. Qual è il motivo o i motivi che hanno reso necessaria questa trasformazione? Chiamerò «lavoro onirico» il processo che trasforma il contenuto latente dei sogni in contenuto manifesto. Complementare a questa è l'attività che produce una trasformazione inversa e che ci è già nota come lavoro di analisi. Gli altri problemi concernenti i sogni, cioè quanto riguarda gli istigatori dei sogni, l'origine del loro materiale, il loro possibile significato, la possibile funzione del sognare ed i motivi per cui i sogni vengono dimenticati, tutti questi problemi li discuterò sulla base non del contenuto manifesto, ma di questo contenuto onirico latente appena scoperto. Poiché attribuisco all'ignoranza del contenuto onirico latente rivelato dall'analisi tutte le opinioni contraddittorie e inesatte sulla vita onirica che appaiono nella letteratura sull'argomento, avrò molta cura, d'ora in avanti, nell'evitare di confondere il *sogno manifesto* con i *pensieri onirici latenti*.

3.

La trasformazione dei pensieri onirici latenti nel contenuto onirico manifesto merita tutta la nostra attenzione, poiché è il primo esempio a noi noto di cambiamento del materiale psichico da un modo di espressione ad un altro, da un modo di espressione che è immediatamente intelligibile ad un altro che possiamo arrivare a comprendere solo con l'aiuto di una guida e con sforzo, nonostante debba anch'esso essere considerato una funzione della nostra attività psichica.

Sotto l'aspetto del rapporto tra il contenuto latente e il contenuto manifesto, i sogni si possono dividere in tre categorie. In primo luogo possiamo distinguere sogni *sensati* e *comprensibili*, quelli, cioè, che possono essere inseriti senza ulteriori difficoltà nel contesto della nostra vita psichica. Ci sono numerosi sogni di questo tipo. Per la maggior parte sono brevi e in genere ci sembra che non meritino attenzione, poiché in essi non c'è nulla di sorprendente o di strano. Tra l'altro, la loro esistenza costituisce una efficace argomentazione contro la teoria secondo la quale i sogni derivano dall'attività isolata di gruppi separati di cellule del cervello. Essi non danno segni di un'attività psichica ridotta o frammentaria, ma tuttavia noi non dubitiamo mai della loro qualità di sogni e non li confondiamo con i prodotti della veglia. Un secondo gruppo è costituito da quei sogni che, anche se sono coerenti in sé e posseggono chiaramente un senso, tuttavia hanno un effetto *sconcertante*, poiché non riusciamo ad inserire quel senso nella nostra vita psichica. Sarebbe questo il caso se, ad esempio, sognassimo che un parente al quale vogliamo bene è morto di peste, mentre non abbiamo ragione di aspettarci una cosa simile, né di temerla o presumerla. Allora ci chiederemmo stupiti: «Come mi è venuta un'idea simile?». Il terzo gruppo, infine, comprende quei sogni che non hanno senso o sogni incomprensibili, che sembrano *incoerenti, confusi e privi di significato*. La stragrande maggioranza dei sogni presentano queste caratteristiche; e ad essi appunto si deve la scarsa considerazione in cui i sogni sono tenuti e la teoria medica secondo la quale sono il risultato di un'attività psichica limitata. È raro che manchino i segni più evidenti di incoerenza, particolarmente nelle composizioni oniriche di una certa durata e complessità.

Il contrasto tra il contenuto manifesto e il contenuto latente dei sogni è evidentemente importante solo per i sogni della seconda e particolarmente della terza categoria. È lì che ci troviamo di fronte a degli enigmi che scompaiono solo dopo che abbiamo sostituito i pensieri latenti al contenuto manifesto. L'analisi che ho appena riferito è stata eseguita su un esemplare dell'ultima categoria, un sogno confuso e incomprensibile. Tuttavia, contrariamente alle nostre aspettative, ci siamo imbattuti in motivi che ci hanno impedito di conoscere a pieno i pensieri onirici latenti. Un ripetersi di esperienze simili ci può spingere a sospettare che *ci sia una relazione intima e costante tra la natura incomprensibile e confusa dei sogni e la difficoltà di riferire i pensieri ad essa sottostanti*. Prima di indagare sulla natura di questo rapporto, può essere utile rivolgere l'attenzione sui sogni più facilmente comprensibili della prima categoria, dove il contenuto manifesto e quello latente coincidono e c'è quindi un apparente risparmio di lavoro onirico.

Inoltre l'esame di questi sogni è utile da un altro punto di vista. Infatti i sogni dei bambini sono di questo tipo: hanno significato e non sono complicati. Qui, tra l'altro, abbiamo un ulteriore argomento contro la teoria che fa risalire l'origine del sogno ad una attività cerebrale dissociata durante il sonno. Infatti, perché solo negli adulti e non nei bambini dovrebbe essere caratteristica dello stato di sonno una riduzione del funzionamento psichico di questo tipo? D'altra parte, abbiamo tutte le ragioni per aspettarci che una spiegazione dei processi psichici dei bambini, nei quali essi, forse, sono notevolmente semplificati, risulti una premessa indispensabile per le ricerche sulla psicologia dell'adulto.

Riferirò quindi alcuni esempi di sogni che ho raccolto da bambini. Una bimba di diciannove mesi non aveva ricevuto cibo per tutta la giornata, poiché la mattina aveva avuto un attacco di vomito; la bambinaia disse che era stata male per aver mangiato delle fragole. Durante la notte, dopo questa giornata di fame, si udì che diceva il suo nome nel sonno e aggiungeva: «*Fragole, fragoloni, frittata, pappa!*». Stava quindi sognando di mangiare e sottolineava con particolare enfasi proprio quella ghiottoneria di cui già si aspettava a ragione di ricevere modeste porzioni nel prossimo futuro. Un bambino di ventidue mesi fece un sogno simile di un banchetto che gli era stato negato. Il giorno prima lo avevano costretto a offrire allo zio in dono un cestino di ciliege fresche, di cui naturalmente gli era stato permesso di assaggiare un solo esemplare. Si svegliò con l'allegra notizia: «*Hermann mangiato tutte le ciliege!*». Un giorno una bambina di tre anni e tre mesi fece una gita su un lago. Il viaggio evidentemente non fu abbastanza lungo per lei, poiché pianse quando dovette scendere dalla barca. La mattina dopo raccontò che durante la notte era stata in gita sul lago: aveva continuato il viaggio interrotto. Un bambino di cinque anni e tre mesi mostrava segni di insoddisfazione durante una passeggiata nei dintorni del Dachstein. Ogni volta che si vedeva una nuova montagna, chiedeva se era il Dachstein e alla fine si rifiutò di andare a vedere una cascata con il resto della compagnia. Il suo comportamento fu attribuito a stanchezza, ma trovò una spiegazione migliore quando la mattina successiva egli raccontò che aveva sognato di *scalare il Dachstein*. Evidentemente aveva pensato che l'escursione si sarebbe conclusa con la scalata del Dachstein e si era rattristato perché la montagna promessa non era in vista. Egli creò nel sogno quanto il giorno precedente non gli aveva dato. Una bambina di sei anni fece un sogno del tutto simile. Durante una passeggiata il padre aveva abbreviato la meta prevista, poiché si stava facendo tardi. Sulla via del ritorno ella aveva notato una targa che indicava il nome di un'altra località e il padre le aveva promesso che l'avrebbe portata anche là un'altra volta. La mattina dopo salutò il padre con la notizia che aveva sognato che *erano stati in tutti e due i posti*.

L'elemento comune in tutti questi sogni di bambini è evidente: hanno tutti realizzato desideri che erano stati attivi durante il giorno, ma che non erano stati soddisfatti. I sogni erano semplici e palesi *realizzazioni di desideri*.

Ed ecco un altro sogno di bambino che, anche se a prima vista non è del tutto facilmente comprensibile, è anch'esso niente altro che una realizzazione di desiderio. Una bambina di non ancora quattro anni era stata portata in città dalla campagna, perché aveva avuto un attacco di poliomielite. Passò la notte da una zia che non aveva figli e quindi la misero a dormire in un letto normale, di gran lunga troppo grande per lei, naturalmente. La mattina dopo disse che aveva sognato che *il letto era stato di gran lunga troppo piccolo per lei, tanto che non ci stava dentro*. È facile riconoscere in questo un sogno di desiderio, se ricordiamo che i bambini molto spesso esprimono il desiderio di «essere grandi». Le dimensioni del letto ricordavano spiacevolmente alla bambina, che avrebbe voluto essere grande, la sua piccolezza.

Anche quando il contenuto dei sogni dei bambini diventa complicato e sottile, non c'è mai difficoltà nel riconoscerli come realizzazioni di desideri. Un bambino di otto anni sognò che stava viaggiando su un carro con Achille e che Diomede era l'auriga. Si seppe che il giorno prima si era sprofondato in un libro di leggende sugli eroi greci, ed era facile vedere che egli aveva preso gli eroi a modello e che rimpiangeva di non vivere a quei tempi.

Questa piccola raccolta chiarisce un'ulteriore caratteristica dei sogni di bambini, cioè il loro nesso con la vita diurna. I desideri in essi realizzati si sono formati durante il giorno, in genere il giorno precedente, e nello stato di veglia erano uniti a intense emozioni. Nulla di trascurabile o indifferente per il bambino entra nel contenuto del suo sogno.

Numerosi esempi di sogni di questo tipo infantile si presentano anche negli adulti, ma, come ho detto, sono in genere brevi e semplici di contenuto. Così molte persone regolarmente reagiscono allo stimolo di sete durante la notte con sogni di bere, che mirano ad eliminare lo stimolo e permettere il proseguimento del sonno. In alcune persone i «sogni di convenienza» di questo tipo si presentano spesso prima del risveglio, quando compare la necessità di alzarsi. Essi sognano di essersi già alzati e che si stanno lavando, o che sono già a scuola o in ufficio, dove devono essere a una certa ora. Durante la notte precedente a un viaggio, spesso sognano di essere arrivati a destinazione; così pure prima di andare a teatro o ad un ricevimento, un sogno spesso anticipa il piacere che ci aspetta, come per impazienza. In altri sogni la realizzazione del desiderio viene espressa più indirettamente: allora bisogna stabilire qualche nesso o concatenazione, cioè si deve iniziare il lavoro di interpretazione, per poter riconoscere la realizzazione di desiderio. Un uomo ad esempio mi ha detto che la giovane moglie aveva sognato che le erano venute le mestruazioni. Ho riflettuto che se a questa giovane donna non fossero venute le mestruazioni, ella avrebbe saputo di trovarsi in stato di gravidanza. Quindi, raccontando il sogno, ella annunciava la sua gravidanza; e il significato del sogno era di rappresentare realizzato il suo desiderio che la gravidanza ritardasse ancora un poco. In condizioni insolite o estreme questi sogni di carattere infantile sono particolarmente comuni. Così il capo di una spedizione polare ha raccontato che i membri della spedizione, mentre passavano l'inverno sui ghiacci galleggianti, con una dieta monotona a razioni ridotte, sognavano sempre come bambini dei lauti pasti, montagne di tabacco, e il ritorno a casa.

Non è affatto raro che nel corso di un sogno relativamente lungo, complicato e nel complesso confuso, si stagli una parte particolarmente chiara, che contiene un'inequivocabile realizzazione di desiderio, ma che è legata ad altro materiale incomprensibile. Tuttavia nel caso degli adulti, chiunque abbia esperienza nell'analizzarne i sogni scoprirà con stupore che anche quelli che all'apparenza sono di una chiarezza trasparente, raramente sono semplici come nei bambini e che al di là della realizzazione di desiderio può essere celato qualche altro significato.

Ci troveremmo davvero di fronte ad una soluzione dei sogni semplice e soddisfacente, se il lavoro di analisi ci permettesse di ricollegare anche i sogni senza senso e confusi degli adulti al tipo infantile di realizzazione di un desiderio sentito intensamente il giorno precedente. Non c'è dubbio tuttavia che le apparenze sono contrarie ad una simile aspettativa. I sogni sono generalmente pieni del materiale più indifferente e strano e nel loro contenuto non c'è traccia della soddisfazione di alcun desiderio. Ma prima di lasciare i sogni infantili, con le loro palesi realizzazioni di desideri, devo menzionare una caratteristica fondamentale dei sogni, che è stata individuata da molto tempo e che appare in modo particolarmente chiaro proprio in questo gruppo. Ognuno di questi sogni può essere sostituito da una proposizione all'ottativo: «Oh, se la gita sul lago fosse durata di più!» – «Fossi già lavato e vestito!» – «Avessi potuto tenere le ciliege invece di darle allo zio!». Ma i sogni ci danno di più di queste proposizioni. Essi ci mostrano il desiderio come già realizzato; rappresentano la sua realizzazione come reale e presente; e il materiale impiegato nella rappresentazione onirica è costituito principalmente, anche se non esclusivamente, da situazioni e immagini sensoriali, prevalentemente di carattere visivo. Quindi, anche in questo gruppo, quello dei sogni infantili, non è del tutto assente una specie di trasformazione, che si può chiamare lavoro onirico: *un pensiero espresso all'ottativo viene sostituito da una rappresentazione al presente*.

4.

Saremmo propensi a ritenere che anche nei sogni confusi si verifica una qualche trasformazione, ma non sappiamo dire se anche in questo caso ciò che viene trasformato era un ottativo. Ci sono tuttavia due passaggi nell'esempio di sogno che ho raccontato e analizzando il quale abbiamo fatto qualche progresso, che ci danno buone ragioni per sospettare qualcosa del genere. L'analisi mostrava che mia moglie si era occupata di altre persone a tavola e che io me ne ero dispiaciuto. Il sogno conteneva esattamente l'opposto: la persona che aveva preso il posto di mia moglie rivolgeva completamente la sua attenzione su di me. Ma un'esperienza sgradevole fa sorgere proprio il desiderio che si verifichi il suo opposto, cosa che il sogno rappresentava come realizzata. Un rapporto identico esisteva tra la riflessione amara, svelata dall'analisi, che non avevo mai ricevuto niente senza pagare e l'osservazione fatta dalla donna nel sogno: «Voi avete sempre avuto degli occhi così belli». Quindi in parte il contrasto tra il contenuto latente e quello manifesto dei sogni si può attribuire alla realizzazione di desiderio.

Ma è ancora più sorprendente un'altra attività del lavoro onirico, che tende a produrre sogni incoerenti. Se, preso un esempio qualsiasi, confrontiamo il numero di elementi rappresentativi o lo spazio necessario per scriverli, sia del sogno che dei pensieri onirici ai quali ci porta l'analisi, e di cui si trovano tracce nel sogno stesso, non avremo alcun dubbio che il lavoro onirico ha svolto un lavoro di compressione o *condensazione* notevole. È impossibile al principio formulare alcun giudizio sul grado di condensazione, ma quanto più si approfondisce l'analisi del sogno tanto più essa sembra notevole. Da ogni elemento di un contenuto onirico i fili associativi si diramano in due o più direzioni. Ogni situazione del sogno sembra essere tratta da due o più impressioni o esperienze. Ad esempio, una volta ho sognato una specie di piscina, dove i bagnanti si stavano disperdendo in tutte le direzioni. A un certo punto c'era qualcuno sul bordo della piscina che si chinava verso una persona che faceva il bagno come se volesse aiutarla ad uscire dall'acqua. La situazione era messa insieme dal ricordo di un'esperienza avuta durante la pubertà e da due quadri, uno dei quali avevo visto poco prima del sogno. Un quadro apparteneva alla serie di Schwind sulla leggenda di Melusina e mostrava le ninfe sorprese nella loro piscina (cfr. i bagnanti che si disperdono nel sogno); l'altro era un quadro del Diluvio di un maestro italiano. Invece la piccola esperienza che ricordavo dal tempo della pubertà era di aver visto l'istruttore di una scuola di nuoto che aiutava ad uscire dall'acqua una signora che si era fermata fino all'ora stabilita per gli uomini. Nel caso dell'esempio scelto per l'interpretazione, l'analisi della situazione mi ha riportato una serie di ricordi, ognuno dei quali aveva contribuito in qualche modo al contenuto del sogno. Prima di tutto c'era un episodio del tempo del mio fidanzamento, di cui ho già parlato. La pressione sulla mia mano sotto la tavola, che era parte di quell'episodio, inseriva nel sogno il particolare «sotto la tavola», particolare che ritengo doversi attribuire al ricordo. Nell'episodio in sé non si inseriva naturalmente il «rivolta verso di me»: l'analisi rivelò che questo elemento costituiva la realizzazione di un desiderio rappresentando l'opposto di un fatto reale che si riferiva al comportamento di mia moglie alla tavola d'albergo. Ma al di là di questo ricordo recente si nascondeva una scena del tutto simile ma di gran lunga più importante del tempo del nostro fidanzamento, che ci aveva divisi per un giorno intero. L'intimo atteggiamento della mano posata sul mio ginocchio apparteneva ad un contesto completamente diverso e riguardava altre persone. Questo elemento del sogno era a sua volta il punto di partenza di due diverse serie di ricordi, e così via.

Naturalmente il materiale dei pensieri onirici che viene messo insieme per costruire una situazione onirica deve essere adatto in sé allo scopo. Ci devono essere uno o più *elementi comuni* in tutte le componenti. Il lavoro onirico allora procede come Francis Galton nel fare le fotografie di famiglia. Egli in un certo senso sovrappone le diverse componenti, così l'elemento comune risalta chiaramente nella fotografia composta, mentre i particolari contraddittori più o meno si cancellano a vicenda. Questo metodo di produzione spiega anche entro certi limiti i diversi gradi della caratteristica indeterminatezza di tanti elementi del contenuto dei sogni. Basandosi su questa scoperta, l'interpretazione dei sogni ha individuato la seguente regola: nell'analisi del sogno, se l'incertezza si può risolvere con un «o», possiamo sostituirlo a scopo di interpretazione con un «e» e considerare tutte le apparenti alternative come punti di partenza indipendenti per serie di associazioni.

Se manca un elemento comune di questo tipo tra i pensieri onirici, il lavoro onirico ne *crea* uno, in modo che i pensieri possano avere una rappresentazione comune nel sogno. Il modo migliore per riunire due pensieri onirici che in partenza non abbiano nulla in comune consiste nel cambiare la forma verbale di uno di essi, in modo da portarlo a mezza strada incontro all'altro, che può a sua volta essere analogamente rivestito di una nuova forma verbale. Un processo analogo si ritrova nella composizione delle rime, dove si deve cercare un suono simile, così come noi dobbiamo trovare un elemento comune. Gran parte del lavoro onirico consiste nella creazione di pensieri intermedi di questo tipo, che spesso sono assai geniali, ma frequentemente risultano forzati. Questi formano poi un legame tra l'immagine in comune del contenuto manifesto del sogno e i pensieri onirici, che sono diversi nella forma e nella sostanza e sono stati determinati dai fattori provocatori del sogno. L'analisi del nostro sogno modello ci offre un esempio di questo tipo, dove un pensiero ha ricevuto una nuova forma per ricollegarsi ad un altro che gli era essenzialmente estraneo. Nello svolgere l'analisi mi sono imbattuto in questo pensiero: «*Mi piacerebbe avere qualcosa senza pagarla*». Ma sotto tale forma il pensiero non si poteva utilizzare nel contenuto onirico. Allora ha ricevuto una nuova forma: «*Mi piacerebbe avere qualche godimento senza spesa*». Ora, la parola *Kosten* («costo» o, anche «gustare, assaggiare») nel suo secondo significato si adatta al gruppo di idee concernenti la «tavola d'albergo» e poté quindi essere rappresentata dagli «*spinaci*» che venivano serviti nel sogno. Quando a tavola appare una pietanza che i bambini rifiutano di mangiare, la madre comincia con la persuasione, invitandoli ad «*assaggiarne solo un boccone*». Potrebbe sembrare strano che il lavoro onirico si serva così liberamente dell'ambiguità verbale, ma l'ulteriore esperienza ci insegnerà che è una cosa piuttosto comune.

Il processo di condensazione spiega inoltre certi elementi caratteristici del contenuto dei sogni e inesistenti tra le rappresentazioni della veglia. Mi riferisco alle «figure collettive» e «composte» e alle strane «strutture composte», creazioni non diverse dagli animali composti inventati dalla fantasia popolare orientale. Tuttavia queste ultime hanno assunto nella nostra mente delle forme stereotipate, mentre nei sogni vengono continuamente create delle nuove forme composte di una varietà inesauribile. Conosciamo tutti dai nostri sogni queste strutture.

Le figure di questo tipo si possono mettere insieme in diversi modi. Posso costruire un personaggio dandogli i lineamenti di due persone, o posso dargli la *forma* di una persona, ma attribuirgli nel sogno il *nome* di un'altra persona; posso avere un'immagine visiva di una persona e collocarla in una situazione più adatta ad un'altra. In tutti questi casi, la combinazione di persone diverse in un unico rappresentante nel contenuto del sogno ha un significato: serve ad indicare un «e» o «come se», a paragonare sotto qualche aspetto le persone originarie, aspetto che può essere accennato nel sogno stesso. In genere, tuttavia, questo elemento comune alle persone riunite si può scoprire solo mediante l'analisi e traspare nel contenuto del sogno solo dalla formazione della figura collettiva.

Le strutture composte che ricorrono così spesso nei sogni, vengono messe insieme in altrettanti modi diversi e si scompongono secondo le stesse regole. Non c'è bisogno che io citi degli esempi. La loro stranezza scompare del tutto quando decidiamo di non classificarle insieme agli oggetti della percezione della veglia, ma ricordiamo che sono prodotti della condensazione onirica e sottolineano in una forma effettivamente abbreviata alcune caratteristiche comuni agli oggetti che in tal modo mettono insieme. Anche qui l'elemento comune in genere si scopre attraverso l'analisi. È come se il contenuto del sogno ci dicesse semplicemente: «Tutte queste cose hanno un elemento x in comune». La dissezione di queste strutture composte per mezzo dell'analisi è spesso il modo più breve per trovare il significato di un sogno.

Così ho sognato una volta che sedevo su un banco con uno dei miei vecchi professori di università e che il banco, che era circondato da altri banchi, avanzava a ritmo veloce. Si trattava della combinazione di una sala per conferenze e di un *tapis roulant*. Non seguirò ulteriormente questa associazione di idee.

Un'altra volta ero seduto in un vagone ferroviario e tenevo in grembo un oggetto della forma di un cappello a cilindro, che però era fatto di vetro trasparente. La situazione mi fece pensare subito al proverbio: *Mit dem Hute in der Hand kommt man durchs ganze Land*[2]. Attraverso una piccola deviazione il cilindro di vetro mi fece pensare alle reticelle a incandescenza, e seppi subito che mi sarebbe piaciuto fare una scoperta che mi avrebbe reso ricco e indipendente come il mio connazionale, il dottor Auer von Welsbach, e che mi sarebbe piaciuto viaggiare invece di restare a Vienna. Nel sogno viaggiavo con la mia scoperta, il cappello a forma di cilindro di vetro, scoperta che in realtà non è ancora di grande uso pratico.

Spesso il lavoro onirico rappresenta nella stessa struttura composta due idee contrapposte. Così, ad esempio, una donna sognò che portava un grande ramo di fiori, come l'angelo nei quadri dell'Annunciazione. (Questo rappresentava l'innocenza; tra l'altro questa donna si chiamava Maria.) D'altra parte il ramo era coperto di grandi fiori bianchi come camelie. (Questo rappresentava l'opposto dell'innocenza, era associato alla Signora delle Camelie.)

Buona parte di quanto abbiamo appreso sulla condensazione onirica si può sintetizzare in questo modo: ogni elemento del contenuto di un sogno è «iperdeterminato» dal materiale dei pensieri onirici; non è tratto da un unico elemento dei pensieri onirici, ma risale ad una grande quantità di essi. Questi elementi non debbono essere necessariamente collegati l'uno all'altro anche nei pensieri onirici, ma possono anzi appartenere alle zone più disparate della produzione di quei pensieri. In senso proprio, un elemento del sogno è il «rappresentante» di tutto questo materiale disparato nel contenuto del sogno. Ma l'analisi rivela ancora un altro aspetto del

---

[2] [«Se tu vai col cappello in mano, puoi attraversare la terra intera.»]

complicato rapporto tra il contenuto del sogno ed i pensieri onirici. Come le associazioni portano da ogni elemento del sogno a diversi pensieri onirici, così in genere un singolo pensiero onirico viene rappresentato da più elementi nel sogno. I fili delle associazioni non convergono semplicemente dai pensieri onirici sul contenuto del sogno, ma si intrecciano e si intersecano a vicenda molte volte nel corso del loro viaggio.

La condensazione, insieme alla trasformazione dei pensieri in situazioni («drammatizzazione»), è la più importante e tipica caratteristica del lavoro onirico. Finora, tuttavia, non è trapelato alcun motivo che renda necessaria questa compressione del materiale.

5.

Nel caso dei sogni complicati e confusi di cui ci occupiamo ora, la condensazione e la drammatizzazione, da sole, non sono sufficienti a spiegare l'impressione di dissomiglianza tra il contenuto del sogno ed i pensieri onirici. Ci sono indizi sull'attività di un terzo fattore, che devono essere vagliati attentamente.

Innanzitutto, quando attraverso l'analisi siamo arrivati a conoscere i pensieri onirici, osserviamo che il contenuto manifesto dei sogni concerne materiale del tutto diverso da quello dei pensieri latenti. Questa, naturalmente, è solo l'apparenza e svanisce dopo un esame più attento, poiché alla fine scopriamo che tutto il contenuto del sogno è tratto dai pensieri onirici e che quasi tutti i pensieri onirici sono rappresentati nel contenuto del sogno. Tuttavia rimane ancora, in parte, la differenza. Ciò che risalta chiaramente e sfacciatamente nel sogno come suo contenuto essenziale deve accontentarsi dopo l'analisi di svolgere un ruolo estremamente subordinato tra i pensieri onirici; e ciò che, secondo i nostri sentimenti, dovrebbe essere preminente tra i pensieri del sogno, o non è affatto presente come materiale rappresentativo nel contenuto del sogno, o vi si trova come remota allusione in qualche zona oscura. Possiamo dire così: *nel corso del lavoro onirico l'intensità psichica dei pensieri e delle rappresentazioni, cui propriamente appartiene, si trasferisce su altri pensieri e rappresentazioni che secondo noi non dovrebbero essere così sottolineati.* Nessun altro processo contribuisce tanto a nascondere il significato di un sogno e a rendere irriconoscibile il nesso tra il contenuto del sogno ed i pensieri onirici. Nel corso di questo processo, che chiamerò «spostamento onirico», l'intensità psichica, l'importanza o potenzialità affettiva del pensiero, viene trasformata, come scopriremo poi, in vivacità sensoriale. Noi riteniamo naturale che l'elemento più chiaro del contenuto manifesto del sogno sia il più importante, ma in realtà è spesso l'elemento meno chiaro che risulta essere il corrispondente più diretto del pensiero onirico essenziale.

Quello che ho chiamato spostamento onirico si può ugualmente definire «trasmutazione di valori psichici». Non posso valutare esaurientemente questo fenomeno, senza aggiungere che questo lavoro di spostamento o trasmutazione viene eseguito a livelli variabili nei diversi sogni. Ci sono sogni che si formano quasi senza alcuno spostamento. Sono quelli sensati e comprensibili, come, ad esempio, i sogni di desiderio non mascherati. D'altra parte si trovano dei sogni in cui non c'è un solo elemento dei pensieri onirici che abbia conservato il proprio valore psichico, o in cui tutto ciò che è essenziale nei pensieri onirici non sia stato sostituito da qualcosa di insignificante. E possiamo trovare una serie completa di casi intermedi tra questi due estremi. Quanto più oscuro e confuso sembra un sogno, tanto più grande è la partecipazione del fattore spostamento alla sua formazione.

Il sogno che abbiamo preso ad esempio mostra uno spostamento almeno nella misura in cui il suo contenuto sembra avere un punto centrale diverso da quello dei pensieri onirici. In primo piano nel contenuto del sogno si pone la situazione in cui la donna sembra fare degli approcci, mentre nei pensieri onirici è soprattutto sottolineato il desiderio di godere per una volta di un amore disinteressato, di un amore che «non costi nulla»; e questa idea è nascosta dietro l'espressione circa i «begli occhi» e la forzata allusione agli «spinaci».

Se risolviamo lo spostamento onirico per mezzo dell'analisi, otterremo delle informazioni del tutto attendibili su due problemi

molto discussi concernenti i sogni: cioè sugli agenti che li suscitano
e sul loro nesso con lo stato di veglia. Ci sono sogni che svelano
immediatamente il loro rapporto con i fatti del giorno, mentre in
altri non si trova alcuna traccia di tale collegamento.

Se ricorriamo all'aiuto dell'analisi, ci rendiamo conto che tutti
i sogni, senza alcuna eccezione, risalgono a una impressione
dei giorni appena passati o, è forse più esatto dire, del giorno
immediatamente precedente il sogno, del «giorno del sogno».
L'impressione che provoca il sogno può essere di importanza tale,
che non ci meravigliamo di preoccuparcene durante il giorno, e
allora possiamo dire giustamente che il sogno porta avanti gli
interessi significativi della nostra vita da svegli. Ma in genere se
nel contenuto del sogno si trova un nesso con qualche impressione
del giorno precedente, quell'impressione è così triviale, insignificante e trascurabile, che possiamo ricordarcene solo dopo molti
sforzi. E in tali casi il contenuto del sogno, anche se coerente e
comprensibile, sembra trattare delle più indifferenti banalità, che
non sarebbero degne del nostro interesse se fossimo svegli. Buona
parte del disprezzo che viene dimostrato nei confronti dei sogni
è dovuto al fatto che nel loro contenuto essi danno la preferenza
a ciò che è indifferente e triviale.

L'analisi elimina l'apparenza ingannatrice sulla quale è basato questo giudizio dispregiativo. Se il contenuto del sogno presenta come
causa qualche impressione indifferente, l'analisi invariabilmente
porta alla luce una esperienza significativa, che era effettivamente in
grado di stimolare il sognatore. Questa esperienza è stata sostituita
da quella indifferente, alla quale è collegata da numerosi legami
associativi. Là dove il contenuto del sogno è costituito da materiale
rappresentativo privo di senso e di interesse, l'analisi rivela le numerose vie associative che collegano queste banalità con elementi
che sono di grandissima importanza psichica nella valutazione del
sognatore. *Se nel contenuto del sogno penetrano impressioni e
materiale indifferenti e triviali piuttosto che giustamente stimolanti
e interessanti, ciò è dovuto solo al processo di spostamento.*

Se rispondiamo alle domande sugli istigatori dei sogni e sul
loro nesso con la vita diurna in base alla nuova visuale ottenuta

sostituendo il contenuto latente a quello manifesto, arriviamo a queste conclusioni: *i sogni non si occupano mai di cose di cui non ci occuperemmo durante il giorno e le banalità che non ci colpiscono durante il giorno non ci possono seguire nel sonno.*

Qual è stato nell'esempio scelto per l'analisi l'agente provocatore del sogno? È stato il fatto, decisamente insignificante, dell'amico che mi dava un passaggio gratuito in carrozza. La situazione della tavola d'albergo nel sogno conteneva un'allusione a questa causa insignificante, poiché nel corso della conversazione avevo paragonato il tassametro della carrozza alla tavola d'albergo. Ma posso anche indicare l'esperienza importante che veniva rappresentata tramite quella insignificante. Pochi giorni prima avevo pagato una notevole somma di denaro per conto di una persona di famiglia alla quale sono affezionato. Non c'è da meravigliarsi, dicevano i pensieri onirici, se questa persona me ne sarà grata: l'amore di questo genere non sarebbe «gratuito». Tuttavia l'amore gratuito era in primo piano nei pensieri del sogno. Il fatto che non molto tempo prima avevo compiuto parecchi passaggi in carrozza con il parente in questione, permise il collegamento tra questo e il passaggio in carrozza con il mio amico.

L'impressione indifferente che diventa lo stimolo del sogno, grazie ad associazioni di questo tipo, è soggetta ad un'ulteriore condizione che non si applica alla vera fonte del sogno: deve essere cioè sempre un'impressione *recente*, del giorno del sogno.

Non posso lasciare l'argomento dello spostamento onirico senza richiamare l'attenzione su un importante processo che si verifica nella formazione dei sogni, nel quale si congiungono la condensazione e lo spostamento per produrre il risultato. Parlando della condensazione abbiamo già visto come due idee dei pensieri onirici che hanno qualcosa in comune, qualche punto di contatto, vengono sostituite nel contenuto del sogno da una rappresentazione composta, dove un nucleo relativamente distinto rappresenta ciò che hanno in comune, mentre i particolari secondari indistinti corrispondono agli aspetti nei quali esse differiscono l'una dall'altra. Se oltre alla condensazione ha luogo lo spostamento, non si forma una rappresentazione composta, ma una «entità comune intermedia», il cui rapporto con i due diversi elementi è simile a quello della risultante di un parallelogramma di forze rispetto alle sue componenti. Per esempio, nel contenuto di uno dei miei sogni si trattava di una iniezione di *propile*. Al principio l'analisi mi riportò solo ad un'esperienza indifferente in cui era presente l'*amile*. Non ero ancora in grado di spiegare la confusione tra amile e propile. Nel gruppo di idee concernenti questo stesso sogno c'era, tuttavia, anche il ricordo della mia prima visita a Monaco, dove ero rimasto colpito dai *Propilei*. I particolari dell'analisi resero plausibile la supposizione che l'influenza di questo secondo gruppo di idee sul primo fosse responsabile dello spostamento da amile a propile. Il *propile* è in un certo senso un'idea intermedia tra *amile* e *Propilei* e si era inserito nel contenuto del sogno come una specie di *compromesso*, tramite condensazione e spostamento simultanei.

Per il processo di spostamento ancor più che per la condensazione è pressante la necessità di scoprire il motivo che determina questi sforzi complicati da parte del lavoro onirico.

6.

È principalmente il processo di spostamento che non ci permette di scoprire o riconoscere i pensieri onirici nel contenuto del sogno, a meno che non comprendiamo il motivo di questa deformazione. Tuttavia, i pensieri onirici vengono anche sottoposti ad un'altra specie di trasformazione più debole, che rivela un'altra attività del lavoro onirico, facilmente comprensibile. Spesso ci colpisce l'insolita forma di espressione dei primi pensieri onirici che incontriamo con l'analisi; essi infatti non sono rivestiti del linguaggio banale di cui generalmente si servono i nostri pensieri, al contrario sono rappresentati simbolicamente per mezzo di paragoni e metafore, in immagini somiglianti a quelle del linguaggio poetico. Non è difficile spiegare la costrizione imposta alla forma di espressione dei pensieri onirici. Il contenuto manifesto dei sogni è costituito per la maggior parte da situazioni pittoriche, e di conseguenza i pensieri onirici devono prima di tutto essere sottoposti ad un trattamento che li renda adatti ad una rappresentazione di questo tipo. Se immaginiamo di dover affrontare il problema di rappresentare le argomentazioni di un articolo politico di fondo o i discorsi di un avvocato davanti alla corte in una serie di immagini, potremo facilmente renderci conto delle modificazioni che il lavoro onirico deve necessariamente eseguire in base a *considerazioni sulla rappresentabilità del contenuto del sogno.*

Il materiale psichico dei pensieri onirici abitualmente comprende ricordi di esperienze profondamente impresse, spesso risalenti alla prima infanzia, che di per sé sono quindi percepite in genere come situazioni visive. Quando è possibile, questa parte dei pensieri onirici esercita un'influenza determinante sulla forma del contenuto del sogno, costituisce in un certo senso un nucleo di cristallizzazione, attirando a sé il materiale dei pensieri onirici e influenzandone la distribuzione. La situazione del sogno spesso non è altro che una ripetizione, modificata e complicata da interpolazioni, di una di queste esperienze profondamente impresse. D'altra parte solo raramente ricorrono nei sogni delle riproduzioni fedeli e dirette di scene reali.

Tuttavia il contenuto dei sogni non è costituito interamente da situazioni, ma comprende anche frammenti incoerenti di immagini visive, discorsi ed anche piccole parti di pensieri non modificati. Potrebbe quindi essere interessante descrivere molto brevemente i modi di rappresentazione a disposizione del lavoro onirico per riprodurre i pensieri onirici nella particolare forma di espressione necessaria per i sogni.

I pensieri onirici che raggiungiamo attraverso l'analisi si rivelano come un complesso psichico dalla struttura più intricata possibile. I loro elementi sono collegati dai nessi logici più diversi, rappresentano il primo piano e lo sfondo, condizioni, digressioni e illustrazioni, testimonianze e confutazioni. Ogni concatenazione di pensieri è quasi sempre unita alla sua controparte contraddittoria. A questo materiale non manca alcuna delle caratteristiche del nostro pensiero da svegli. Se ora tutto questo deve essere trasformato in un sogno, il materiale psichico sarà sottoposto ad una pressione che lo condenserà notevolmente, ad una frammentazione interna e ad uno spostamento, che formeranno in un certo senso delle nuove superfici, e ad un'operazione selettiva a favore degli elementi più adatti per la creazione di situazioni. Se teniamo conto della genesi del materiale, un processo di questa specie si può chiamare «regressione». Nel corso di questa trasformazione, tuttavia, si disperdono i legami logici che fino allora hanno tenuto insieme il materiale psichico. Si potrebbe dire che il lavoro onirico prende e manipola solamente il contenuto essenziale dei pensieri onirici. Sarà l'analisi a ripristinare i nessi che il lavoro onirico ha distrutto.

I modi di espressione utilizzabili dal sogno si possono quindi considerare limitati rispetto a quelli del nostro ragionamento intellettuale; tuttavia il sogno non è costretto ad abbandonare completamente la possibilità di riprodurre le relazioni logiche presenti nei pensieri onirici. Anzi riesce abbastanza spesso a sostituirle con caratteristiche formali della sua struttura.

Innanzitutto i sogni tengono conto del nesso che innegabilmente esiste fra tutti i brani dei pensieri onirici, fondendo tutto il materiale in un'unica situazione. Essi riproducono i *nessi logici mediante approssimazioni di tempo e di spazio*, come il pittore rappresenta tutti i poeti insieme sul Parnaso. È vero che essi non si sono mai realmente riuniti in cima ad una montagna, ma certamente formano un gruppo concettuale. I sogni estendono questo metodo di riproduzione ai particolari e spesso, quando ci mostrano nel contenuto onirico due elementi riuniti insieme, ciò significa che esiste un nesso particolarmente stretto tra i loro corrispondenti nei pensieri onirici. Tra l'altro bisogna osservare che tutti i sogni prodotti nella stessa notte risultano nell'analisi derivanti dallo stesso gruppo di pensieri.

Il *rapporto causale* tra due pensieri non viene rappresentato o viene sostituito dalla *sequenza* di due frammenti di sogno di diversa lunghezza. In questo caso la rappresentazione viene spesso capovolta, per cui l'inizio del sogno rappresenta la conseguenza e la conclusione rappresenta la premessa. Sembra che la *trasformazione* immediata di una cosa in un'altra nel sogno rappresenti il rapporto di *causa ed effetto*.

L'alternativa «o» non viene mai espressa nei sogni, poiché entrambe le possibilità vengono inserite nel testo del sogno come se fossero egualmente valide. Ho già detto che nel sogno la «o» si traduce con una «e».

Le idee contrapposte si esprimono in genere nei sogni con un unico elemento. Per quanto riguarda i sogni sembra che il «no» non esista. L'opposizione tra due pensieri, la relazione d'inversione, viene rappresentata nei sogni in modo del tutto particolare: mediante la trasformazione nell'opposto di qualche altra parte del sogno, come per un ripensamento. Conosceremo presto un altro modo per esprimere le contraddizioni. La sensazione di *inibizione dei movimenti*, che ricorre così spesso nei sogni, serve anche ad esprimere una contraddizione tra due impulsi, un *conflitto di volontà*.

Solo una di queste relazioni logiche, quella della *somiglianza*, della *consonanza*, del *possesso di attributi comuni*, si presta particolarmente al meccanismo della formazione del sogno. Il lavoro onirico si serve di questi casi a fondamento della condensazione, mettendo insieme in una nuova unità tutto ciò che mostra una conformità di questo tipo.

Queste brevi osservazioni approssimative sono naturalmente insufficienti per trattare esaurientemente i mezzi formali usati dai sogni per esprimere le relazioni logiche dei pensieri onirici. A seconda dei casi, i sogni sono più o meno accuratamente prodotti sotto questo aspetto, si attengono più o meno al testo ad essi presentato e fanno più o meno uso dei mezzi a disposizione del lavoro onirico. In quest'ultimo caso riescono oscuri, confusi e incoerenti. Se, tuttavia, un sogno colpisce per la sua ovvia assurdità, se nel suo contenuto c'è una parte chiaramente insensata, ciò non avviene a caso: l'apparente inosservanza di tutte le esigenze della logica sta ad esprimere una parte del contenuto intellettuale dei pensieri onirici. L'assurdità nel sogno indica la presenza nei pensieri onirici di *contraddizioni, scherno* e *derisione*. Poiché questa affermazione si oppone più vivamente alla teoria secondo la quale i sogni sono il prodotto di una attività psichica dissociata e acritica, voglio sottolinearla con un esempio.

Un mio conoscente, il signor M., era stato attaccato in uno scritto con violenza ingiustificata, secondo tutti noi, nientedimeno che da Goethe. Il signor M. naturalmente era abbattuto per questo attacco. Se ne lamentava con amarezza a cena con gli amici; tuttavia la sua venerazione per Goethe era rimasta inalterata pur dopo questa esperienza personale. Cercai di chiarire l'ordine cronologico, che mi sembrava improbabile. Goethe era morto nel 1832. Poiché il suo attacco contro il signor M. doveva essere avvenuto precedentemente, il signor M. doveva essere molto giovane allora. Mi sembrava attendibile che avesse diciotto anni. Tuttavia non sapevo con sicurezza in che anno fossimo e quindi tutto il mio calcolo si perdeva nell'oscurità. Tra l'altro, l'attacco si trovava nel ben noto saggio di Goethe «Natura».

L'assurdità di questo sogno risulta ancora più evidente, se si pensa che il signor M. è un giovane uomo d'affari, del tutto alieno da interessi poetici e letterari. Sono sicuro, tuttavia, che analizzando il sogno riuscirò a dimostrare quanto «metodo» ci fosse nella sua assurdità.

Il materiale del sogno era tratto da tre fonti:

1. Il signor M., che avevo conosciuto ad una cena con amici, mi chiese un giorno di visitare il fratello maggiore che mostrava sintomi di paralisi generale. Nel corso della conversazione con il paziente era accaduto un incidente imbarazzante, poiché egli aveva esposto al ridicolo il fratello, senza alcuna ragione, parlando delle sue *avventure giovanili*. Avevo chiesto al paziente il suo *anno di nascita* (cfr. *l'anno della morte* di Goethe nel sogno) e gli avevo fatto fare dei calcoli per mettere a prova la debolezza della sua memoria.

2. Una rivista medica, che portava il mio nome fra gli altri sul frontespizio, aveva pubblicato una critica decisamente *violenta* su un libro del mio amico F. di Berlino, fatta da un giovane redattore. Rimproverai per questo l'editore, ma egli, pur mostrandosi dispiaciuto, non si offrì di riparare. Allora troncai i miei rapporti con la rivista, ma nella lettera di dimissioni espressi la speranza che *i nostri rapporti personali non risentissero dell'accaduto*. Questa era la vera fonte del sogno. L'accoglienza sfavorevole

fatta al lavoro del mio amico mi aveva profondamente colpito, in quanto il libro conteneva secondo me una scoperta biologica fondamentale, che solo ora, dopo molti anni, comincia ad essere apprezzata dagli esperti.

3. Una paziente mi aveva descritto poco tempo prima la malattia del fratello, che era diventato improvvisamente pazzo gridando *«Natura! Natura!»*. I dottori credevano che la sua esclamazione derivasse dalla lettura del sorprendente saggio di Goethe sull'argomento e indicasse che egli si era affaticato troppo con i suoi studi. Io avevo osservato che *mi sembrava più probabile* che si dovesse prendere la sua esclamazione della parola «Natura» nel senso sessuale che qui usano le persone meno colte. Quanto meno la mia idea non fu smentita dal fatto che lo sfortunato giovane in seguito si mutilò i genitali. Aveva *diciotto anni* quando gli era venuto l'attacco.

Dietro al mio Io nel contenuto del sogno c'era in primo luogo il mio amico che era stato trattato così male dal critico. *«Cercai di chiarire i dati cronologici.»* Il libro del mio amico riguardava i *dati cronologici* della vita e dimostrava, tra le altre cose, che la lunghezza della vita di *Goethe* era un multiplo di un numero significativo in biologia. Ma questo Io era paragonato ad un paralitico: *«Non sapevo con sicurezza in che anno eravamo»*. Quindi il sogno diceva che il mio amico si stava comportando come un paralitico e, sotto questo aspetto, era un cumulo di assurdità. I pensieri del sogno, tuttavia, dicevano ironicamente: «Naturalmente è *lui* il pazzo e *voi* siete le persone geniali che ne sanno di più. È sicuro che non sia il *contrario*?». C'erano numerosi esempi di questa inversione nel sogno. Ad esempio, Goethe attaccava il giovane, il che è assurdo, mentre è ancora possibile che un giovane attacchi il grande Goethe.

Vorrei ribadire che tutti i sogni sono dettati da motivi egoistici. Infatti l'Io di questo sogno non rappresenta solo il mio amico, ma anche me stesso. Mi identificavo con lui, perché il destino della sua scoperta sembrava presagire l'accoglienza delle mie scoperte. Se dovessi presentare la mia teoria che sottolinea l'importanza della sessualità nell'etiologia dei disturbi psiconevrotici (cfr. l'allusione all'esclamazione del paziente di diciotto anni: «Natura! Natura!»), incontrerei le stesse critiche: e così mi stavo già preparando ad affrontarle con la stessa ironia.

Se seguiamo ulteriormente i pensieri onirici, continueremo a trovare scherno e derisione al di là delle assurdità del sogno manifesto. È ben noto che proprio dopo aver scoperto sul Lido di Venezia il cranio spaccato di una pecora, Goethe concepì la cosiddetta teoria «vertebrale» del cranio. Dunque: – Il mio amico si vanta di aver scatenato un tumulto, quando era studente, che provocò le dimissioni di un vecchio professore, il quale, anche se si era distinto un tempo (tra le altre cose, proprio in relazione a questa branca dell'anatomia comparata), era diventato incapace di insegnare a causa della *dementia senile*. Quindi l'agitazione promossa dal mio amico serviva a combattere quel sistema nocivo per cui non ci sono *limiti d'età* per i professori nelle università tedesche – poiché proverbialmente l'età non protegge dalla follia. Qui nell'ospedale ho avuto l'onore di lavorare per molti anni sotto un primario che da molto tempo era un *fossile* e che da anni era notoriamente *debole di mente*, al quale era tuttavia consentito di continuare ad esercitare i suoi compiti di responsabilità. A questo punto pensai ad un termine descrittivo basato sulla scoperta del Lido. Alcuni miei giovani colleghi dell'ospedale composero, in relazione a quest'uomo, una versione di quella che era allora una canzone popolare: *Das hat kein Goethe g'schrieben, das hat kein Schiller g'dicht...*[3].

7.

Non abbiamo ancora esaurito l'argomento del lavoro onirico. Oltre alla condensazione, allo spostamento e all'adattamento pittorico del materiale psichico, dobbiamo attribuirgli un'altra attività, che tuttavia non agisce in tutti i sogni. Non parlerò estesamente

---

[3] [«Non fu questo scritto da un Goethe, non fu composto da uno Schiller...»]

di questa parte del lavoro onirico, ma osserverò semplicemente che il modo migliore per farsi una idea della sua natura è quello di supporre, anche se la supposizione probabilmente non corrisponde alla realtà, che *entra in attività solo dopo che il contenuto del sogno è stato formato*. La sua funzione sarebbe quindi quella di ordinare le componenti del sogno in modo tale da formare un tutto approssimativamente coerente, una composizione onirica. In questo modo il sogno riceve una specie di facciata (anche se è vero che questa non nasconde completamente il suo contenuto) e quindi una prima interpretazione, sostenuta da interpolazioni e leggere modifiche. Però questa revisione del contenuto del sogno è possibile solo se non è eseguita troppo minuziosamente, né ci offre altro se non una interpretazione evidentemente sbagliata dei pensieri latenti. Prima di cominciare l'analisi di un sogno bisogna eliminare dal campo questo tentativo di interpretazione.

Particolarmente ovvio è il perché di quest'attività del lavoro onirico: questa revisione finale del sogno nasce da considerazioni sulla comprensibilità, e questo svela l'origine dell'attività. Essa si comporta nei confronti del contenuto del sogno come la nostra attività psichica normale si comporta in genere di fronte a qualsiasi contenuto percettivo che le si presenti. Essa comprende quel contenuto sulla base di determinate idee precedenti e lo ordina, sin dal momento della percezione, sul presupposto che sia comprensibile; così facendo, rischia di falsarlo e in realtà, se non può allinearlo a qualcosa di noto, diventa preda dei più strani errori di interpretazione. È risaputo che siamo incapaci di vedere una serie di simboli o di ascoltare una successione di parole sconosciute senza falsare subito la percezione per considerazioni di comprensibilità, sulla base di qualcosa che ci è già noto.

Si possono definire «ben costruiti» i sogni che sono stati sottoposti ad una revisione di questo tipo da parte di un'attività psichica del tutto simile al pensiero della veglia. In altri sogni questa attività fallisce completamente, non viene fatto neppure il tentativo di ordinare o interpretare il materiale e, poiché al risveglio ci identifichiamo con quest'ultima parte del lavoro onirico, giudichiamo il sogno «ineluttabilmente confuso». Ma dal punto di vista dell'analisi, un sogno somigliante ad un cumulo disordinato di frammenti incoerenti vale quanto un sogno ben limato e fornito di facciata. Anzi, nel primo caso ci si risparmia la fatica di demolire ciò che è stato sovrapposto al contenuto del sogno.

Sarebbe tuttavia errato ritenere che queste facciate dei sogni non siano altro che revisioni sbagliate e in un certo senso arbitrarie del contenuto dei sogni fatte dalla vita psichica cosciente. Nel costruire la facciata del sogno si fa spesso uso di fantasie di desiderio già presenti tra i pensieri del sogno e simili a quelle che giustamente chiamiamo «sogni ad occhi aperti», che appartengono allo stato di veglia. Le fantasie di desiderio svelate dall'analisi dei sogni notturni spesso risultano essere ripetizioni o versioni modificate di scene d'infanzia; quindi in alcuni casi la facciata del sogno svela direttamente l'effettivo nucleo del sogno, deformato dalla mescolanza con altro materiale.

Il lavoro onirico non mostra altre attività oltre alle quattro già menzionate. Se ci atteniamo alla definizione del «lavoro onirico» come del processo di trasformazione dei pensieri del sogno nel contenuto del sogno, ne consegue che il lavoro onirico non è creativo, che non sviluppa fantasie proprie, che non dà giudizi e non trae conclusioni; non ha altre funzioni oltre alla condensazione e allo spostamento del materiale ed alle sue modifiche in forma pittorica, cui si deve aggiungere come fattore variabile l'ultima parte di revisione interpretativa. È vero che troviamo diverse cose nel contenuto onirico che vorremmo considerare come prodotti di qualche altra più alta funzione intellettuale, ma in ogni caso l'analisi dimostra in modo convincente che *queste operazioni intellettuali sono state già compiute nei pensieri onirici e che sono solo state riportate nel contenuto del sogno.* Una conclusione tratta in un sogno non è altro che la ripetizione di una conclusione tratta dai pensieri onirici; se la conclusione è riportata nel sogno senza modifiche, allora sembrerà perfetta, se il lavoro onirico l'ha spostata su qualche altro materiale, sembrerà assurda. Un calcolo presente nel contenuto del sogno significa solo che c'è un calcolo tra i pensieri del sogno; ma mentre il secondo è sempre razionale, il calcolo nel sogno può produrre i risultati più strani se i suoi fattori sono stati condensati o se le operazioni matematiche sono state spostate su altro materiale. Nemmeno i discorsi presenti nel contenuto del sogno sono composizioni originali, ma miscugli di discorsi fatti, sentiti o letti, che rivivono nei pensieri onirici e la cui enunciazione viene esattamente riprodotta, mentre la loro origine viene del tutto trascurata ed il loro significato violentemente cambiato.

Sarà bene sostenere queste ultime affermazioni con alcuni esempi.

1. Ecco il sogno di una paziente, che sembra innocente e ben costruito:

Sognò che andava al mercato con la cuoca, che portava il cesto. Aveva chiesto qualcosa al macellaio ma questi aveva detto: «Non ce n'è più», e le aveva offerto qualcos'altro, aggiungendo: «Anche questo è buono». Ella aveva rifiutato ed era andata dall'erbivendola, che aveva cercato di farle comprare una verdura particolare legata in fasci ma di colore nero. Ella aveva detto: «Non la conosco, non la prendo».

L'osservazione «*Non ce n'è più*» derivava dal trattamento stesso. Pochi giorni prima avevo spiegato alla paziente proprio con quelle parole che i primissimi ricordi dell'infanzia non si potevano avere più come tali, ma venivano sostituiti nell'analisi da traslazioni e sogni. Quindi ero io il macellaio.

La seconda osservazione – «*non la conosco*» – appartiene ad una associazione completamente diversa. Il giorno precedente aveva rimproverato la cuoca, che tra l'altro compariva nel sogno, con le parole: «*Si comporti bene! Questo non lo riconosco!*», volendo dire certamente che non capiva quel comportamento e che non l'avrebbe ammesso. Per lo spostamento proprio la parte più innocente di questo discorso era entrata nel contenuto del sogno, mentre nei pensieri latenti era solo l'altra parte del discorso che aveva importanza. Infatti il lavoro onirico aveva reso completamente incomprensibile ed estremamente innocente una situazione immaginaria in cui *io mi comportavo in modo sconveniente* nei confronti della signora. Ma questa situazione immaginaria era essa stessa la riedizione di qualcosa che la paziente aveva effettivamente vissuto.

2. Ecco un sogno apparentemente privo di qualsiasi significato, che contiene delle cifre. *Ella doveva pagare qualcosa. La figlia prese tre fiorini e 65 centesimi dal suo borsellino (della madre). La sognatrice le disse: «Che fai? Costa solo 21 centesimi».*

La sognatrice era straniera e la figlia frequentava la scuola qui a Vienna. Ella poteva continuare il trattamento con me finché la figlia restava a Vienna. Il giorno prima del sogno la direttrice della scuola le aveva proposto di lasciare la figlia a scuola ancora un anno. In tal caso ella avrebbe potuto continuare il trattamento per un anno ancora. Le cifre del sogno diventano significative se ricordiamo che «il tempo è denaro». Un anno equivale a 365 giorni o, in denaro, a 365 centesimi, oppure a 3 fiorini e 65 centesimi. I 21 centesimi corrispondevano alle tre settimane che mancavano dal giorno del sogno alla fine dell'anno scolastico ed anche alla fine del trattamento della paziente. Erano chiaramente delle considerazioni di carattere finanziario che avevano indotto la signora a rifiutare la proposta della direttrice e le stesse che avevano determinato l'esiguità delle somme menzionate nel sogno.

3. Una signora che, pur essendo ancora giovane, era sposata da molti anni, sentì che una sua conoscente, la signorina Elisa L., che era quasi sua coetanea, si era fidanzata. Questo fu lo spunto del seguente sogno:

Era a teatro con il marito. Una parte della platea era completamente vuota. Il marito le disse che anche Elisa L. e il suo fidanzato avrebbero voluto andarci, ma erano riusciti a trovare solo dei posti non buoni, tre per 1 fiorino e 50 centesimi, e naturalmente non potevano prendere quelli. Ella pensò che non sarebbe stata certo una disgrazia, se li avessero presi.

Quello che qui ci interessa sapere è la fonte delle cifre nei pensieri del sogno e la trasformazione che subirono. Quale era l'origine di 1 fiorino e 50 centesimi? Proveniva da un fatto effettivamente indifferente avvenuto il giorno precedente. La cognata aveva ricevuto in dono dal marito 150 fiorini e *si era affrettata* a liberarsene, comprandosi un gioiello. Bisogna tener presente che 150 fiorini sono *cento volte* 1 fiorino e 50 centesimi. L'unico nesso con il «tre», che era il numero dei biglietti del teatro, era che l'amica appena fidanzata era di tre mesi più giovane di lei. La situazione del sogno era la ripetizione di un piccolo incidente, a causa del quale spesso il marito l'aveva presa in giro. Una volta si era notevolmente affrettata a comperare i biglietti per uno spettacolo in anticipo, poi, quando era andata a teatro, aveva trovato una parte della platea quasi completamente vuota. Non c'era *nessun bisogno che lei si affrettasse tanto*. Infine non bisogna trascurare *l'assurdità* del sogno, cioè il fatto che due persone prendono tre biglietti.

Ed ora i pensieri latenti: «È stato *assurdo* sposarsi così presto. Non c'era *nessuna necessità che mi affrettassi tanto*. Vedo dall'esempio di Elisa L. che comunque avrei trovato un marito. Anzi avrei trovato un marito *cento volte* migliore (un gioiello) se solo avessi aspettato. Il mio denaro (o la dote) avrebbe potuto comprare tre mariti altrettanto facilmente».

8.

Ora che abbiamo fatto conoscenza con il lavoro onirico, vorremmo senza dubbio definirlo come un processo psichico del tutto particolare e, per quanto ne sappiamo, inesistente altrove. È come se il lavoro onirico suscitasse in noi tutto lo stupore che anticamente ci destava il suo prodotto, il sogno. In realtà, invece, è solo il primo ad essere scoperto di tutta una serie di processi psichici, da cui hanno origine sintomi isterici, fobie, ossessioni e allucinazioni. La condensazione e soprattutto lo spostamento sono caratteristiche costanti anche di questi processi, mentre la modificazione in forma pittorica resta tipica del lavoro onirico. Se questa spiegazione colloca i sogni in un'unica serie allineata alle strutture prodotte dalle malattie mentali, diventa ancora più importante per noi scoprire le fondamentali condizioni che si trovano a determinare processi come quelli di formazione dei sogni. Ci sorprenderà sapere che fra queste condizioni indispensabili non figurano né lo stato di sonno né la malattia. Numerosi fenomeni della vita quotidiana di persone sane, come dimenticanze, lapsus, movimenti goffi ed una particolare classe di errori, sono determinati da un meccanismo psichico analogo a quello dei sogni e degli altri anelli della serie.

Il nocciolo del problema si trova nello spostamento, che è di gran lunga la più sorprendente delle speciali attività del lavoro onirico. Se approfondiamo l'argomento, ci renderemo conto che la condizione essenziale determinante lo spostamento è di natura puramente psicologica: qualcosa come un motivo. Ne ritroviamo le tracce se prendiamo in considerazione determinate esperienze che sono inevitabili nell'analisi dei sogni. Analizzando prima il mio sogno, sono stato costretto a interrompere l'esposizione dei pensieri latenti, perché, come ho confessato, c'erano cose che preferivo tenere nascoste agli sconosciuti e che non avrei potuto rivelare ad altre persone senza causare gravi danni in molte direzioni. Ho aggiunto che non sarebbe servito a nulla scegliere a scopo di analisi un altro sogno al posto di quello, perché mi sarei sempre imbattuto in pensieri latenti da tenere segreti nel caso di qualunque sogno oscuro e confuso. Se, comunque, dovessi continuare l'analisi per conto mio, senza sottoporla ad altre persone (alle quali davvero non si può rivolgere un'esperienza così personale come il mio sogno), troverei alla fine dei pensieri che mi sorprenderebbero, di cui ignoravo l'esistenza in me, che non solo mi sarebbero *estranei* ma anche *sgradevoli* e che vorrei confutare energicamente, nonostante l'insistenza spietata delle associazioni d'idee emerse dall'analisi. C'è un solo modo per spiegare questo diffuso stato di cose, supponendo cioè che questi pensieri erano realmente presenti nella mia mente e dotati di una certa quantità di intensità o energia psichica, ma che si trovavano in una situazione psicologica tale per cui *non potevano diventare coscienti*. (Chiamerò «rimozione» questa particolare condizione.) Non possiamo quindi fare a meno di concludere che esiste un nesso causale tra la oscurità del contenuto del sogno e lo stato di rimozione (non ammissione alla coscienza) di alcuni dei pensieri latenti, e che il sogno doveva essere oscuro per non tradire i pensieri onirici messi al bando. Arriviamo così al concetto di «deformazione onirica», che è il prodotto del lavoro onirico e serve a scopi di dissimulazione, cioè di travestimento.

Farò la prova sul sogno che ho scelto per l'analisi, cercando il pensiero che è entrato deformato in quel sogno e che avrei respinto se non fosse stato deformato. Ricordo che la corsa gratuita in carrozza mi aveva richiamato alla mente una recente costosa corsa in carrozza con una persona di famiglia, che nella versione del sogno era «vorrei provare per una volta un amore che non mi costi nulla», e che poco tempo prima del sogno ero stato costretto a spendere una notevole somma di denaro per conto di quella stessa persona. Sulla base di questo contesto è inevitabile concludere che *rimpiango di aver fatto quella spesa*. Solo dopo aver riconosciuto questo impulso acquista un senso nel sogno il desiderio di un amore che non comporti spese. Tuttavia posso dire onestamente che quando ho deciso di spendere quella somma di denaro, non ho esitato neppure un attimo. Il rimpianto di averlo fatto, cioè il sentimento opposto, non era diventato cosciente. Il perché è un'altra questione, troppo lontana, di cui conosco la risposta, che appartiene però ad un altro contesto.

Se analizzo il sogno di qualcun altro, la conclusione sarà la stessa, ma sarà accettata su basi diverse. Se il sognatore è una persona sana, l'unico mezzo che ho per costringerlo a riconoscere le idee rimosse che sono state scoperte è quello di indicargli la struttura dei pensieri onirici; e non posso comunque impedirgli di rifiutare di riconoscerle. Se invece si tratta di un paziente nevrotico, ad esempio un isterico, egli si troverà costretto ad accettare il pensiero rimosso a causa del suo rapporto con i sintomi della malattia e a causa del miglioramento che sente quando sostituisce ai sintomi le idee rimosse. Nel caso, ad esempio, della paziente che aveva fatto il sogno dei tre biglietti di teatro per 1 fiorino e 50 centesimi, l'analisi portò all'inevitabile conclusione che ella aveva poca considerazione per il marito (cfr. l'idea che ne avrebbe potuto avere uno «cento volte migliore»), che rimpiangeva di averlo sposato e che le sarebbe piaciuto cambiarlo con un altro. È vero che ella affermava di amare il marito e che la sua vita emotiva non sapeva nulla di questa bassa stima che aveva di lui, ma tutti i suoi sintomi portavano alla stessa conclusione del sogno. E quando si ridestarono i ricordi rimossi di un particolare periodo in cui era stata conscia di non amare il marito, i sintomi si chiararono e scomparve la sua resistenza contro l'interpretazione del sogno.

9.

Ora che abbiamo stabilito il concetto di rimozione e che abbiamo messo la deformazione del sogno in relazione con il materiale psichico rimosso, possiamo parlare in linee generali della principale scoperta alla quale ci ha condotto l'analisi dei sogni. Nei sogni comprensibili e sensati abbiamo trovato delle realizzazioni di desiderio non mascherate; cioè in quei casi la situazione del sogno rappresenta la realizzazione di un desiderio conosciuto dalla coscienza, riportato dalla vita diurna e certamente degno d'interesse. L'analisi ci ha dimostrato qualcosa di perfettamente analogo nel caso dei sogni oscuri e confusi: ancora una volta la situazione del sogno rappresenta un desiderio realizzato, desiderio che sorge sempre dai pensieri latenti, ma che viene rappresentato in una forma irriconoscibile e che può essere spiegato solo dall'analisi. In questi casi il desiderio è rimosso, e estraneo alla coscienza, oppure è intimamente connesso a pensieri rimossi, basato su di essi. Possiamo definire questo tipo di sogni *realizzazioni mascherate di desideri rimossi*. A questo riguardo è interessante osservare come trovi conferma l'opinione popolare che i sogni predicono sempre il futuro. In realtà il futuro che ci mostra il sogno non è quello che accadrà, ma quello che vorremmo accadesse. La mente popolare si comporta qui come fa generalmente: crede in ciò che desidera.

I sogni ricadono in tre categorie, a seconda del loro atteggiamento nei confronti dell'appagamento di desiderio. La prima categoria è costituita da quei sogni che rappresentano apertamente un desiderio non rimosso: si tratta dei sogni di tipo infantile che diventano sempre più rari tra gli adulti. In secondo luogo ci sono i sogni che esprimono un desiderio rimosso con un travestimento: questi indubbiamente costituiscono la stragrande maggioranza dei nostri sogni e possono essere compresi solo con l'analisi. Infine ci sono i sogni che rappresentano un desiderio rimosso, senza mascherarlo o con una maschera insufficiente. Questi ultimi sogni sono sempre accompagnati dall'angoscia, che li interrompe. In tal caso l'angoscia sostituisce la deformazione onirica, e nei casi della seconda categoria l'angoscia si evita solo grazie al lavoro onirico. Non è difficile dimostrare che il contenuto rappresentativo che produce l'angoscia era una volta un desiderio, che poi è stato rimosso.

Ci sono anche dei sogni chiari con un contenuto penoso, che tuttavia non è sentito come tale durante il sogno stesso. Per questa ragione essi non possono essere considerati sogni d'angoscia, ma sono sempre stati assunti a dimostrazione del fatto che i sogni sono privi di significato e di valore psichico. L'analisi di un sogno di questo tipo ci dimostrerà che si tratta di realizzazioni di desideri rimossi ben mascherati, cioè di sogni della seconda categoria; constateremo anche quanto mirabilmente il processo di spostamento lavori per mascherare i desideri.

Una ragazza sognò di vedere morto l'unico figlio sopravvissuto della sorella nello stesso luogo in cui pochi anni prima aveva effettivamente visto il corpo morto del primo figlio di lei. Non ne aveva provato dolore, ma naturalmente respingeva l'idea che questa situazione rappresentasse un suo desiderio. Né c'era ragione di supporlo. Tuttavia, anni prima proprio accanto alla bara del primo bambino aveva visto l'uomo di cui era innamorata e gli aveva parlato; se moriva il secondo bambino ella avrebbe certamente incontrato di nuovo l'uomo a casa della sorella. Ella desiderava ardentemente un tale incontro, ma lottava contro il suo sentimento. Il giorno del sogno aveva comprato un biglietto per una conferenza che doveva essere tenuta dallo stesso uomo, che ella amava ancora. Il sogno era un semplice sogno di impazienza, come quelli che facciamo prima di un viaggio, prima di andare a teatro o di altri simili divertimenti. Ma per mascherare questo desiderio, la situazione era stata spostata sul fatto più inadatto a provocare un sentimento di gioia, anche se questo era effettivamente successo in passato. Si deve anche osservare che il comportamento emotivo del sogno era adatto al contenuto reale che si trovava sullo sfondo e non a quanto era stato spinto in primo piano. La situazione del sogno anticipava un incontro che ella desiderava da tanto tempo e quindi non offriva basi per sentimenti penosi.

10.

Finora i filosofi non hanno avuto occasione di occuparsi di una psicologia della rimozione. Ci sarà quindi concesso di prendere un primo contatto con un argomento finora sconosciuto, costruendo un'immagine pittorica del corso dei fatti nella formazione dei sogni. È vero che il quadro schematico che otteniamo, non solo dallo studio dei sogni, è abbastanza complicato, ma non sappiamo accontentarci di qualcosa di più semplice. La nostra ipotesi è che nell'apparato psichico ci siano due agenti di creazione del pensiero, di cui il secondo gode il privilegio di fare accedere liberamente alla coscienza i suoi prodotti, mentre l'attività del primo è in sé inconscia e può raggiungere la coscienza solo attraverso il secondo. Al limite fra i due agenti, dove il primo passa nel secondo, c'è una censura che lascia passare solo ciò che le piace e respinge tutte le altre cose. Secondo la nostra definizione, quindi, ciò che viene respinto dalla censura si trova in uno stato di rimozione. In determinate condizioni, tra cui lo stato di sonno, il rapporto tra le forze dei due agenti viene modificato in modo tale che ciò che è rimosso non può essere più trattenuto. Nello stato di sonno questo probabilmente accade a causa del rilassamento della censura; in tal caso è possibile che ciò che fino allora era stato rimosso arrivi alla coscienza. Tuttavia, poiché la censura non viene mai completamente eliminata, ma semplicemente ridotta, il materiale rimosso si deve sottomettere a determinate modifiche, perché ne vengano mitigate le caratteristiche sgradevoli. In tali casi ciò che diviene cosciente è un compromesso tra le intenzioni di un agente e le esigenze dell'altro. *Rimozione, rilassamento della censura, formazione di un compromesso*: questo è il modello essenziale per la produzione non solo dei sogni, ma di molte altre strutture psicopatologiche; ed anche in questi ultimi casi possiamo osservare oltre alla formazione dei compromessi, l'esistenza di processi di condensazione e di spostamento, e l'impiego di associazioni superficiali, che abbiamo visto nel lavoro onirico.

Non abbiamo motivo di dissimulare il fatto che nell'ipotesi costruita per spiegare il lavoro onirico esiste l'attività di un elemento «demoniaco». Ci è sembrato che i sogni oscuri si formassero come quando una persona dipendente da un'altra deve farle un'osservazione che certamente le sarà sgradita; sulla base di questo paragone siamo arrivati ai concetti di deformazione del sogno e censura e abbiamo cercato di tradurre la nostra impressione in una teoria psicologica che certamente è rozza, ma almeno è chiara. Se studiando ulteriormente l'argomento riusciremo ad identificare il primo ed il secondo agente, possiamo essere sicuri di trovare conferma di qualche corrispondenza alla nostra ipotesi per cui il secondo agente controlla l'accesso alla coscienza e può impedirlo al primo agente.

Al termine dello stato di sonno, la censura riacquista rapidamente tutta la sua forza e può allora cancellare tutto ciò che le era sfuggito durante il periodo di debolezza. Questa deve essere almeno in parte la spiegazione dell'oblio dei sogni, come lo conferma un'osservazione verificata in numerose occasioni. Succede spesso che durante il racconto di un sogno o durante l'analisi riemerga un frammento del contenuto che sembrava dimenticato. Questo frammento, che è scampato all'oblio, ci procura sempre l'accesso migliore e più diretto al significato del sogno. E probabilmente era proprio quella la ragione per cui doveva essere dimenticato, cioè rimosso ancora una volta.

11.

Una volta che abbiamo ammesso che il contenuto di un sogno è la rappresentazione di un desiderio realizzato e che la sua oscurità è dovuta alle modifiche che la censura fa sul materiale rimosso, non ci sarà difficile scoprire la funzione dei sogni. Si dice comunemente che i sogni disturbano il sonno; al contrario noi consideriamo i sogni come i *custodi del sonno*.

Non c'è difficoltà ad accettare questa affermazione nel caso dei sogni dei bambini. Lo stato di sogno o la modificazione psichica conseguente al sonno, qualunque essa sia, si produce mediante la decisione di dormire, che è imposta al bambino o da lui raggiunta sulla base di sensazioni di stanchezza; ed è possibile solo trattenendo gli stimoli che potrebbero suggerire all'apparato psichico scopi diversi da quello di dormire. Conosciamo i mezzi per eliminare gli stimoli esterni, ma quali sono i mezzi disponibili per controllare gli stimoli psichici interni che si schierano contro il sonno? Osserviamo una madre che addormenta il bambino. Il bambino esprime un fiume di desideri, vuole un altro bacio, vuole continuare a giocare. La madre soddisfa alcuni di questi desideri, ma usa la sua autorità per rimandare gli altri al giorno successivo. È chiaro che qualunque desiderio o bisogno ha l'effetto di inibire il sonno. Conosciamo tutti la storia divertente raccontata da Balduin Groller, del bambino cattivo che si sveglia a metà della notte e grida: «Voglio il rinoceronte!». Un bambino più educato, invece di gridare, avrebbe *sognato* che stava giocando con il rinoceronte. Poiché durante il sonno *si crede* al sogno che mostra un desiderio realizzato, viene in tal modo eliminato il desiderio ed il sonno è reso possibile. È indiscutibile che i bambini credano alle immagini oniriche, poiché queste sono rivestite dell'apparenza psichica di percezioni, ed essi non hanno ancora acquisito la facoltà di distinguere le allucinazioni o le fantasie dalla realtà.

Gli adulti hanno imparato a fare questa distinzione ed hanno anche afferrato l'inutilità di desiderare e, dopo una lunga pratica, sanno come rimandare i loro desideri finché arriveranno ad una soluzione per lunghe e tortuose strade, attraverso il mutamento del mondo esterno. Nel loro caso, di conseguenza, le realizzazioni di desiderio tramite il breve cammino psichico sono rare anche nel sonno; anzi è persino possibile che non si verifichino affatto e che tutto ciò che sembra costruito secondo un modello simile a quello dei sogni dei bambini, richieda in realtà una spiegazione molto più complicata. D'altra parte nel caso degli adulti, e ciò si applica certamente senza eccezioni a chiunque sia in pieno possesso delle sue facoltà, si verifica una differenziazione nel materiale psichico, che non è presente nei bambini. Si forma un agente psichico che, ammaestrato dall'esperienza di vita, eser-cita un'influenza dominante ed inibitoria sugli impulsi psichici e mantiene con gelosa severità tale influenza, e che, dato il suo rapporto con la coscienza e con i movimenti volontari, possiede i più forti strumenti del potere psichico. Una parte degli impulsi infantili viene soffocata da questo agente, perché inutile alla vita, e tutto il materiale di pensiero derivante da questi impulsi si trova in uno stato di rimozione.

Ora, quando questo agente, nel quale riconosciamo il nostro Io normale, si concentra sul desiderio di dormire, sembra costretto dalle condizioni psico-fisiologiche del sonno a rilassare l'energia con la quale è solito trattenere il materiale rimosso durante il giorno. Certamente questo rilassamento in sé non è dannoso; per quanto gli impulsi rimossi della mente infantile possano scorrazzare, il loro accesso alla coscienza è però difficile e la loro possibilità di tradursi in movimento è impedita dallo stesso stato di sonno. Bisogna tuttavia che il sonno sia salvaguardato dal pericolo che quegli impulsi lo disturbino. Dobbiamo ritenere che in ogni caso, anche durante il sonno profondo, resti vigile una certa quantità di attenzione, a guardia degli stimoli sensoriali, e che possa a volte ritenere più utile il risveglio che la continuazione del sonno. Altrimenti non ci si spiegherebbe come mai possiamo essere svegliati in qualsiasi momento da stimoli sensoriali di un certo tipo. Come il fisiologo Burdach ha affermato molto tempo fa, una madre, ad esempio, si sveglia al piagnucolio del bambino, il mugnaio se il mulino si ferma, e la maggior parte della gente, quando la si chiama piano per nome. Ora, l'attenzione che è vigile in questo modo, si rivolge anche agli stimoli di desiderio interni che nascono dal materiale rimosso, e con essi forma il sogno che, come un compromesso, soddisfa contemporaneamente entrambi gli agenti. Il sogno esegue una specie di consumazione psichica del desiderio rimosso (o formato con l'aiuto del materiale rimosso), rappresentandolo come appagato; ma soddisfa anche l'altro agente, permettendo la continuazione del sonno. Sotto questo aspetto il nostro Io è pronto a comportarsi come un bambino; esso crede alle immagini oniriche, come se volesse dire: «Sì, sì, hai perfettamente ragione, ma lasciami dormire!». La scarsa considerazione in cui teniamo i sogni quando siamo svegli, e che riferiamo al loro carattere confuso e apparentemente illogico, probabilmente non è altro che il giudizio espresso dal nostro Io addormentato sugli impulsi rimossi, giudizio basato a maggior ragione sull'impotenza motoria di questi disturbatori del sonno. A volte siamo consapevoli nel sonno di questo giudizio sprezzante. Se il contenuto di un sogno va troppo in là nello scavalcare la censura, pensiamo: «Dopo tutto è solo un sogno!», e continuiamo a dormire.

Questa opinione non è smentita dal fatto che ci sono casi marginali, come i sogni d'angoscia, in cui il sogno non può ulteriormente svolgere la sua funzione di impedire un'interruzione del sonno, ma assume invece l'altra funzione di troncarlo prontamente. Così facendo esso si comporta semplicemente come un coscienzioso vigile notturno, che prima esegue il suo dovere di eliminare le cause di disturbo, in modo che i cittadini non vengano svegliati, ma poi continua a fare il suo dovere svegliando i cittadini se le cause di disturbo gli sembrano gravi e tali che non le può affrontare da solo.

La funzione del sogno come custode del sonno diventa particolarmente evidente quando uno stimolo esterno agisce sui sensi di una persona che dorme. È generalmente risaputo che gli stimoli sensoriali che sorgono durante il sonno influenzano il contenuto dei sogni; questo si può dimostrare sperimentalmente ed è una delle poche scoperte sicure (ma notevolmente sopravvalutate) delle ricerche mediche sui sogni. Ma questa scoperta implica un enigma che finora si è dimostrato insolubile. Infatti lo stimolo sensoriale al quale lo sperimentatore sottopone il dormiente non viene esattamente riconosciuto nel sogno; esso viene assoggettato ad una delle infinite interpretazioni possibili e la scelta è apparentemente lasciata ad una arbitraria determinazione psichica. Ma d'altra parte non esiste la determinazione arbitraria nella mente. Una persona che dorme può reagire in diversi modi ad uno stimolo sensoriale esterno. Può svegliarsi o può riuscire a continuare il suo sonno. Nel secondo caso, egli può servirsi del sogno per liberarsi dello stimolo, e anche qui ha parecchi metodi a disposizione. Può, ad esempio, eliminare lo stimolo sognando di trovarsi in una situazione assolutamente incompatibile con lo stimolo. Così fece il dormiente sofferente di un doloroso ascesso al perineo. Sognò che stava cavalcando, servendosi del cataplasma che doveva lenire il dolore come di una sella, ed evitò in tal modo di svegliarsi. Oppure, come accade più spesso, lo stimolo esterno subisce un'interpretazione che lo inserisce nel contesto di un desiderio rimosso, in attesa dell'appagamento; in tal modo lo stimolo esterno viene spogliato della sua realtà e trattato come se fosse parte del materiale psichico. Così una persona sognò che aveva scritto una commedia con una certa trama, che si stava rappresentando a teatro; il primo atto era finito e tuonavano gli applausi... Il sognatore deve essere riuscito a prolungare il suo sonno fino a dopo che lo stimolo era cessato, perché quando si svegliò non sentiva più il rumore e dedusse giustamente che qualcuno doveva aver battuto un tappeto o un materasso. Tutti i sogni fatti da un dormiente subito prima che sia svegliato da un forte rumore sono tentativi di eliminare lo stimolo di risveglio dandogli una spiegazione diversa e di prolungare così il sonno, anche solo per un attimo.

12.

Se si accetta che la censura sia la principale causa della deformazione onirica, non sembrerà strano apprendere dall'interpretazione dei sogni che la maggior parte dei sogni degli adulti risale attraverso l'analisi a *desideri erotici*. Questa affermazione non si riferisce a quei sogni con un contenuto apertamente sessuale, che sono certamente noti a tutti i sognatori per esperienza personale e che in genere sono gli unici ad essere chiamati «sogni sessuali». Tutti i sogni di quest'ultimo tipo sono sorprendenti per la scelta delle persone che diventano oggetti sessuali, per la non considerazione di tutti quei limiti che il sognatore pone ai propri desideri sessuali durante la veglia, e per i numerosi strani particolari, che accennano a ciò che è comunemente noto come «perversione». Tuttavia, molti altri sogni che non mostrano alcun indizio di erotismo nel contenuto manifesto, si rivelano nell'analisi realizzazioni di desideri sessuali e, d'altra parte, l'analisi dimostra che molti pensieri risultanti dall'attività della veglia come «residui diurni» trovano una rappresentazione nei sogni solo con la collaborazione dei desideri erotici rimossi.

Non esiste alcuna necessità teorica di spiegare questo fenomeno, ma si può rilevare che nessun altro gruppo di *pulsioni* è sottoposto ad una rimozione così imponente dalle esigenze del progresso civile quanto le *pulsioni sessuali*, le quali tuttavia riescono in genere ad eludere molto facilmente il controllo delle più alte funzioni psichiche. Dopo avere studiato la sessualità infantile, che è spesso così riservata nelle sue manifestazioni ed è sempre trascurata e incompresa, possiamo dire che quasi tutti gli individui civilizzati conservano sotto qualche aspetto le forme infantili di vita sessuale. Possiamo quindi comprendere perché i desideri sessuali infantili rimossi costituiscano gli impulsi più frequenti e potenti per la formazione dei sogni[4].

C'è solo un modo per cui un sogno che esprime desideri erotici riesca ad apparire innocente e non sessuale nel contenuto manifesto. Il materiale delle rappresentazioni sessuali non deve essere rappresentato come tale, ma sostituito nel contenuto del sogno da accenni, allusioni e forme analoghe di rappresentazione indiretta. Ma, a differenza di altre forme indirette di rappresentazione, quella impiegata nei sogni non deve essere immediatamente comprensibile. I mezzi di rappresentazione che soddisfano queste condizioni sono generalmente chiamati «simboli» delle cose che rappresentano. Essi hanno particolarmente attirato l'interesse, da quando si è osservato che i sognatori che parlano la stessa lingua usano gli stessi simboli e che anzi in alcuni casi l'uso degli stessi simboli va al di là dell'uso della stessa lingua. Poiché gli stessi sognatori non conoscono il significato dei simboli che usano, è difficile inizialmente scoprire l'origine del rapporto tra i simboli e ciò che essi sostituiscono e rappresentano. Il fatto in sé, tuttavia, è al di fuori di ogni dubbio ed è importante per la tecnica dell'interpretazione dei sogni. Infatti con la conoscenza del simbolismo onirico si può comprendere il significato di diversi elementi del contenuto di un sogno o di diversi brani del sogno o, in alcuni casi, di tutto il sogno senza dover chiedere al sognatore le sue associazioni. Qui ci

---

[4] Vedi i miei *Tre saggi sulla sessualità* [trad. it. in *Opere complete, vol. i 1886-1912*, Newton Compton editori, Roma 2015].

avviciniamo all'ideale popolare di tradurre i sogni e d'altra parte ritorniamo alla tecnica di interpretazione degli antichi, per i quali l'interpretazione dei sogni si identificava con l'interpretazione simbolica.

Benché lo studio dei simboli del sogno non sia affatto completo, siamo in grado di esporre con certezza delle affermazioni generali e delle informazioni particolari sull'argomento. Ci sono simboli che hanno un significato unico quasi universalmente: così l'Imperatore e l'Imperatrice (o il Re e la Regina) rappresentano i genitori, le stanze rappresentano le donne[5] e le loro entrate e uscite gli orifizi del corpo. La maggior parte dei simboli del sogno serve a rappresentare persone, parti del corpo e attività di interesse erotico; in particolare, i genitali sono rappresentati da numerosi simboli spesso sorprendenti, e la più grande varietà di oggetti serve ad indicarli simbolicamente. Armi appuntite, oggetti lunghi e rigidi, come tronchi e bastoni, rappresentano l'organo genitale maschile; mentre armadi, scatole, carrozze e forni rappresentano l'utero. In tali casi il *tertium comparationis*, l'elemento comune in queste sostituzioni, è immediatamente comprensibile, ma ci sono altri simboli nei quali non è facile afferrare il nesso. Simboli come le scale o il salire le scale per rappresentare il rapporto sessuale, la cravatta per l'organo maschile o il legno l'organo femminile, ci trovano increduli, finché non riusciamo con altri mezzi a comprendere il nesso simbolico che nascondono. Inoltre moltissimi simboli onirici sono bisessuali e si possono riferire ai genitali maschili o femminili a seconda del contesto.

Alcuni simboli sono diffusi ovunque e si possono incontrare in tutti i sognatori appartenenti allo stesso gruppo linguistico o culturale; altri simboli sono usati in limiti più ristretti e individuali, quando il singolo li crea dal proprio materiale rappresentativo. Nell'ambito del primo gruppo possiamo distinguere quelli il cui uso per rappresentazioni sessuali è immediatamente giustificato dall'uso linguistico (così quelli tratti dall'agricoltura, ad esempio

[5] Cfr. *Frauenzimmer*.

«riproduzione» o «seme») ed altri il cui collegamento con le rappresentazioni sessuali sembra risalire ad epoche molto antiche ed agli abissi più oscuri della nostra formazione concettuale. Tuttavia non si è esaurito il potere di creare simboli ai nostri giorni e ciò vale per entrambi i tipi di simboli che ho distinto all'inizio del capitolo. Possiamo osservare che gli oggetti inventati di recente (come i dirigibili) vengono subito adottati come simboli sessuali di utilizzazione comune.

Sarebbe però erroneo credere che con una conoscenza più approfondita del simbolismo dei sogni (del «linguaggio dei sogni») potremmo fare a meno di chiedere al sognatore le sue associazioni al sogno e tornare del tutto all'antica tecnica di interpretazione. A parte i simboli individuali e le oscillazioni nell'uso di quelli comuni, non si può mai dire se un certo elemento del contenuto del sogno si deve interpretare simbolicamente o in senso proprio, e si può esser certi che non tutto il contenuto del sogno deve essere interpretato simbolicamente. La conoscenza del simbolismo non farà altro che permetterci di tradurre determinati elementi del contenuto del sogno e non ci solleverà dalla necessità di applicare le regole tecniche che ho esposto precedentemente; ci darà tuttavia un aiuto prezioso per l'interpretazione di quei punti in cui sono insufficienti o mancano del tutto le associazioni del sognatore.

Il simbolismo dei sogni è anche indispensabile per comprendere i sogni «tipici», che capitano a tutti, ed i sogni «ricorrenti» che sono individuali.

Se questa esposizione che ho fatto del modo di espressione simbolico dei sogni appare incompleta, mi posso giustificare richiamando la più importante nozione che possediamo sull'argomento: il simbolismo si estende molto al di là dei sogni, non è tipico dei sogni, ma esercita un'influenza altrettanto forte sulla rappresentazione di favole, miti e leggende, barzellette e folklore. Ci permette di individuare l'intimo legame tra i sogni e queste ultime creazioni. Non dobbiamo credere che il simbolismo onirico sia una creazione del lavoro onirico; si tratta molto probabilmente di una caratteristica del pensiero inconscio che fornisce al lavoro onirico

il materiale per la condensazione, lo spostamento e la drammatizzazione[6].

13.

Non pretendo di aver chiarito in queste pagine tutti i problemi
dei sogni, né di essere stato convincente in quanto ho descritto. Chiunque si interessi in generale della letteratura sui sogni
può consultare un lavoro di Sante de Sanctis (*I sogni*, 1899), e
chi desideri conoscere delle argomentazioni più dettagliate a
sostegno della mia teoria dei sogni può trovarle nel mio libro
L'interpretazione dei sogni, 1900. Mi resta solo da indicare la
direzione che deve essere seguita in base alla mia esposizione
sul lavoro onirico.

Ho attribuito all'interpretazione dei sogni il compito di sostituire
al sogno i pensieri onirici latenti, cioè di disfare ciò che il lavoro
onirico ha intessuto. In tal modo ho sollevato numerosi nuovi
problemi psicologici riguardanti il meccanismo del lavoro onirico
stesso e la natura e le condizioni di quello che ho chiamato rimozione; d'altra parte ho affermato l'esistenza dei pensieri onirici,
una grande quantità di strutture psichiche di primissimo ordine,
fornite di tutti i caratteri della normale funzione intellettuale, ma
tuttavia precluse alla coscienza finché non emergono deformate nel
contenuto del sogno. Devo ritenere che pensieri di questo genere
siano presenti in tutte le persone, anche quelle più normali, perché
tutti possono sognare. Il materiale inconscio dei pensieri onirici
ed il suo rapporto con la coscienza e con la rimozione danno vita
a nuovi problemi di grande importanza per la psicologia, problemi
che troveranno una soluzione solo quando l'analisi avrà spiegato
l'origine di altre strutture psicopatologiche, quali i sintomi isterici
e le idee ossessive.

---

[6] Ulteriori informazioni sul simbolismo onirico si possono trovare nelle opere dei primi
scrittori che hanno trattato dell'interpretazione dei sogni, ad esempio Artemidoro di Daldi e
Scherner (1861), ed anche nella mia *Interpretazione dei sogni* [trad. it. in *Opere complete,
vol. I 1886-1912*, Newton Compton editori, Roma 2015], negli studi mitologici della scuola
psicoanalitica e in alcuni scritti di W. Stekel.

Delirio e sogni nella *Gradiva* di Jensen*
1907

1.

Quanti erano convinti che l'autore[1] avesse risolto gli enigmi fondamentali del sogno si sono un giorno incuriositi dinanzi al problema della categoria di sogni che non sono mai stati sognati, di quei sogni, cioè, creati da poeti e da loro attribuiti a personaggi inventati nel corso di una storia. L'idea di sottoporre a indagine questa categoria di sogni potrebbe sembrare oziosa e strana impresa, ma da un certo punto di vista anche giustificabile.

Non è affatto una opinione diffusa che il sogno abbia significato e possa essere interpretato. La scienza e la maggior parte delle persone colte sorridono se gli si pone il compito di interpretare un sogno. Solo il popolo, avvinghiato alle superstizioni e persistendo nelle credenze tramandate dall'antichità, non si tira indietro dal dare un'interpretazione ai sogni. L'autore de *L'interpretazione dei sogni* ha osato, nonostante i rimproveri della scienza più rigida, diventare un partigiano dell'antichità e della superstizione. È vero che egli è ben lontano dal ritenere che i sogni predicano il futuro, per la cui rivelazione gli uomini hanno lottato invano da tempo immemorabile con tutti i mezzi proibiti. Ma egli non è neanche riuscito a respingere completamente il rapporto esistente tra sogno e futuro. Infatti il sogno, quando è stato portato a termine il laborioso lavoro di analisi, gli si è rivelato come un desiderio del sognatore realizzato; e chi potrebbe negare che i desideri sono prevalentemente rivolti al futuro?

---

* Titolo originale: «Der Wahn und die Träume in W. Jensens *Gradiva*». Pubblicato la prima volta in *Schriften für angewandte Seelenkunde*, Leipzig-Wien, Heller, 1907. Traduzione di Antonella Ravazzolo.
[1] Vedi Freud, *L'interpretazione dei sogni*, 1900 [cit.].

Ho già detto che i sogni sono desideri realizzati. Chi non ha paura di farsi strada attraverso un libro astruso e non è dell'opinione che un problema complicato gli debba esser presentato come facile e semplice perché gli sia risparmiata fatica, a prezzo della buona fede e della verità, può trovare la dimostrazione particolareggiata di questa tesi nell'opera che ho menzionato; nel frattempo può mettere da parte le obiezioni che certamente gli verranno in mente contro la possibilità d'una identificazione tra sogni e realizzazioni di desideri.

Ma siamo andati troppo lontano. Non si tratta ancora di stabilire se il significato di un sogno si possa sempre spiegare come un desiderio realizzato, o se non possa essere altrettanto spesso una aspettativa ansiosa, un'intenzione, una riflessione e così via. Il problema invece che si pone per primo è quello di stabilire se i sogni abbiano in genere un significato e se si debbano considerare dei fatti psichici. La scienza risponde di no e spiega il sogno come un processo meramente fisiologico, nel quale di conseguenza non è necessario cercare un senso, un significato, uno scopo. Essa sostiene che gli stimoli somatici agiscono sullo strumento mentale durante il sonno e portano così alla coscienza ora un'idea ora un'altra, prive di qualsiasi contenuto psichico: i sogni si possono paragonare solo a delle contrazioni e non a movimenti espressivi della mente.

Ora, in questa disputa sulla valutazione dei sogni, sembra che i poeti e gli scrittori siano dalla stessa parte degli antichi, del pubblico superstizioso e dell'autore de *L'interpretazione dei sogni*. Infatti quando uno scrittore crea i caratteri secondo il suo sogno di fantasia, egli segue l'esperienza quotidiana per cui i pensieri ed i sentimenti della gente continuano nel sogno, e non ha altro scopo che quello di raffigurare gli stati d'animo dei suoi eroi attraverso i loro sogni. I poeti sono dei preziosi alleati e la loro testimonianza deve essere altamente stimata, poiché essi sono in grado di conoscere una gran quantità di cose tra il cielo e la terra, di cui la nostra scienza neppure sospetta. Nella loro conoscenza della mente sono molto più avanti di noi gente comune, poiché attingono da fonti che non sono ancora state aperte alla scienza.

Fosse meno ambiguo questo contributo degli scrittori a favore della presenza di un significato nei sogni! Da una posizione rigorosamente critica si potrebbe obiettare che gli scrittori non sono né favorevoli né contrari a particolari sogni con significato psicologico; essi si accontentano di mostrare che la psiche addormentata si contrae sotto le eccitazioni rimaste attive in essa come propaggini della veglia.

Ma neanche questo savio pensiero estingue il nostro interesse sulla maniera in cui gli scrittori si servono dei sogni. Anche se questa ricerca non ci insegnerà nulla di nuovo sulla natura dei sogni, ci permetterà forse di indagare un poco da questa posizione sulla natura della composizione poetica. Già i sogni reali sono considerati delle strutture senza freni e senza regole, ed ora ci troviamo di fronte a delle libere imitazioni poetiche di tali sogni! Tuttavia c'è molto meno libertà ed arbitrarietà nella vita psichica di quanto siamo propensi a credere, forse non ce n'è affatto. Ciò che chiamiamo caso nel mondo esterno può, come è noto, risolversi in leggi; così anche ciò che chiamiamo arbitrarietà nella mente si basa su leggi che solo ora cominciamo oscuramente a sospettare. Vediamo dunque che cosa siamo in grado di scoprire!

Si potrebbero adottare due metodi per questa ricerca. Approfondire un caso particolare, cioè i sogni creati da uno scrittore in una sua opera, oppure riunire e contrapporre tutti gli esempi reperibili di utilizzazione di sogni nelle opere di vari scrittori. Il secondo metodo sembrerebbe di gran lunga il più efficace e forse l'unico giustificabile, poiché ci eliminerebbe immediatamente difficoltà coinvolte nell'adottare il concetto artificioso di «scrittore» come classe. Esaminando questa classe, troviamo infatti singoli scrittori di valore molto diverso l'uno dall'altro, tra cui alcuni che siamo soliti stimare come i più profondi osservatori della psiche umana. Pur ammettendo questo, le pagine che seguono saranno dedicate ad una ricerca della prima specie. Nel gruppo di persone tra le quali sorse per la prima volta l'idea, una osservò che nell'ultimo romanzo appassionante che aveva avuto occasione di leggere c'erano non pochi sogni che sembrava avessero un aspetto familiare e volessero quasi invitarlo a tentare con loro il metodo de *L'interpretazione dei sogni*. Questi confessò che l'argomento della storia e la scena in cui era collocato dovevano senza dubbio aver svolto un ruolo fondamentale nel procurargli piacere. La storia infatti era situata nella cornice di Pompei e trattava di un giovane archeologo che aveva rinunciato al suo interesse per la vita in cambio dell'interesse per i resti dell'antichità classica, e che veniva ora riportato alla vita reale attraverso una strada tortuosa, strana ma perfettamente logica. Durante il trattamento di questo materiale genuinamente poetico, il lettore era stato agitato da moltissimi pensieri armonizzati o simili ad esso. Il lavoro era un racconto di Wilhelm Jensen – *Gradiva* – che lo stesso autore ha definito una «fantasia pompeiana».

Ed ora devo chiedere ai miei lettori di mettere da parte questo piccolo saggio e dedicare invece un po' di tempo a familiarizzarsi con *Gradiva*, che fu pubblicato la prima volta nel 1903, in modo che sia loro noto ciò a cui mi riferirò nelle pagine seguenti. Per coloro che hanno già letto Gradiva, richiamerò in un breve sunto le parti essenziali della storia e farò affidamento sulla loro memoria per restituirle tutto il fascino di cui la priverà questo trattamento.

Un giovane archeologo, Norbert Hanold, aveva scoperto in un museo di antichità a Roma un rilievo che lo aveva profondamente attratto, ed era stato immensamente felice di ottenerne un calco eccellente di gesso da poter osservare a bell'agio appeso nel suo studio in una città universitaria tedesca. La scultura rappresentava una ragazza ben formata nell'atto di camminare con il vestito leggermente svolazzante in modo da scoprire i piedi calzati nei sandali. Un piede poggiava completamente per terra, l'altro, sollevato nell'atto di seguire il primo, toccava il suolo solo con le punte delle dita, mentre la suola e il tacco si ergevano quasi perpendicolarmente.

Fu probabilmente l'andatura insolita e particolarmente affascinante che richiamò l'attenzione dello scultore e che ancora, dopo tanti secoli, attirava lo sguardo dell'ammirato archeologo.

L'interesse dell'eroe della storia per il rilievo è il fatto psicologico fondamentale della narrazione. Esso non fu immediatamente comprensibile. «Il dottor Norbert Hanold, professore di archeologia, non trovava in realtà nel rilievo qualcosa che richiamasse particolarmente attenzione dal punto di vista della sua branca di scienza» [3]². «Egli non riusciva a spiegarsi che cosa avesse attirato la sua attenzione. Sapeva solo che era stato attratto da qualcosa e che da allora l'effetto era continuato inalterato.» Ma la sua fantasia si occupava ininterrottamente della scultura. Egli vi trovava qualcosa di attuale, come se l'artista avesse avuto una visione per la strada e l'avesse catturata «dalla vita». Allora dette alla ragazza, raffigurata mentre camminava, il nome di Gradiva, «la ragazza che cammina». Fantasticò una storia per cui la ragazza doveva appartenere ad una famiglia aristocratica, forse «di un edile patrizio, che svolgeva il suo lavoro al servizio di Ceres», e che ella stava incamminandosi verso il tempio della dea. Poi gli risultò difficile inserirne la calma, tranquilla natura nella vita indaffarata di una capitale. Si convinse piuttosto di doverla trasferire a Pompei e che lì da qualche parte ella stava attraversando le strane pietre da guado che sono state ritrovate, e che permettevano di attraversare la strada da un lato all'altro senza bagnarsi i piedi quando pioveva, pur essendo fatte in modo che anche le ruote dei carri potessero passare tra di esse. I suoi lineamenti gli sembravano di tipo greco ed egli non dubitava che fosse di origine ellenica. A poco a poco egli trasferì tutte le sue conoscenze archeologiche al servizio di queste e di altre fantasie connesse all'originale che aveva fatto da modella per il rilievo.

Ma ora egli si trovava a dover affrontare un problema apparentemente scientifico, che richiedeva una soluzione. Si trattava di arrivare ad un giudizio critico, cioè di stabilire «se l'andatura di Gradiva mentre camminava, fosse stata riprodotta dalla realtà». Per conto suo egli non riusciva ad imitarla e, alla ricerca della «realtà» di questa andatura, fu spinto «a fare osservazioni personali sulla vita per chiarire la faccenda» [9]. Ciò tuttavia lo indusse ad un tipo di comportamento che gli era del tutto estraneo. «Fino ad allora il sesso femminile per lui non era stato altro che il concetto di qual-

² [I numeri tra parentesi quadra si riferiscono alla pagina dell'edizione della *Gradiva* di Jensen del 1903.]

cosa fatta di marmo o di bronzo, ed egli non aveva mai prestato la minima attenzione alle sue rappresentanti contemporanee.» I doveri sociali erano sempre stati per lui un fastidio inevitabile; egli vedeva e ascoltava così poco le donne che incontrava in società, che imbattendosi in loro successivamente passava oltre senza un cenno; e questo naturalmente non produceva su costoro una impressione favorevole. Ora, tuttavia, il compito scientifico che aveva intrapreso lo costringeva, quando il tempo era bello, ma soprattutto quando pioveva, a guardare con attenzione per la strada i piedi delle donne e delle ragazze – attività che gli procurò sguardi a volte adirati, a volte incoraggianti, da parte di quelle che si trovavano sotto la sua osservazione; «ma egli non si accorgeva né degli uni né degli altri» [10]. Questi attenti studi lo costrinsero a concludere che l'andatura di Gradiva non era reperibile nella realtà, e ciò lo riempì di rimpianto e delusione.

Subito dopo egli fece un sogno terrificante, in cui si trovava nell'antica Pompei il giorno dell'eruzione del Vesuvio ed era presente alla distruzione della città. «Mentre si trovava all'estremità del Foro accanto al tempio di Giove, vide improvvisamente Gradiva non molto distante da lui. Fino a quel momento egli non aveva pensato affatto alla sua presenza, ma ora gli veniva in mente improvvisamente e come se fosse un qualcosa di naturale, che, poiché era di Pompei, viveva nella sua città natale e, *senza che lui l'avesse sospettato, viveva come sua contemporanea.*» [12] Il terrore del destino che l'attendeva lo spinse ad emettere un grido di avvertimento cosicché la figura, che camminava tranquillamente, volse il viso verso di lui. Ma poi proseguì imperturbabile il suo cammino, fino a raggiungere il portico del tempio; lì si sedette su una pietra e lentamente chinò la testa, mentre il viso diventava sempre più pallido, come se si stesse mutando in marmo. Quando egli si affrettò presso di lei, la trovò distesa sull'ampia pietra con un'espressione tranquilla, come una persona addormentata, finché la pioggia di ceneri la seppellì.

Quando si svegliò, gli sembrava che riecheggiassero ancora nelle sue orecchie le grida confuse degli abitanti di Pompei che chiedevano aiuto, e il sordo brontolio dei frangenti nel mare agitato. Ma anche dopo che ebbe riflettuto e riconosciuto i suoni come i segni del risveglio della vita rumorosa di una grande città, continuò per molto tempo a credere nella realtà di ciò che aveva sognato. Più tardi si liberò dell'idea d'essere stato presente alla distruzione di Pompei quasi duemila anni prima, ma gli restò purtuttavia la convinzione che Gradiva era vissuta a Pompei ed era stata sepolta lì con gli altri nel 79 d.C. Il risultato del sogno fu che ora per la prima volta egli piangeva Gradiva nelle sue fantasie come una persona perduta.

Mentre era affacciato alla finestra, immerso in questi pensieri, la sua attenzione fu richiamata da un canarino che gorgheggiava la sua canzone da una gabbia nella finestra aperta della casa di fronte. Improvvisamente il giovane, che sembrava non essersi ancora risvegliato completamente dal sogno fu pervaso da una scossa. Egli pensò di vedere per la strada una figura simile a Gradiva e pensò perfino di riconoscere la sua caratteristica andatura. Senza pensare, si affrettò per la strada, come per raggiungerla; solo le risate e lo scherno dei passanti per il suo abbigliamento mattutino lo fecero tornare rapidamente a casa. Di nuovo nella sua stanza, fu attirato ancora una volta dal canto del canarino in gabbia, che gli suggerì un parallelo con se stesso. Gli sembrava di essere in gabbia, per quanto fosse per lui più facile fuggire. Forse in conseguenza del sogno e forse anche sotto l'influsso della dolce aria primaverile, cominciò a delinearsi in lui la decisione di fare un viaggio in Italia in primavera. A tal riguardo si presentò presto un pretesto scientifico, anche se «l'impulso a fare questo viaggio era sorto da un sentimento che egli non riusciva a definire» [24].

Lasciamo per un momento da parte questo viaggio, organizzato per motivi così poco convincenti, ed esaminiamo più attentamente la personalità ed il comportamento del nostro eroe. Egli ci appare ancora incomprensibile e sciocco; non abbiamo idea di come si possa collegare la sua strana follia a sentimenti umani, destando così la nostra possibilità di comprendere. È privilegio dell'autore poterci lasciare in tale stato di incertezza. Il fascino del linguaggio e l'ingegnosità delle idee ci compensano provvisoriamente della fiducia che abbiamo in lui e della simpatia non ancora meritata che siamo pronti a sentire per il suo eroe. Di questo eroe veniamo più tardi a conoscenza che era predestinato dalla tradizione familiare a diventare un archeologo, che nell'isolamento e indipendenza successivi era stato completamente preso dai suoi studi e si era del tutto estraniato dalla vita e dai piaceri. Solo il marmo e il bronzo erano veramente vivi per lui, essi soli esprimevano lo scopo ed il valore della vita umana. Ma la natura, forse a scopo benevolo, aveva infuso nel suo sangue un correttivo assolutamente non scientifico: una fantasia estremamente vivace, che si rivelava non solo nei suoi sogni, ma spesso anche nella veglia. Questa frattura tra fantasia e intelletto ne doveva fare necessariamente un artista o un nevrotico: era una di quelle persone comunque il cui regno non è su questa terra.

Questo spiega come mai si fosse interessato di un bassorilievo raffigurante una ragazza che cammina in un modo strano, avesse intessuto intorno a lei le sue fantasie, avesse immaginato il suo nome e la sua origine e collocato l'immagine che aveva creato nella Pompei sepolta più di mille ottocento anni prima. Infine, dopo uno strano sogno di angoscia, la fantasia sull'esistenza e morte di questa ragazza di nome Gradiva si mutò in un delirio, che doveva influenzare le sue azioni. Questi prodotti della fantasia ci sembrerebbero stupefacenti e inspiegabili se li riscontrassimo nella vita reale. Poiché il nostro eroe, Norbert Hanold, è un personaggio immaginario, possiamo forse porre una timida domanda al suo creatore, e chiedergli se la sua fantasia fosse stata determinata da altre forze, estranee alla sua scelta arbitraria.

Avevamo lasciato il nostro eroe al momento in cui la canzone di un canarino lo induceva apparentemente a decidere di fare un viaggio in Italia, viaggio il cui scopo non gli era evidentemente chiaro. Apprendiamo in seguito che egli non aveva un piano prefissato o uno scopo di viaggio. Un'intima irrequietudine e insoddisfazione lo spinse da Roma a Napoli e poi ancora più giù. Egli si trovò nello sciame di coppie in luna di miele e fu costretto ad osservare le coppie innamorate di «Augusto» e «Greta», ma fu del tutto incapace di comprendere il loro riprovevole contegno. Giunse alla conclusione che fra tutte le follie dell'umanità «la prima, la più grande e la più incomprensibile è quella di sposarsi, e che gli assurdi viaggi di nozze in Italia sono il tocco finale di questa follia» [27]. Essendo stato disturbato nel sonno dalla vicinanza di una coppia di amanti a Roma, egli fuggì velocemente a Napoli, solo per trovarvi altri «Augusto» e «Greta». Avendo dedotto dalle loro conversazioni che la maggioranza di queste coppie di uccellini non aveva intenzione di fare il nido tra le rovine di Pompei, ma volava verso Capri, decise che avrebbe fatto ciò che essi non facevano, e solo pochi giorni dopo la sua partenza si trovò «contrariamente alle sue aspettative ed alle sue intenzioni» a Pompei.

Ma non trovò lì la pace che cercava. Il ruolo svolto fino allora dalle coppie in luna di miele, che avevano turbato il suo stato d'animo e molestato i suoi pensieri, veniva ora assunto dalle mosche, che egli era propenso a considerare l'incarnazione di tutto ciò che è assolutamente inutile e malvagio. Le due specie di spiriti molestatori si fusero in un'unità: alcune delle coppie di mosche gli ricordavano gli sposi in luna di miele, ed egli sospettava che anch'esse si rivolgessero l'una all'altra nel loro linguaggio con un «carissimo Augusto» e «cara Greta». Alla fine non poté non accorgersi che «la sua insoddisfazione non dipendeva solo da ciò che lo circondava, ma nasceva in parte dentro di sé» [42]. Sentiva che «era scontento perché gli mancava qualcosa, ma non sapeva bene cosa».

La mattina successiva entrò per l'ingresso di Pompei e, dopo essersi liberato della guida, passeggiò senza meta per la città ma non ricordò, fatto strano, di aver assistito alla sua distruzione solo poco tempo prima in sogno. Quando più tardi nell'ora «calda e sacra» di mezzogiorno, che gli antichi consideravano l'ora degli spiriti, gli altri visitatori si furono dileguati ed i cumuli di rovine si stendevano davanti a lui desolati e avvolti dalla luce del sole, egli scoprì che era capace di riportare se stesso nella vita che era stata sepolta – ma non con l'aiuto della scienza. «Ciò che insegnava era un modo archeologico, senza vita, di vedere le cose, e ciò che veniva dalla sua bocca era un linguaggio morto, filologico. Ciò non serviva in nessun modo a comprendere l'anima, i sentimenti, il cuore – o come volete si chiamino. Chi avesse tale desiderio,

deve stare qui da solo, unica creatura vivente, nel silenzio caldo
di mezzogiorno, tra le reliquie del passato, e guardare, ma non
con occhi corporei, e ascoltare, ma non con orecchie fisiche. E
allora… i morti si destarono e Pompei cominciò a vivere ancora
una volta.» [55]

Mentre animava così il passato con la sua fantasia, vide improvvisamente l'inconfondibile Gradiva del suo rilievo uscire da una
casa e camminare agilmente sulle pietre di lava per attraversare
la strada, proprio come l'aveva vista fare nel sogno quella notte,
quando si era distesa come per dormire sui gradini del tempio di
Apollo. «E per la prima volta arrivò alla sua coscienza qualcos'altro insieme al ricordo: senza essere consapevole dell'impulso che
era dentro di lui, era venuto in Italia ed aveva viaggiato fino a
Pompei, senza fermarsi a Roma o a Napoli, per vedere se poteva
trovare una qualche traccia di lei. E "tracce" letteralmente, poiché
con la sua andatura caratteristica doveva aver lasciato dietro di sé
l'impronta diversa e tipica della punta dei piedi.» [58]

A questo punto la tensione in cui ci ha tenuto finora l'autore si
tramuta per un momento in un doloroso senso di stupore. Evidentemente non è solo il nostro eroe a perdere l'equilibrio; anche
noi abbiamo perso l'orientamento di fronte all'apparizione di
Gradiva, che prima era un'immagine di marmo e poi una figura
immaginaria. È un'allucinazione del nostro eroe, sviato dai suoi
deliri? È un fantasma «reale»? O una persona vivente? Non che
sia per noi necessario credere nei fantasmi, nel momento in cui
compiliamo questo sommario. L'autore, che ha definito «fantasia» la sua storia, non ha ancora avuto occasione di informarci
se intenda lasciarci nel nostro mondo, che si distingue nel suo
essere prosaico e governato dalle leggi della scienza, o se desideri
trasportarci in un mondo diverso e immaginario, dove gli spiriti
ed i fantasmi sono reali. Da quanto ci hanno fatto conoscere gli
esempi di *Amleto* e *Macbeth*, siamo pronti a seguirlo lì senza alcuna esitazione. In tal caso il delirio fantastico dell'archeologo si
sarebbe dovuto misurare con un altro metro. Anzi, se pensiamo a
quanto sia improbabile trovare una persona reale perfettamente
somigliante ad una scultura antica, il nostro elenco di alternative

si riduce a due: un'allucinazione o un fantasma di mezzogiorno. Un piccolo dettaglio del racconto elimina subito la prima possibilità. Una grande lucertola giaceva immobile, distesa al sole, ma scappò all'avvicinarsi del piede di Gradiva sfrecciando via attraverso le pietre di lava. Quindi non era un'allucinazione, ma qualcosa di esterno alla mente del sognatore. Ma poteva la realtà di una rediviva mettere in fuga una lucertola?

Gradiva scomparve di fronte alla casa di Meleagro. Non ci sorprenderà sapere che Norbert Hanold persistette nel suo delirio che Pompei aveva ripreso vita intorno a lui a mezzogiorno, nell'ora degli spiriti, e che anche Gradiva era tornata in vita ed era entrata nella casa in cui aveva abitato prima del fatale giorno di agosto del 79 d.C. Delle ingegnose speculazioni sulla personalità del proprietario (dal quale aveva probabilmente preso il nome la casa) e sul suo rapporto con Gradiva gli balenarono nella mente a dimostrargli che ormai la sua scienza era completamente al servizio della sua fantasia. Egli entrò nella casa e improvvisamente ritrovò l'apparizione seduta su dei bassi gradini tra due colonne gialle. «C'era qualcosa di bianco disteso sulle sue ginocchia; egli non poteva scorgere chiaramente cosa fosse; sembrava un foglio di papiro...» Sulla base delle ultime teorie che aveva formulato sulla sua origine, le si rivolse in greco ed attese con trepidazione di sapere se, nella sua apparenza illusoria, essa possedesse anche la facoltà di parlare. Poiché non rispondeva, le parlò invece in latino. Allora, con un sorriso sulle labbra: «Se vuoi parlare con me», disse, «devi parlare in tedesco».

Quale umiliazione per noi lettori! Quindi l'autore si è burlato di noi e con l'aiuto, quasi, di un raggio del sole pompeiano, ci ha attirato in un delirio di modeste proporzioni, così che saremo costretti ad emettere un giudizio più mite nei confronti del povero disgraziato sul quale realmente splendeva il sole di mezzogiorno. Ora, tuttavia, guariti della nostra breve confusione, sappiamo che Gradiva era una ragazza tedesca in carne e ossa – soluzione che eravamo propensi a respingere come la meno probabile. Per cui, con un tranquillo senso di superiorità, possiamo aspettare di apprendere quale fosse il rapporto tra la ragazza e la sua immagine di marmo e in che modo il nostro giovane archeologo arrivò alle fantasie che avevano fatto leva sulla personalità reale di lei.

Ma il nostro eroe non fu strappato altrettanto rapidamente al suo delirio, poiché, come ci dice l'autore, «anche se era felice di credere, doveva accettare i numerosi misteri della faccenda» [140]. Inoltre questo delirio aveva probabilmente delle radici in lui di cui non sappiamo nulla e che non esistono in noi. Nel suo caso sembrerebbe certamente necessaria un'energica cura, prima di poterlo riportare alla realtà. Nel frattempo tutto quello che poteva fare era adattare il suo delirio alla meravigliosa esperienza che aveva appena avuto. Gradiva, che era morta con gli altri nella distruzione di Pompei, non poteva essere altro che uno spirito di mezzogiorno, ritornato in vita per la breve ora degli spiriti. Ma perché, dopo aver udito la sua risposta in tedesco, egli esclamò «Sapevo che la vostra voce avrebbe avuto questo suono»? Non solo noi, ma la ragazza stessa fu costretta a porre la domanda, e Hanold dovette riconoscere che non l'aveva mai sentita, anche se si era aspettato di sentirla nel sogno, quando la chiamò mentre si metteva a dormire sui gradini del tempio. La supplicò di fare ancora la stessa cosa che aveva fatto allora, ma ella si alzò, gli lanciò una strana occhiata e in un attimo scomparve tra le colonne del cortile. Una graziosa farfalla aveva poco prima volteggiato intorno a lei per un po'; ed egli l'interpretò come una messaggera dell'Ade, che rammentava alla ragazza morta che doveva tornare, poiché l'ora degli spiriti stava per finire. Hanold ebbe ancora il tempo di parlarle prima che la ragazza svanisse: «Tornerai qui domani a mezzogiorno?». Tuttavia, ora che possiamo azzardare interpretazioni più equilibrate, ci sembra che la giovane donna abbia visto qualcosa di sconveniente nella osservazione a lei rivolta da Hanold e lo abbia lasciato con la sensazione di essere stata insultata; infatti, dopo tutto, poteva essere all'oscuro del sogno. Non è possibile che la sua sensibilità abbia individuato la natura erotica della sua domanda, il cui motivo agli occhi di Hanold risiedeva nel suo rapporto con il sogno?

Dopo la scomparsa di Gradiva, il nostro eroe esaminò attentamente gli ospiti riuniti all'albergo Diomede per il pasto di mezzogiorno e proseguì con la stessa intenzione per l'albergo Suisse, e si poté così rassicurare che in nessuno dei due soli alberghi di Pompei a lui noti c'era qualcuno che somigliasse lontanamente a Gradiva. Naturalmente egli avrebbe respinto l'assurda idea di potere effettivamente incontrare Gradiva in uno dei due alberghi. Ed ora il vino premuto dal caldo suolo del Vesuvio lo aiutò a intensificare il turbine di sensazioni che lo accompagnò per tutta la giornata.

Per il giorno successivo una sola cosa era stabilita: che Hanold doveva essere di nuovo alla casa di Meleagro a mezzogiorno; e, nell'attesa di quel momento, egli entrò in Pompei per una strada irregolare: dalle mura dell'antica città. Un rametto di asfodelo, curvo, con i boccioli bianchi a forma di campanelle, gli sembrò abbastanza significativo, come fiore del mondo degli inferi, lo colse e lo portò con sé. Ma mentre aspettava, tutta la scienza archeologica gli sembrava la cosa più inutile e indifferente al mondo, poiché un altro interesse si era impadronito di lui: il problema di «quale potesse essere la natura della apparizione corporea di un essere come Gradiva, che era nello stesso tempo morta e, anche se solo per l'ora di mezzogiorno, viva» [80]. Egli temeva che non l'avrebbe incontrata quel giorno, poiché forse il suo ritorno era concesso solo a lunghi intervalli; e quando la scorse ancora una volta tra le colonne, pensò che la sua apparizione fosse solo uno scherzo della sua immaginazione, e nel suo dolore esclamò: «Oh! se tu esistessi ancora e vivessi!». Ma questa volta era stato evidentemente troppo critico, poiché l'apparizione possedeva una voce, e quella voce gli chiese se intendeva portarle il fiore bianco, impegnandolo, sconcertato com'era ancora una volta, in una lunga conversazione.

L'autore spiega tuttavia ai lettori, per i quali Gradiva è ormai una creatura vivente, che lo sguardo dispiaciuto e ripulsivo che ella gli aveva lanciato il giorno prima aveva ceduto il posto ad un'espressione di curioso interesse. E davvero ella continuava ora a fargli domande, gli chiedeva spiegazioni della sua osservazione del giorno precedente e voleva sapere quando egli era stato accanto a lei, mentre si stendeva per dormire. In tal modo essa apprese del sogno, in cui era morta insieme alla città natale, e poi del rilievo in marmo e della posizione del piede che aveva tanto attratto l'archeologo. Ed ora ella si mostrò pronta a fargli vedere il suo passo, e questo dimostrò che l'unica divergenza dal ritratto originale di Gradiva consisteva nel fatto che i sandali erano stati sostituiti da scarpe leggere di pelle color sabbia, cosa che spiegò come un adattamento ai tempi attuali. Ella andava evidentemente penetrando nel suo delirio, di cui gli stava facendo svelare la portata, senza mai contraddirlo. Solo una volta sembrò che si distraesse dalla parte che stava recitando per una sua emozione; fu quando lui, pensando al rilievo, dichiarò che l'aveva riconosciuta al primo sguardo. Poiché a questo stadio della conversazione ella non sapeva ancora niente del rilievo, fu naturale per lei fraintendere le parole di Hanold; ma si riprese prontamente e solo a noi sembra che alcune delle sue osservazioni abbiano un doppio senso, come se, oltre al significato nel contesto del delirio, possano significare anche qualcosa di reale e contemporaneo – ad esempio, quando ella rimpianse che non era riuscito a trovare conferma dell'andatura di Gradiva nei suoi esperimenti per la strada: «Che peccato! Forse non avreste poi dovuto fare il viaggio fin qua!» [89]. Apprese anche che lui aveva dato il nome di Gradiva alla sua immagine sul rilievo, e gli disse il vero nome: Zoe. «Il nome ti si adatta a meraviglia, ma mi suona come un'amara presa in giro, dal momento che Zoe significa vita.» «Ci si deve chinare dinanzi all'ineluttabile» fu la sua risposta, «ed io mi sono da tempo abituata ad essere morta.» Promettendogli che sarebbe tornata il giorno successivo allo stesso posto a mezzogiorno, ella lo salutò dopo avergli chiesto ancora il rametto di asfodelo: «a chi è più fortunato la gente dà rose in primavera; ma a me è giusto che tu dia il fiore dell'oblio». Senza dubbio la malinconia si adattava a chi era morto da tanto tempo e tornato ancora in vita per poche brevi ore.

Cominciamo ora a capire ed a sperare. Se la giovane donna nelle cui sembianze Gradiva era tornata in vita aveva accettato così completamente il delirio di Hanold, lo aveva fatto probabilmente per aiutarlo a liberarsene. Non c'era altro modo: contraddirlo avrebbe posto fine a qualsiasi possibilità. Anche la cura di una malattia reale del genere non potrebbe procedere in altro modo che percorrendo la stessa strada della struttura di delirio e poi esaminarla il più compiutamente possibile. Se Zoe è la persona adatta allo scopo, impareremo certamente subito come curare un delirio come quello del nostro eroe. Dovremmo anche rallegrarci di conoscere come nasca un simile delirio. Sarebbe una coincidenza strana e, tuttavia, non priva di esempi o paralleli, se la cura del delirio dovesse coincidere con il suo esame e se la spiegazione della sua origine si dovesse rivelare proprio mentre viene analizzato. In tal caso possiamo naturalmente sospettare che il nostro caso di malattia si riveli una «banale» storia d'amore. Ma non è da disprezzare il salutare potere dell'amore su un delirio – e l'infatuazione del nostro eroe per la scultura di Gradiva non era forse un esempio completo dell'essere innamorato anche se si trattava di essere innamorato di qualcosa appartenente al passato e privo di vita?

Dopo la scomparsa di Gradiva, ci fu solo un suono lontano, come il richiamo ridente di un uccello in volo sulle rovine della città. Il giovane, ora solo, raccolse un oggetto bianco che era stato dimenticato da Gradiva: non un foglio di papiro, ma un album da disegno, con disegni a matita di varie scene di Pompei. Il fatto che abbia lasciato l'album ci sembra un impegno a ritornare, poiché crediamo che nessuno dimentichi qualcosa senza qualche motivo segreto o qualche ragione nascosta.

Il resto della giornata procurò ad Hanold numerose strane scoperte e conferme, che egli non riuscì a sintetizzare in un tutto. Scoprì nel muro del portico dove Gradiva era scomparsa una stretta apertura, che era tuttavia abbastanza ampia da permettere a persone insolitamente magre di passare. Ammise che Zoe-Gradiva non doveva essere necessariamente sprofondata sotto terra in quel punto: idea che gli sembrava ora così irragionevole da vergognarsi di averci creduto una volta; ella aveva potuto benissimo servirsi della breccia per raggiungere la sua tomba. Una pallida ombra gli sembrava svanire alla fine della via delle Tombe di fronte a quella che è nota come la Villa di Diomede.

Preso dallo stesso turbine di sensazioni del giorno precedente e immerso negli stessi problemi, egli passeggiava ora nei dintorni di Pompei. Si chiedeva quale potesse essere la natura corporea di

Zoe-Gradiva, quale sensazione si sarebbe potuta provare toccando la sua mano. Uno strano impulso lo spingeva a decidere questa prova. Tuttavia una riluttanza egualmente forte lo tratteneva dal solo pensarci.

Su un pendio inondato di sole incontrò un anziano gentiluomo che, dall'equipaggiamento, doveva essere uno zoologo o un botanico e che sembrava impegnato in una caccia. Questo individuo si rivolse a lui e disse: «Si interessa anche lei alla *faraglionensis*? Non lo avrei mai sospettato, ma sembra piuttosto probabile che non stia solo sui faraglioni di Capri e che con tenacia la si possa trovare anche sul continente. Il metodo indicato dal nostro collega Eimer è veramente ottimo; l'ho usato già molte volte con risultati eccellenti. Per favore resti immobile…» [96]. Qui l'interlocutore s'interruppe e collocò una rete fatta di lunghi fili d'erba davanti ad una fessura della roccia da cui spiava la piccola testa blu iridescente di una lucertola. Hanold lasciò il cacciatore di lucertole pensando che era difficile credere quali scopi sciocchi e strani potessero indurre la gente a fare il lungo viaggio fino a Pompèi – senza, naturalmente, includere nella critica se stesso e la sua intenzione di cercare nelle ceneri di Pompei le impronte di Gradiva. Inoltre, il volto del gentiluomo gli sembrava noto, come se lo avesse visto di sfuggita in uno dei due alberghi; dal modo di apostrofarlo, tuttavia, sembrava che parlasse ad una persona di sua conoscenza.

Continuando a camminare, arrivò da una strada laterale ad un edificio che non aveva ancora scoperto e che risultò essere un terzo albergo, l'Albergo al Sole. Il padrone, non avendo altro da fare, colse l'occasione di mostrare la sua casa e i tesori esumati in essa contenuti. Egli sosteneva di essere stato presente quando nei dintorni del Foro era stata trovata la coppia di giovani amanti che, consapevoli dell'inevitabile condanna, avevano atteso la morte strettamente abbracciati. Hanold ne aveva già sentito parlare ed aveva scrollato le spalle, pensando che si trattasse di una favola creata da qualche fantasioso narratore; ma ora le parole del padrone dell'albergo destarono la sua fiducia, che aumentò quando gli sottopose un fermaglio di metallo, coperto da una patina verde che si diceva fosse stato ritrovato tra le ceneri accanto ai resti della ragazza. Egli acquistò senza ulteriori dubbi questo fermaglio e quando, mentre lasciava l'albergo, vide da una finestra aperta un rametto curvo di asfodelo coperto di fiori bianchi, considerò la vista dei fiori funerei una conferma della genuinità del suo nuovo acquisto.

Ma con il fermaglio un nuovo delirio si impadronì di lui, o piuttosto il vecchio prese un nuovo sviluppo: auspicio non molto buono, sembrerebbe, per la cura che era stata iniziata. Una coppia di giovani amanti abbracciati era stata riesumata non lontano dal Foro, e proprio in quelle vicinanze, presso il tempio di Apollo, egli aveva visto in sogno Gradiva distendersi a dormire. Non era possibile che in realtà essa fosse andata avanti oltre il Foro e avesse incontrato qualcuno e poi fosse morta insieme a lui? Un sentimento doloroso, che potremmo forse paragonare alla gelosia, nacque da questo sospetto. Egli lo attutì riflettendo sull'incertezza della costruzione e tornò in sé al punto di essere in grado di fare il suo pasto serale all'albergo Diomede. Ivi la sua attenzione fu richiamata da due ospiti nuovi arrivati, un Lui e una Lei, che egli fu costretto a considerare fratello e sorella a causa di una certa somiglianza, nonostante il diverso colore di capelli. Erano le prime persone incontrate durante il viaggio che gli facessero un'impressione di simpatia. Una rosa rossa di Sorrento portata dalla ragazza destò in lui un qualche ricordo, ma non riuscì a capire quale.

Alla fine andò a letto e fece un sogno. Fu una storia notevolmente assurda, ma chiaramente un miscuglio delle esperienze della giornata. «Gradiva era seduta da qualche parte al sole e faceva una trappola con fili d'erba per catturare una lucertola, e disse: "Per favore resti immobile. La nostra collega ha ragione; il metodo è veramente ottimo ed essa se ne è servita con risultati eccellenti".» Stornò questo sogno mentre ancora dormiva osservando criticamente che era pura follia, e riuscì a liberarsene con l'aiuto di un uccello invisibile che fece un breve richiamo ridente e portò via nel suo becco la lucertola.

Nonostante tutta questa agitazione si svegliò a mente chiara e tranquilla. Un ramo di un albero di rose, con gli stessi fiori che aveva visto il giorno prima al seno della giovane donna, gli ricordò che durante la notte qualcuno aveva detto che la gente offre rose in primavera. Senza pensarci, egli colse alcune rose, e qualcosa ad esse collegata dovette avere un effetto rilassante sulla sua mente. Egli si sentì sollevato dei suoi sentimenti poco sociévoli e andò a Pompei per la solita strada, carico delle rose, del fermaglio di metallo e dell'album da disegno, e preso da numerosi problemi riguardanti Gradiva. Il vecchio delirio cominciava a mostrare delle crepe: egli cominciava a domandarsi se essa potesse essere a Pompei non solo a mezzogiorno, ma anche in altre ore. La tensione si era tuttavia spostata sull'ultima aggiunta e la gelosia ad essa collegata lo tormentava sotto numerosi travestimenti. Egli avrebbe potuto quasi desiderare che l'apparizione restasse visibile solo ai suoi occhi, eludendo la percezione di altri; allora, nonostante tutto avrebbe guardato a lei come ad una proprietà esclusiva. Mentre passeggiava, in attesa del mezzogiorno, fece un incontro conturbante. Nella casa del Fauno si imbatté in due persone che evidentemente pensavano di non essere in vista, poiché erano abbracciate e le loro labbra erano unite. Egli si stupì di riconoscere in loro la simpatica coppia della sera precedente. Ma il loro comportamento non sembrava ora adattarsi ad un fratello e sorella: il loro abbraccio e bacio gli sembrava troppo lungo. Così, dopo tutto, erano una coppia di innamorati, forse una giovane coppia in luna di miele: ancora un Augusto e una Greta. Tuttavia, strano a dirsi, questa volta la loro vista gli dette solo soddisfazione, e con un senso di timore, come se avesse interrotto qualche segreto atto di devozione si ritrasse inosservato. Un atteggiamento di rispetto, che egli per molto tempo non aveva avuto, gli era tornato.

Quando raggiunse la casa di Meleagro, fu ancora una volta sopraffatto da una così violenta paura di trovarla in compagnia di qualcun altro che, quando ella apparve, le uniche parole che trovò per salutarla furono: «Sei sola?». A fatica le permise di aiutarlo a rendersi conto che aveva colto le rose per lei. Le confessò l'ultimo delirio: che ella era la ragazza trovata nel Foro abbracciata all'amante e che aveva posseduto il fermaglio verde. Essa gli domandò, non senza un tocco di presa in giro, se aveva trovato forse la cosa *al sole*: il sole a volte fa scherzi del genere. Egli ammise che sentiva che la testa gli girava, ed ella propose come cura di fare insieme un picnic. Gli offrì mezzo panino avvolto in carta velina e mangiò l'altra metà evidentemente con ottimo appetito. Nello stesso tempo i suoi denti perfetti balenavano tra le labbra e facevano un leggero scricchiolio mentre mordevano la crosta. «Sento come se avessimo già diviso un pasto come questo duemila anni fa», disse, «non ti ricordi?» [118]. Egli non riusciva a pensare ad una risposta, ma il miglioramento delle condizioni della sua testa, prodotto dal cibo, ed i molti indizi che ella dava della sua effettiva presenza, non restavano senza effetto su di lui. La facoltà di ragionare cominciò a mettersi in movimento e ad insinuare dubbi su tutto il delirio di Gradiva come fantasma di mezzogiorno – anche se non c'era da discutere sul fatto che essa stessa aveva appena detto di aver diviso con lui un pasto duemila anni prima. Gli venne in mente un esperimento che avrebbe risolto il conflitto, e lo eseguì con perizia e rinnovato coraggio. La sua mano sinistra, con le dita delicate, era posata sulle ginocchia e una di quelle mosche, la cui impertinenza e inutilità aveva tanto destato la sua fantasia, si era posata su di essa. Improvvisamente la mano di Hanold si sollevò in aria e discese con un vigoroso schiaffo sulla mosca e sulla mano di Gradiva.

Questo audace esperimento ebbe due effetti: dapprima la felice persuasione che egli aveva senza dubbio toccato una mano umana calda, vivente, reale, ma poi un rimprovero che lo fece balzare su impaurito dai gradini dove era seduto. Infatti dalle labbra di Gradiva, quando si fu ripresa dallo stupore, si udirono queste parole: «Senza dubbio sei fuori di te, Norbert Hanold!». Come è noto, il modo migliore di svegliare una persona addormentata o un sonnambulo è di chiamarlo per nome. Ma sfortunatamente non ci fu la possibilità di osservare gli effetti prodotti su Norbert Hanold dal fatto che Gradiva lo chiamasse per il suo nome, che egli non aveva detto a nessuno a Pompei. Infatti in questo momento critico apparve la simpatica coppia di innamorati della Casa del Fauno, e la giovane donna esclamò in tono di allegra sorpresa: «Zoe! Anche tu sei qui? E anche tu in luna di miele come noi? Non me ne hai mai scritto!». Di fronte a questa nuova prova della realtà vivente di Gradiva, Hanold scappò via.

Né Zoe-Gradiva fu molto piacevolmente sorpresa da questa visita inaspettata, che la interrompeva in quello che era apparentemente un compito importante. Ma ella si riprese prontamente e dette un'ampia risposta alla domanda, spiegando la situazione all'amica – e ancora di più a noi – e ciò le permise di liberarsi della giovane coppia. Si congratulò con loro, ma disse che lei non era in luna di miele. «Il giovane che è appena andato via soffre, come te, di una notevole aberrazione. Sembra credere che una mosca stia ronzando nella sua testa. Bene, credo che chiunque abbia qualche specie di insetto dentro. È mio dovere conoscere qualcosa di entomologia, così da poter offrire un po' d'aiuto in casi simili. Mio padre ed io stiamo al Sole. Qualcosa è entrata anche nella sua testa, e gli è venuta inoltre la brillante idea di portarmi qui con lui a condizione che mi divertissi da sola a Pompei e non facessi domande di nessun tipo su di lui. Mi sono detta che avrei scovato qualcosa di interessante qui anche da sola. Naturalmente non avevo contato di fare la scoperta che ho fatto – voglio dire la mia fortuna d'incontrarti, Gisa» [124]. Ma ora, aggiunse, doveva andare via in fretta, per far compagnia al padre che pranzava al Sole. E andò via dopo essersi presentata come la figlia dello zoologo e cacciatore di lucertole e dopo avere, con ogni sorta di osservazioni ambigue, confessato il suo intento terapeutico ed anche altri segreti progetti.

Tuttavia non prese la direzione dell'Albergo al Sole, dove il padre la stava aspettando. Ma sembrò anche a lei che un'ombra stesse cercando la sua tomba vicino alla Villa di Diomede, scomparendo dietro uno di quei monumenti. Per tale motivo diresse il suo cammino verso la strada delle Tombe, con il caratteristico piede sollevato quasi perpendicolarmente ad ogni passo. In questo stesso luogo era scappato Hanold nella sua vergogna e confusione. Aveva vagato incessantemente su e giù nel portico del giardino, impegnato nel compito di eliminare i residui del problema con uno sforzo intellettuale. Una cosa gli era ormai definitivamente chiara: che era stato totalmente insensato o irragionevole nel credere di essersi imbattuto in una giovane donna di Pompei tornata in vita con sembianze più o meno fisiche. Non si poteva negare che questa chiara penetrazione nel suo delirio fosse un passo essenziale sulla strada del ritorno alla ragione. Ma, d'altro canto, questa donna vivente, con la quale altre persone comunicavano come se essa fosse altrettanto reale fisicamente, era Gradiva e conosceva il suo nome. Il suo intelletto, debolmente ridestato, non era abbastanza forte da risolvere questo enigma. Ed egli non era abbastanza calmo emotivamente da dimostrarsi capace di affrontare un compito così difficile, poiché avrebbe preferito essere stato sepolto insieme a tutto il resto duemila anni prima nella Villa di Diomede in modo da essere completamente sicuro di non incontrare più Zoe-Gradiva.

Tuttavia un violento desiderio di vederla di nuovo lottava contro ciò che restava dell'impulso di fuggire ancora presente in lui.

Mentre voltava uno dei quattro angoli del colonnato, indietreggiò. Su un frammento rotto di una costruzione in muratura sedeva una delle ragazze che erano morte qui nella Villa di Diomede. Questo, tuttavia, fu un ultimo tentativo, prontamente respinto, di fuggire nel regno del delirio. No, era Gradiva, venuta evidentemente per offrirgli l'ultima parte del trattamento terapeutico. Costei interpretò esattamente il suo primo movimento istintivo come un tentativo di lasciare l'edificio e gli dimostrò che era impossibile scappare, poiché era cominciato un tremendo scroscio di pioggia fuori. Essa fu spietata e cominciò il suo esame chiedendogli che cosa avesse cercato di fare dianzi colpendo la mosca sulla sua mano. Egli non ebbe il coraggio di usare un particolare pronome, ma ebbe il coraggio di fare qualcosa di più importante, di rivolgerle la domanda decisiva che per lui era essenziale: «Come qualcuno ha detto, avevo una certa confusione in testa e devo scusarmi per la mano... non riesco a capire come posso essere stato così insensato... ma non riesco neanche a capire come colei a cui la mano appartiene abbia potuto farmi rilevare la mia... la mia irragionevolezza chiamandomi con il mio nome» [134].

«E così la tua ragione non c'è arrivata, Norbert Hanold. Ma non posso dire di esserne sorpresa, mi hai abituato a questo da tanto tempo. Non era necessario che io venissi a Pompei per scoprirlo di nuovo, e tu avresti potuto trovarne conferma a qualche centinaio di miglia più vicino a casa.»

«Cento miglia più vicino», spiegò, ma egli ancora non riusciva a capire, «attraversando diagonalmente la strada dove abiti, nella casa all'angolo. C'è una gabbia alla mia finestra, con un canarino.»

Queste ultime parole, mentre le udiva, lo colpirono come un lontano ricordo: doveva essere lo stesso uccello la cui canzone gli aveva suggerito l'idea di fare un viaggio in Italia.

«Mio padre vive in quella casa: il professore di zoologia, Richard Bertgang.»

E così, dal momento che era la sua vicina, lo conosceva di vista e di nome. Proviamo un senso di delusione: la soluzione è banale e indegna delle nostre aspettative.

Norbert Hanold mostrò di non aver ancora riacquistato la sua indipendenza di pensiero quando rispose: «Così lei... lei è la signorina Zoe Bertgang? Ma sembrava completamente diversa...».

La risposta della signorina Bertgang ci rivela che c'erano stati altri rapporti tra i due oltre all'essere semplicemente vicini. Ella poté parlare a favore del familiare «tu», che egli aveva usato con naturalezza verso lo spirito di mezzogiorno, ed aveva poi ritirato parlando alla ragazza viva, reclamando antichi diritti: «Se ritieni più conveniente questo modo formale di rivolgerti a me, posso usarlo anch'io. Ma trovo che l'altro mi viene alle labbra più naturalmente. Non so se ero diversa tanto tempo fa quando eravamo soliti correre in giro insieme da amici o quando a volte, tanto per cambiare, ci picchiavamo. Ma se lei mi avesse guardato una volta sola attentamente negli ultimi anni, si sarebbe accorto che questo è il mio aspetto da molto tempo».

Quindi c'era stata un'amicizia infantile tra i due, forse un amore infantile, che giustificava il «tu». Questa soluzione forse è altrettanto banale di quella che abbiamo sospettato al principio. Ci troviamo tuttavia ad un livello più approfondito, quando ci accorgiamo che questo rapporto infantile spiega inaspettatamente numerosi particolari del loro attuale contatto. Consideriamo, per esempio, lo schiaffo sulla mano di Zoe-Gradiva. Norbert Hanold ne trovava la ragione più convincente nella necessità di ottenere una risposta sperimentale al problema della realtà fisica dell'apparizione. Ma non era nello stesso tempo molto simile alla reviviscenza dell'impulso di «picchiarsi», il cui predominio nella loro infanzia era stato rivelato dalle parole di Zoe? E pensiamo ancora al modo in cui Gradiva aveva chiesto all'archeologo se non gli sembrava di aver diviso con lei un pasto come quello duemila anni prima. Questa domanda incomprensibile sembra improvvisamente acquistare un significato, se sostituiamo ancora una volta al passato storico quello personale – l'infanzia – di cui la ragazza aveva ancora vivaci ricordi, ma che l'uomo sembrava aver dimenticato. Ed ora cominciamo a scoprire che le fantasie del giovane archeologo su Gradiva possono essere state una eco dei suoi ricordi d'infanzia dimenticati. In tal caso essi non erano capricciosi prodotti della sua immaginazione, ma erano determinati, senza che lui lo sapesse, dalle impressioni infantili che egli aveva dimenticato, ma che ancora erano attive in lui. Potremmo mostrare l'origine delle fantasie nei particolari, anche se possiamo solo indovinarle. Egli immaginava, ad esempio, che Gradiva dovesse essere di origine greca e che fosse la figlia di un personaggio influente, forse di un sacerdote di Ceres. Ciò si adatta abbastanza bene al fatto che egli conosceva il nome greco di Zoe e la sua appartenenza alla famiglia di un professore di zoologia. Ma se le fantasie di Hanold erano ricordi trasformati, troveremo un indizio della fonte di queste fantasie nelle informazioni che ci dà Zoe Bertgang. Ascoltiamo ciò che ha da dirci. Essa ci ha già parlato della loro stretta amicizia infantile, ed ora apprenderemo dell'ulteriore corso preso da questa amicizia.

«Allora, in realtà, fino all'incirca al tempo in cui la gente non so perché, comincia a chiamarci "Pescetti da frittura", avevo un grande affetto per lei e credevo che non avrei mai potuto trovare al mondo un amico più piacevole. Non avevo madre, né sorelle, né fratelli; mio padre trovava che una *Caecilia* sotto spirito fosse notevolmente più interessante di me; e tutti (lo credevo anch'io da bambina) devono avere qualcosa che occupi i loro pensieri e tutti i loro affari. Questo qualcuno era lei per me; ma quando l'archeologia si impadronì di lei, scoprii che tu... mi deve scusare, ma veramente questa innovazione del lei mi suona troppo ridicola e, inoltre, non si adatta a ciò che voglio esprimere – come dicevo, venne fuori che tu eri diventato una persona insopportabile che (almeno per quanto mi riguardava) non aveva più occhi, né lingua, né alcun ricordo della nostra amicizia d'infanzia, a cui la mia memoria si era fermata. Senza dubbio è questo il motivo per cui sembravo diversa da prima. Infatti quando ti incontravo in società – l'ultima volta è stato lo scorso inverno – tu non mi vedevi e ancor meno ti sentivo dire una parola. Non che questo fosse un trattamento particolare per me, poiché trattavi tutti allo stesso modo. Io ero solo aria per te, e tu – con il tuo ciuffo di capelli biondi che tante volte avevo scompigliato in passato – tu eri opaco, rinsecchito e muto come un cacatua imbalsamato, e nello stesso tempo grandioso come un... *archaeopteryx*; sì, è vero, così chiamano il mostro-uccello antidiluviano che hanno riportato alla luce. Una sola cosa non avevo sospettato: che c'era una fantasia altrettanto grandiosa nella tua testa al punto da guardare anche me, qui a Pompei, come qualcosa che è stata scavata e riportata in vita. E quando all'improvviso ti ho visto lì davanti a me così inaspettatamente, mi è costato un bel po' di fatica al principio capire quale incredibile ragnatela la tua fantasia aveva intessuto nel tuo cervello. Dopo mi ha divertita, e mi ha fatto piacere nonostante la sua pazzia... Poiché, come ti ho detto, non me lo sarei mai immaginato da te.»

Così ella ci dice abbastanza chiaramente cosa ne è stato col passare degli anni dell'amicizia infantile. In lei crebbe finché se ne innamorò completamente, poiché una ragazza deve avere qualcosa a cui dare il suo cuore. La signorina Zoe, incarnazione dell'intelligenza e della chiarezza, ci rende la sua mente completamente trasparente. Mentre è in ogni caso regola generale che una ragazza sana rivolga in primo luogo il suo affetto verso il padre, Zoe, che non aveva altri in famiglia al di fuori del padre, era particolarmente disposta a questo. Ma il padre non era per niente disponibile: tutto il suo interesse era accaparrato dagli oggetti della sua scienza. Così ella fu costretta a guardarsi intorno tra le altre persone e si attaccò in modo particolare al suo giovane compagno di giochi. Quando anche lui smise di avere occhi per lei, il suo amore non ne venne scosso ma piuttosto aumentato, poiché egli era diventato come il padre, come lui era assorbito dalla scienza e a causa di questa separato dalla vita e da Zoe. Così le fu possibile restare fedele nella sua infedeltà, trovare il padre ancora una volta nell'amato, includerli entrambi nella stessa emozione, o forse identificarli nel suo sentimento. Come giustifichiamo questa analisi psicologica che potrebbe sembrare arbitraria? L'autore ci ha dato un unico particolare, ma altamente caratteristico. Quando Zoe descriveva la trasformazione del suo compagno di giochi che l'aveva tanto turbata, lo ha insultato paragonandolo ad un *archaeopteryx*, il mostro-uccello che appartiene all'archeologia della zoologia. In tal modo ella ha trovato un'espressione concreta dell'identità delle due persone. Si lamenta con le stesse parole dell'uomo che ama e del padre. Potremmo dire che l'*archaeopteryx* è una rappresentazione di compromesso o intermedia in cui il suo pensiero sulla follia dell'uomo che amava coincideva con l'analogo pensiero sul padre.

Per il giovane le cose erano state diverse. L'archeologia si era impadronita di lui e gli aveva lasciato un interesse solo per le donne di marmo e di bronzo. La sua amicizia infantile invece di rafforzarsi in una passione si era dissolta, ed i suoi ricordi ad essa collegati erano sprofondati in una tale dimenticanza che egli non riconosceva o non notava la sua antica compagna di giochi quando la incontrava in società. È vero che ad un esame approfondito dubitiamo che la «dimenticanza» sia l'esatta descrizione psicologica del destino di questi ricordi per il nostro giovane archeologo. C'è un tipo di dimenticanza che è caratterizzato dalla difficoltà con la quale la memoria è ridestata anche da un potente richiamo esterno, come se qualche resistenza interiore lottasse contro la sua riesumazione. Questo tipo di dimenticanza è stato chiamato in psicologia «rimozione»; e nel caso che l'autore ci ha presentato sembra appunto un esempio di rimozione. Non sappiamo se in generale il dimenticare un'impressione è legato alla dissoluzione dell'impronta del ricordo nella mente; ma possiamo decisamente sostenere che la rimozione non coincide con la dissoluzione o l'estinzione del ricordo. È vero che ciò che è represso non può in genere arrivare alla memoria senza più fatica; tuttavia trattiene la capacità di agire realmente e, sotto l'influenza di qualche fatto

esterno, può un giorno produrre conseguenze che possono considerarsi prodotti di una modificazione del ricordo dimenticato e suoi
derivati e che restano come tali incomprensibili. Ci è già sembrato
di riconoscere nelle fantasie di Norbert Hanold su Gradiva derivati
dei suoi ricordi rimossi nell'amicizia infantile con Zoe Bertgang.

C'è da aspettarsi con particolare regolarità un simile ritorno di ciò
che è stato colpito da rimozione, quando alle impressioni rimosse
sono collegati i sentimenti erotici della persona, quando la sua vita
erotica è stata assalita dalla rimozione. In tali casi è valido l'antico
detto latino, anche se è stato in principio coniato per applicarlo
all'espulsione di influenze esterne e non di conflitti interni: *Na-
turam furca expellas, semper redibit.* Ma non ci dice tutto. Esso
ci informa solo del fatto del ritorno dell'elemento naturale che è
stato rimosso; non descrive la maniera molto importante di quel
ritorno, che è eseguito con una specie di insidioso tranello. Proprio ciò che è stato scelto come strumento di rimozione – come la
furca del detto latino – diventa il veicolo del ritorno: dentro e al di
là della forza rimovente, ciò che è rimosso si dimostra vincitore
alla fine. Questo fatto, che è stato così poco rilevato e che merita
tanta attenzione, è illustrato, meglio di quanto si potrebbe fare con
numerosi esempi, in una ben nota acquaforte di Félicien Rops; ed è
illustrato nel caso tipico di rimozione della vita di santi e penitenti.
Un monaco ascetico è fuggito, senza dubbio, dalle tentazioni del
mondo, verso l'immagine del Salvatore crocifisso. Ed ora la croce
scende come un'ombra e al suo posto, radiosa, si eleva l'immagine di una sensuale donna nuda, nello stesso atteggiamento della
crocifissione. Altri artisti, con minore intuito psicologico, hanno
raffigurato, in analoghe rappresentazioni di tentazione, il Peccato,
insolente e trionfante, in qualche posizione accanto al Salvatore
sulla croce. Solo Rops ha collocato il Peccato proprio al posto del
Salvatore sulla croce. Sembra che egli sapesse che, quando ciò
che è stato rimosso ritorna, emerge dalla stessa forza rimovente.

Vale la pena di soffermarsi su ciò per rendersi conto come in casi
patologici la mente umana diventi sensibile negli stati di rimozione
a qualunque avvicinamento di ciò che è stato rimosso, e di come
siano sufficienti anche delle somiglianze insignificanti perché ciò

che è rimosso emerga dalla forza rimovente e divenga efficace attraverso di essa. Una volta ebbi in cura un giovane, ancora quasi un ragazzo, che dopo essere involontariamente venuto a conoscenza dei procedimenti sessuali, aveva sfuggito tutti i desideri sessuali che si destavano in lui. A tale scopo egli si era servito di diversi metodi di rimozione: aveva intensificato il suo zelo nello studio, aveva esagerato la sua subordinazione alla madre e in genere aveva assunto un carattere infantile. Sorvolerò qui il modo in cui la sessualità rimossa saltò fuori ancora una volta proprio nel suo rapporto con la madre, ma descriverò un caso più raro e strano di come un altro dei suoi baluardi crollò in un'occasione che difficilmente si può considerare sufficiente. La matematica gode della massima reputazione come distrazione dalla sessualità. Questo fu proprio il consiglio che Jean-Jacques Rousseau dovette sentire da una signora che non era soddisfatta di lui: «Lascia le donne e studia la matematica!». Così anche il nostro fuggitivo si gettò con particolare ardore sulla matematica e sulla geometria che insegnavano a scuola, finché improvvisamente un giorno le sue facoltà di comprensione si paralizzarono di fronte ad alcuni problemi apparentemente innocenti. Fu possibile individuare due di questi problemi: «Due corpi si incontrano, uno alla velocità di… ecc.» e «Su un cilindro, il diametro della cui superficie è m, tracciare un cono… ecc.». Altri non li avrebbero certamente considerati come forti allusioni a fatti sessuali; ma egli sentì di essere stato tradito anche dalla matematica e cominciò a fuggire anche da essa.

Se Norbert Hanold fosse una persona reale, che avesse in tal modo bandito con l'aiuto dell'archeologia l'amore e la sua amicizia infantile, sarebbe stato logico e consono alle regole che proprio una antica scultura ridestasse in lui il ricordo dimenticato della ragazza che aveva amato nella sua infanzia. Sarebbe stato il suo destino, e meritato, quello di innamorarsi dell'immagine marmorea di Gradiva, dietro alla quale, a causa di un'inspiegabile somiglianza, la Zoe viva, che egli aveva trascurato, faceva sentire la sua influenza.

Sembra che la stessa signorina Zoe abbia condiviso la nostra opinione sul delirio del giovane archeologo, poiché la soddisfazione che esprime alla fine del suo «franco dettagliato e istruttivo discorso di punizione» difficilmente poteva basarsi su qualcos'altro che sulla consapevolezza che fin dal principio l'interesse di Hanold per Gradiva era riferito a lei stessa. Era questo che non si era aspettata da lui, ma che, nonostante il camuffamento del delirio, aveva individuato per quello che era. Il trattamento psichico che ella aveva eseguito otteneva ora tuttavia il suo effetto benefico su di lui. Egli si sentiva libero, poiché il suo delirio era stato ora sostituito dalla cosa di cui poteva avere solo una copia deformata e insufficiente. Né egli esitò ancora a ricordarla e a riconoscerla come la gentile, allegra e intelligente compagna di giochi che essenzialmente non era cambiata affatto. Ma trovava molto strana qualche altra cosa.

«Che uno deve morire per diventare vivo?», fece la ragazza, «ma senza dubbio ciò vale per gli archeologi.» [141] Evidentemente ella non gli aveva ancora perdonato la strada tortuosa attraverso l'archeologia che egli aveva seguito dalla loro amicizia infantile alla nuova relazione che si stava creando.

«No, intendo dire il tuo nome... Perché Bertgang ha lo stesso significato di Gradiva e descrive "colei che risplende camminando".»

Noi stessi non eravamo preparati a questo. Il nostro eroe comincia a gettare via la sua umiltà e a svolgere un ruolo attivo. Evidentemente egli era completamente guarito dal suo delirio e l'aveva superato; e questo lo dimostrava strappandone egli stesso gli ultimi fili della ragnatela. Questo è esattamente il modo in cui si comportano i pazienti, quando qualcuno ha allentato la costruzione dei loro pensieri ingannevoli svelando il materiale rimosso che nascondono. Una volta che hanno capito, essi stessi trovano le soluzioni degli enigmi finali più importanti della loro strana condizione, con numerose idee che improvvisamente gli vengono in mente. Noi avevamo già indovinato che l'origine greca dell'immaginaria Gradiva era l'oscura conseguenza del nome greco Zoe; ma non avevamo osato interpretare lo stesso nome «Gradiva» e l'avevamo lasciato passare come una libera creazione della fantasia di Norbert Hanold. Ed ecco che proprio quel nome risulta ora una derivazione, anzi una traduzione, del cognome rimosso della ragazza che egli aveva amato nell'infanzia e che sembrava aver dimenticato.

Ormai l'origine dell'illusione e la sua soluzione erano complete. Ciò che l'autore aggiunge ora deve certamente servire come finale armonioso della sua storia. Non possiamo non sentirci rassicurati sul futuro, quando apprendiamo che il giovane, il quale prima era stato costretto a svolgere il ruolo pietoso di una persona che ha urgente bisogno di cure, avanzava sempre più sulla strada della guarigione e riusciva a destare in lei alcuni dei sentimenti per i quali egli stesso aveva sofferto prima. Così egli la rese gelosa nominando la simpatica giovane donna che aveva precedentemente interrotto il loro colloquio nella casa di Meleagro e confessando che era stata la prima donna per la quale egli aveva provato una forte attrazione. Allora Zoe si preparò a congedarsi freddamente da lui, osservando che ormai tutto era tornato alla ragione, eccetto lei stessa; egli poteva incontrare di nuovo Gisa Hartleben (o come diamine si chiamava ora) e prestarle assistenza scientifica nella sua visita a Pompei; lei comunque doveva tornare all'Albergo al Sole dove il padre l'attendeva per il pranzo; forse si sarebbero incontrati di nuovo una volta o l'altra a qualche ricevimento in Germania o sulla luna. Ma ancora una volta egli fece della noiosa mosca una scusa per impossessarsi prima della sua guancia, e poi delle sue labbra, e nel mettere in moto l'aggressività che è dovere inevitabile dell'uomo nel fare l'amore. Solo un'ombra sembrò cadere sulla loro felicità, quando Zoe dichiarò che ora doveva veramente tornare da suo padre, altrimenti sarebbe morto di fame al Sole. «Tuo padre?... che succederà?...» [147]. Ma l'intelligente ragazza fu in grado di tranquillizzarlo prontamente. «Probabilmente non succederà nulla. Non sono una parte indispensabile della sua collezione zoologica. Se lo fossi stata, forse non sarei stata tanto sciocca da darti il mio cuore.» Tuttavia, nel caso eccezionale che suo padre avesse un'opinione diversa dalla sua, c'era un espediente sicuro. Hanold doveva semplicemente andare a Capri, prendere una *Lacerta faraglionensis* (egli poteva esercitare la tecnica sul suo mignolo), liberare qui l'esserino e riacchiapparlo sotto gli occhi dello zoologo e lasciarlo scegliere tra *una faraglionensis* sul continente e la figlia. È facile vedere che nel progetto c'era un'ironia tinta di amarezza: era quasi un ammonimento al suo fidanzato di non avvicinarsi troppo al modello sul quale ella lo aveva scelto. Qui di nuovo Norbert Hanold ci rassicura, mostrandoci, attraverso numerosi indizi apparentemente insignificanti, la grande trasformazione che si era verificata in lui. Egli propose di passare la luna di miele in Italia e a Pompei, come se non si fosse mai sdegnato alla vista delle coppie di Augusto e Greta in luna di miele. Egli aveva completamente perso il ricordo di tutti i suoi sentimenti contro quelle coppie felici, che avevano così inutilmente viaggiato per più di cento miglia dalla loro casa in Germania. L'autore è certamente nel giusto quando presenta una simile perdita di memoria come il segno più sicuro di un mutato atteggiamento. La risposta di Zoe al progetto di «luna di miele» suggerito dal «suo amico di infanzia, che in un certo senso era anche lui stato scavato di nuovo dalle rovine» [150], fu che essa non si sentiva ancora abbastanza viva da poter prendere una decisione geografica di quella sorta.

Il delirio era stato ora conquistato da una magnifica realtà; ma prima che i due innamorati lasciassero Pompei, doveva essere onorato ancora una volta. Quando essi raggiunsero il Cancello di Ercole, dove, all'entrata per la Via Consolare, la strada è attraversata da alcune antiche pietre, Norbert Hanold si fermò e chiese alla ragazza di andare avanti a lui. Ella comprese «e tirando leggermente su il vestito con la mano sinistra, Zoe Bertgang, Gradiva rediviva, lo sorpassò fissandolo negli occhi, che sembravano in contemplazione di un sogno; così, con la sua agile andatura, attraversò nel sole le pietre del passaggio fino all'altro lato della strada». Col trionfo dell'amore trovò riconoscimento anche ciò che era bello e prezioso nel delirio.

Tuttavia nel suo ultimo paragone (dell'«amico d'infanzia che era stato scavato dalle rovine») l'autore ci ha fornito la chiave del simbolismo di cui si è servito il delirio dell'eroe per mascherare il ricordo rimosso. Non c'è in realtà migliore analogia con la rimozione, attraverso la quale qualcosa viene nello stesso tempo preservata e resa inaccessibile alla mente di un seppellimento del tipo di cui fu vittima Pompei e dal quale riuscì ad emergere ancora una volta con il lavoro delle vanghe. Così il giovane archeologo fu costretto nella sua fantasia a trasferire a Pompei l'originale del rilievo che gli ricordava l'oggetto del suo amore giovanile. L'autore aveva ben ragione anzi di indugiare sulla preziosa analogia percepita dalla sua sottile intuizione, tra un particolare processo psichico di un individuo e un isolato evento storico della storia dell'umanità.

2.

Ma, dopo tutto, ciò che originariamente intendevamo fare era solo esaminare due o tre sogni che si trovano qua e là in *Gradiva* con l'aiuto di certe tecniche analitiche. Come mai allora siamo arrivati a esaminare tutta la storia e i processi psichici dei due personaggi principali? In realtà non è stato un lavoro inutile, anzi era una premessa fondamentale. Parimenti, quando cerchiamo di comprendere i sogni reali di una persona reale, dobbiamo occuparci intensamente del suo carattere e della sua carriera, e dobbiamo arrivare a conoscere non solo le sue esperienze immediatamente precedenti il sogno, ma anche quelle che risalgono al lontano passato. Ritengo anzi che non siamo ancora pronti per dedicarci al nostro compito vero e proprio, ma che dobbiamo indugiare ancora un po' sulla storia e portare ancora a termine il lavoro preliminare.

I miei lettori saranno rimasti certamente perplessi nel notare che finora ho trattato Norbert Hanold e Zoe Bertgang, in tutte le loro manifestazioni e attività psichiche, come se fossero delle persone reali e non delle creazioni dell'autore, come se la mente dell'autore fosse un mezzo assolutamente trasparente e non rifrangente o offuscante. E il mio procedimento deve essere sembrato tanto più strano dal momento che l'autore ha espressamente rinunciato a ritrarre la realtà nel chiamare la sua storia una «fantasia». Abbiamo tuttavia osservato che tutte le sue descrizioni sono così fedelmente riprese dalla realtà che non ci dovrebbe essere da obiettare se si definisse

Gradiva come uno studio psichiatrico e non una fantasia. Solo in
due punti l'autore si è concesso la libertà di porre delle premesse
che non sembrano avere radici nelle leggi della realtà. Ciò si verifica la prima volta quando egli fa sì che il giovane archeologo si
imbatta in quello che è certamente un antico rilievo, ma che tuttavia
assomiglia così strettamente ad una persona vivente tanto tempo
dopo, non solo nella caratteristica posizione del piede nell'atto di
camminare, ma in ogni particolare della struttura facciale e dell'a-
spetto fisico, che il giovane è in grado di riconoscere nell'apparenza
fisica di quella persona la scultura tornata in vita. E la seconda
volta, quando fa sì che il giovane incontri la donna vivente proprio
a Pompei; poiché la donna morta era stata collocata lì solo dalla sua
fantasia e il viaggio a Pompei lo aveva in realtà allontanato dalla
donna viva, che egli aveva appena visto nella strada della città in
cui abitava. Tuttavia questa seconda disposizione dell'autore non
implica un violento distacco dalle effettive possibilità, si serve semplicemente del caso, che indubbiamente svolge un ruolo in molte
storie umane, e inoltre se ne serve a buon fine, poiché questo caso
riflette la verità fatale, da lui posta, che la fuga è proprio lo strumento che riporta a ciò da cui si fugge. La prima premessa – quella
su cui si basa tutto ciò che segue, la forzata rassomiglianza tra la
scultura e la ragazza viva, che una scelta assennata avrebbe potuto
limitare alla sola caratteristica della posizione del piede nell'atto
di camminare – sembra tendere maggiormente verso la fantasia e
nascere interamente dalla scelta arbitraria dell'autore. Potremmo
qui avere la tentazione di permettere alla nostra stessa fantasia di
forgiare un collegamento con la realtà. Il nome Bertgang potrebbe
indicare il fatto che le donne di quella famiglia si erano già distinte
nei tempi antichi per la singolarità della loro andatura aggraziata; e
potremmo supporre che i tedeschi Bertgang discendevano da una
famiglia romana, un membro della quale era la donna che aveva
indotto l'artista ad immortalare nella scultura la sua caratteristica
andatura. Poiché tuttavia le diverse variazioni della forma umana
non sono indipendenti l'una dall'altra, e poiché in realtà anche tra di
noi riappaiono continuamente i tipi antichi (come possiamo vedere
nelle collezioni artistiche), non sarebbe totalmente impossibile

che una moderna Bertgang riproducesse le sembianze dell'antica antenata anche in tutti gli altri particolari della struttura corporea. Ma invece di queste speculazioni, sarebbe certamente più saggio chiedere all'autore stesso da quali fonti abbia tratto questo elemento della sua creazione. Potremmo allora dimostrare ancora una volta che ciò che è apparentemente una decisione arbitraria si basa in realtà sulla legge. Ma poiché non possiamo avere accesso alle fonti della mente dell'autore, gli lasceremo inalterato il diritto di costruire su una premessa poco probabile qualcosa che si potrebbe verificare nella vita reale – diritto di cui, ad esempio, si è servito Shakespeare nel *Re Lear*.

A parte questo, dobbiamo ripetere che l'autore ci ha presentato uno studio psichiatrico perfettamente esatto, sul quale possiamo valutare la nostra comprensione delle attività della mente – una cartella clinica e il rapporto della cura che avrebbero potuto essere intesi a sottolineare determinate teorie fondamentali della psichiatria. È strano che l'autore abbia fatto questo. Ma se, interrogato, negasse completamente un simile scopo? È facile trarre analogie e leggere dei significati nelle cose. Non siamo forse stati noi ad insinuare in questa affascinante e poetica storia un segreto significato ben lontano dalle intenzioni dell'autore? Può essere. Ritorneremo sul problema più avanti. Per il momento, tuttavia, abbiamo cercato di evitare una simile interpretazione tendenziosa, riferendo la storia quasi completamente nelle parole dell'autore. Lo riconoscerà chiunque voglia confrontare la nostra esposizione con il testo originale di *Gradiva*.

Inoltre molte persone pensano forse che stiamo rendendo un cattivo servigio all'autore, nel definire il suo lavoro uno studio psichiatrico. Uno scrittore, essi diranno, dovrebbe evitare qualunque contatto con la psichiatria e lasciare ai medici la descrizione degli stati patologici. La verità è che nessuno scrittore veramente creativo ha mai obbedito all'ingiunzione. La descrizione della mente umana è anzi il dominio che più gli appartiene; da tempi immemorabili egli è stato il precursore della scienza e quindi anche della psicologia scientifica. Ma la frontiera tra gli stati psichici detti normali e patologici è in parte convenzionale e in parte così

fluida che ognuno di noi probabilmente l'attraversa molte volte
nel corso di una giornata. D'altra parte, la psichiatria avrebbe torto
se cercasse di limitarsi permanentemente allo studio di gravi e
oscure malattie che nascono da grosse lesioni al delicato apparato
psichico. Altrettanto interessanti sono per lui le deviazioni dalla
normalità più leggere e suscettibili di guarigione, che oggi siamo in
grado di far risalire a disturbi nell'interazione delle forze psichiche.
Anzi, proprio attraverso queste ultime si possono comprendere sia
gli stati normali sia i fenomeni di malattia grave. Così lo scrittore
creativo non può eludere lo psichiatra, né lo psichiatra lo scrittore creativo, e il trattamento poetico di un tema psichiatrico può
risultare esatto senza alcun sacrificio alla sua bellezza.

Ed è effettivamente esatta questa raffigurazione fantasiosa di
un caso clinico e della sua cura. Ora che abbiamo terminato di
raccontare la storia e soddisfatto la nostra attesa ansiosa, possiamo
esaminarla meglio e riprodurla con la terminologia tecnica della
nostra scienza; né, così facendo, ci sentiremo imbarazzati di fronte
alla necessità di ripetere ciò che abbiamo detto prima.

Spesso l'autore chiama «delirio» la condizione di Norbert Hanold,
e noi non abbiamo motivo di rifiutare tale definizione. Possiamo
enunciare due caratteristiche principali di un «delirio», che non lo
descrivono esaurientemente, ma, tuttavia, lo differenziano chiaramente da altri disturbi. In primo luogo appartiene al gruppo di
stati patologici che non producono effetto diretto sul corpo, ma si
manifestano solo con indizi mentali. Inoltre esso è caratterizzato
dal fatto che le sue «fantasie» prendono il sopravvento, cioè vengono credute e acquistano influenza sulle azioni. Se pensiamo al
viaggio di Hanold a Pompei per cercare tra le ceneri le impronte
caratteristiche di Gradiva, troveremo un ottimo esempio di un'a-
zione sotto l'influenza di un delirio. Uno psichiatra collocherebbe
forse il delirio di Norbert Hanold nel grande gruppo della paranoia
e forse la descriverebbe come una «erotomania feticistica» poiché
la cosa più rilevante è l'innamorarsi della scultura e perché agli
occhi dello psichiatra, con la sua tendenza a rendere tutto grosso-
lano, l'interesse dell'archeologo per i piedi e per la loro posizione
nelle persone di sesso femminile può sembrare «feticismo».

Tuttavia tutti questi sistemi di nomenclatura e classificazione dei diversi tipi di delirio secondo l'argomento hanno in sé qualcosa di precario e di sterile[3].

Inoltre, poiché il nostro eroe è una persona capace di sviluppare un delirio sulla base di una preferenza così strana, un rigoroso psichiatra lo bollerebbe subito come *dégénéré* ed esaminerebbe l'eredità che lo aveva spietatamente spinto a questo destino. Ma qui l'autore non segue lo psichiatra, e ne ha buoni motivi. Egli desidera portare l'eroe più vicino a noi, per rendere più facile il «delirio sistematizzato»; la diagnosi di *dégénéré*, giusta o sbagliata che sia, pone subito il giovane archeologo ad una certa distanza da noi, poiché noi lettori siamo la gente normale e rappresentiamo lo *standard* umano. Neppure eventuali fattori ereditari e costituzionali possono interessare molto lo scrittore, che d'altra parte penetra profondamente nella composizione psichica personale che può dar luogo ad un tale delirio.

Sotto un importante aspetto Norbert Hanold si comportava del tutto differentemente da un comune essere umano. Non si interessava alle donne vive; la scienza di cui era schiavo gli aveva sottratto quell'interesse e lo aveva trasferito sulle donne di marmo o di bronzo. Questa non deve essere considerata una caratteristica insignificante; fu anzi la premessa fondamentale per gli eventi successivi. Accadde infatti un giorno che una particolare scultura reclamasse tutto l'interesse che in genere viene rivolto solo alle donne vive, e così nacque il delirio. Vediamo poi svolgersi davanti ai nostri occhi il procedimento attraverso il quale il suo delirio viene curato tramite una felice svolta dei fatti, e il suo interesse spostato nuovamente dalla donna di marmo alla donna viva. L'autore non ci permette di seguire le influenze che spinsero il nostro eroe a distogliersi dalle donne, ci informa solo che il suo atteggiamento non si spiegava con una sua disposizione innata, che anzi presentava determinate esigenze di fantasia (e, potremmo aggiungere, erotiche). Come apprendiamo oltre nella storia, egli

---

[3] In realtà, il caso di N. H. si dovrebbe definire delirio isterico e non paranoico. Non sono infatti presenti indizi di paranoia.

non aveva evitato gli altri bambini durante l'infanzia: a quel tempo aveva stretto amicizia con una bambina, era stato il suo compagno inseparabile, aveva diviso con lei i suoi piccoli banchetti, l'aveva anche picchiata e le aveva permesso di scompigliargli i capelli. L'erotismo immaturo dell'infanzia trova espressione proprio in rapporti come questo, in simili combinazioni di affetto e aggressività. Le sue conseguenze emergono solo più tardi, ma allora sono irresistibili, e durante l'infanzia in genere solo i medici e i poeti lo riconoscono come erotismo. Anche il nostro stesso scrittore ci dimostra chiaramente che è della stessa opinione: egli infatti fa sì che il suo eroe sviluppi improvvisamente un vivace interesse per i piedi delle donne e per le posizioni che assumono. Questo interesse doveva procurargli una cattiva fama sia tra gli scienziati che tra le donne della città in cui viveva, la fama di feticista dei piedi; ma noi non possiamo non far risalire l'interesse al ricordo della sua amica d'infanzia. Infatti non ci sono dubbi che anche nell'infanzia la ragazza mostrasse la stessa caratteristica andatura aggraziata, con le punte dei piedi sollevate quasi perpendicolarmente mentre camminava. E l'antico rilievo di marmo acquistò una tale importanza per Norbert Hanold proprio perché rappresentava lo stesso modo di camminare. Tra l'altro, possiamo aggiungere che in questa sua individuazione dell'origine dell'importante fenomeno del feticismo, l'autore è in piena concordanza con la scienza. Da Binet in poi abbiamo sempre cercato infatti di rintracciare il feticismo nelle impressioni erotiche dell'infanzia.

Lo stato di costante fuga dalle donne produce una suscettibilità personale, o, come siamo soliti dire, una predisposizione alla formazione del delirio. Lo sviluppo dell'alterazione psichica si instaura nel momento in cui un'impressione casuale ridesta le esperienze infantili che sono state dimenticate e che hanno almeno delle tracce di natura erotica. Se prendiamo in considerazione ciò che segue, non possiamo tuttavia ritenere esatta la parola «ridesta». Dobbiamo ripetere l'accurata esposizione dell'autore in corretti termini tecnici psicologici. Quando Norbert Hanold vide il rilievo non si ricordò che aveva già visto una simile posizione del piede nell'amica d'infanzia; egli non ricordò nulla, ma tutti gli effetti prodotti dal rilievo derivavano da questo collegamento con l'impressione infantile. Così l'impressione dell'infanzia venne stimolata, divenne attiva e cominciò a produrre effetti, ma non arrivò alla coscienza, restò «inconscia», per usare un termine che è oggi diventato inevitabile nella psicopatologia. Speriamo che questo inconscio non venga coinvolto nelle dispute dei filosofi e degli scienziati, che spesso hanno solo valore etimologico. Per il momento non possediamo un termine migliore per i processi psichici che sono attivi e tuttavia non raggiungono la coscienza della persona considerata ed è questo che intendiamo dire quando parliamo di «inconscio». Quando alcuni studiosi cercano di confutare l'esistenza di un inconscio di questo tipo, affermando che è contraddittorio, possiamo solo pensare che essi non hanno mai avuto a che fare con i corrispondenti fenomeni psichici, che subiscono l'incantesimo dell'esperienza comune per cui tutto ciò che è psichico e diventa attivo e intenso, diventa nello stesso tempo anche cosciente, e che devono ancora imparare (ciò che il nostro autore sa molto bene) che ci sono dei processi certamente psichici i quali nonostante siano intensi e producano effetti, restano tuttavia separati dalla coscienza.

Abbiamo detto precedentemente che i ricordi di Norbert Hanold concernenti i suoi rapporti d'infanzia con Zoe erano in uno stato di «rimozione»; e qui li abbiamo definiti ricordi «inconsci». Dobbiamo ora prestare un po' di attenzione al rapporto tra questi due termini tecnici, che, anzi, sembrano avere lo stesso significato. Non è difficile chiarire la cosa. «Inconscio» è il concetto più ampio, «rimosso» quello più ristretto. Tutto ciò che è rimosso è inconscio, ma non possiamo sostenere che tutto ciò che è inconscio sia rimosso. Se quando Hanold vide il rilievo si fosse ricordato dell'andatura di Zoe, ciò che precedentemente era stato un ricordo inconscio sarebbe diventato contemporaneamente attivo e cosciente, e questo avrebbe dimostrato che precedentemente non era stato rimosso. «Inconscio» è un termine puramente descrittivo, indefinito sotto certi aspetti e, in un certo senso, statico. «Rimosso» è un'espressione dinamica, che prende in considerazione l'interazione delle forze psichiche; esso implica la presenza di una forza che cerca di produrre svariati effetti psichici, tra cui quello di diventare cosciente, ma che c'è anche una forza opposta che è in grado di impedire alcuni di questi effetti psichici, compreso ancora una volta quello di diventare cosciente. La caratteristica di qualcosa che è rimosso consiste proprio nel fatto che nonostante la sua intensità non riesce ad entrare nella coscienza. Nel caso di Hanold quindi, dall'apparire del rilievo in poi, ci troviamo di fronte a qualcosa di inconscio che è rimosso, o, più brevemente, a qualcosa di rimosso.

I ricordi di Norbert Hanold riguardanti i suoi rapporti infantili con la ragazza dall'andatura aggraziata erano rimossi. Ma questa non è ancora la visione esatta della situazione psicologica. Restiamo sulla superficie finché ci occupiamo solo dei ricordi e delle idee. Nella vita psichica hanno piuttosto valore i sentimenti.

Nessuna forza psichica è importante se non possiede la caratteristica di destare sentimenti. Le idee sono rimosse solo perché sono associate alla liberazione di sentimenti che non dovrebbero esserci. Sarebbe più esatto dire che la rimozione agisce sui sentimenti, ma noi siamo consapevoli della loro presenza solo nella loro associazione con le idee. E così erano i sentimenti erotici di Norbert Hanold ad essere rimossi, e poiché il suo erotismo non conosceva e non aveva conosciuto altro oggetto che Zoe Bertgang nella sua infanzia, il suo ricordo di lei era stato dimenticato. L'antico rilievo aveva destato l'erotismo assopito e reso attivi i suoi ricordi infantili. A causa di una resistenza all'erotismo presente in lui, questi ricordi erano potuti diventare operativi solo allo stato inconscio. Ciò che appunto ora si verificava era una lotta tra il potere dell'erotismo e quello delle forze che lo rimuovevano: la manifestazione di questa lotta era un delirio.

Il nostro autore ha omesso di spiegare le ragioni che provocarono la rimozione della vita erotica del suo eroe; poiché naturalmente l'interesse di Hanold nella scienza era solo lo strumento impiegato dalla rimozione. Un medico qui dovrebbe scavare più profondamente, ma forse in questo caso non individuerebbe la ragione. Ma, come abbiamo già affermato con ammirazione, l'autore non ha mancato di mostrarci come il risveglio dell'erotismo rimosso venisse proprio dal campo degli strumenti che servivano a produrre la rimozione. Era giusto che un'antichità, la scultura marmorea della donna, strappasse il nostro archeologo alla fuga dall'amore e lo ammonisse a pagare il debito alla vita, di cui siamo gravati sin dalla nascita.

Le prime manifestazioni del processo posto in atto dal rilievo in Hanold erano fantasie che giocavano intorno alla figura in esso rappresentata. Gli sembrava che la figura avesse in sé qualcosa «di attuale», nel senso migliore della parola, ed era come se l'artista l'avesse catturata «dalla vita» mentre camminava per la strada. Egli aveva dato alla ragazza dell'antico rilievo il nome Gradiva, che aveva creato sul modello di un epiteto del Dio della guerra che si avvia a grandi passi verso la battaglia, *Mars Gradivus*. Ella poteva essere stata la figlia di un personaggio influente, forse di un patrizio, che era stato legato all'ufficio del tempio di una divinità. Aveva pensato di poter rintracciare nei suoi lineamenti una origine greca, ed infine si era sentito costretto ad allontanarla dalla vita indaffarata di una capitale e a trasferirla nella più tranquilla Pompei, e lì l'aveva fatta camminare sulle pietre di lava che permettevano di attraversare la strada da un lato all'altro. Questi prodotti della sua fantasia sembrano abbastanza arbitrari, ma nello stesso tempo ingenui ed innocenti. E anzi anche quando per la prima volta avevano dato luogo ad una azione – quando l'archeologo, ossessionato dal problema della corrispondenza o meno della posizione dei piedi alla realtà, cominciò a fare osservazioni dalla vita e ad esaminare i piedi delle donne e delle ragazze a lui contemporanee – anche questa azione era protetta da motivi scientifici coscienti, come se tutto il suo interesse nella scultura di Gradiva fosse spuntato dal suolo del suo interesse professionale per l'archeologia. Le donne e le ragazze, scelte da lui per la strada come soggetti di esame, devono naturalmente avere assunto un'altra opinione, crudamente erotica, del suo comportamento, e noi non possiamo non pensare che avessero ragione. Noi non abbiamo alcun dubbio che Hanold ignorasse i motivi delle sue ricerche, quando ignorava l'origine delle sue fantasie intorno a Gradiva. Queste ultime, come abbiamo appreso in seguito, erano echi dei ricordi del suo amore infantile, derivazioni di quei ricordi, trasformazioni e deformazioni di essi, dopo che avevano fallito nell'arrivare alla coscienza non modificati. Il giudizio chiaramente estetico che la scultura aveva qualcosa «di attuale» in sé sostituiva la sua consapevolezza che un'andatura di quel tipo apparteneva ad una ragazza che egli conosceva e che attraversava la strada *attualmente*. Dietro l'impressione della scultura presa «dalla vita» e la fantasia in cui la figura era greca, si trovava il ricordo del nome di Zoe, che in greco significa vita. Apprendiamo dall'eroe alla fine della storia, quando è ormai guarito dal suo delirio, che Gradiva è una buona traduzione del cognome Bertgang, che significa qualcosa come «qualcuno che risplende camminando». I particolari intorno al padre di Gradiva derivavano dalla consapevolezza di Hanold che Zoe Bertgang era la figlia di uno stimato professore universitario, cosa che può corrispondere nei tempi antichi a quello di un ufficio religioso. Infine la sua fantasia l'aveva trasferita a Pompei, non «perché sembrava richiederlo la sua natura calma e tranquilla», ma perché non si poteva trovare altra o migliore analogia nella sua scienza al suo insolito stato, in cui diveniva consapevole dei ricordi dell'amicizia infantile attraverso oscuri canali di informazione. Una volta che egli aveva fatto coincidere la propria infanzia con il passato classico (cosa che gli era molto facile fare), c'era una somiglianza perfetta tra il seppellimento di Pompei – la scomparsa del passato unita alla sua preservazione – e la rimozione, di cui egli era consapevole attraverso quella che si potrebbe chiamare percezione «endopsichica». In questo egli usava lo stesso simbolismo che l'autore fa usare coscientemente alla ragazza nei confronti della conclusione della storia: «Mi sono detta che sarei stata capace anche da sola di scavar fuori di qui qualcosa di interessante. Naturalmente non contavo di fare la scoperta che ho fatto...» [124]. E proprio alla fine ella aveva risposto al progetto di Hanold per la luna di miele con un riferimento al «suo amico d'infanzia che era stato anche lui in un certo senso scavato fuori dalle rovine un'altra volta».

Così nei primissimi prodotti delle fantasie deliranti e delle azioni di Hanold troviamo già una doppia serie di determinanti, una derivazione da due fonti diverse, di cui una era nota allo stesso Hanold, l'altra ci viene svelata quando esaminiamo i suoi processi psichici. Una, vista dalla posizione di Hanold, di cui era consapevole, l'altra completamente inconscia. Una era interamente tratta dal gruppo di idee dell'archeologia, l'altra nasceva dai ricordi infantili rimossi che erano diventati attivi in lui e dagli istinti emotivi ad essi collegati. Si potrebbe dire che una giaceva in superficie e copriva l'altra, che era in un certo senso nascosta dietro di essa. Sembrerebbe che la motivazione scientifica servisse come pretesto per quella erotica inconscia, e che la scienza si fosse messa completamente al servizio del delirio. Non si deve tuttavia dimenticare che le cause determinanti inconsce non potevano produrre nulla che non soddisfacesse contemporaneamente quelle scientifiche, coscienti. I sintomi di un delirio – fantasie e azioni – sono in realtà i prodotti di un compromesso tra le due correnti psichiche, e in un compromesso si tiene conto delle richieste di entrambe le parti; ma ogni parte deve anche rinunciare parzialmente a ciò che voleva ottenere. Quando si produce un compromesso, esso deve essere stato preceduto da una lotta – in questo caso era il conflitto che abbiamo presunto tra l'erotismo rimosso e le forze che lo tenevano nella rimozione. In realtà nella formazione di un delirio questa lotta è senza fine. L'assalto e la resistenza si rinnovano dopo la costruzione di ogni compromesso, che, per così dire, non è mai completamente soddisfacente. Anche il nostro autore ne è consapevole ed è per questo che rende particolarmente agitato questo stadio del disturbo del suo eroe, come premessa e garanzia di ulteriori sviluppi.

Incontreremo spesso e forse ancora più chiaramente nell'ulteriore sviluppo della storia queste importanti caratteristiche: la duplice motivazione delle fantasie e delle decisioni, e la costruzione di pretesti per azioni alla cui motivazione ha maggiormente contribuito ciò che è rimosso. E proprio così deve essere; l'autore ha quindi afferrato e rappresentato la principale e immancabile caratteristica dei processi mentali patologici.

Lo sviluppo del delirio di Norbert Hanold proseguiva con un sogno, che, non essendo causato da alcun fatto nuovo, sembra essere sorto interamente dalla sua mente, così come era occupata dal conflitto. Ma fermiamoci prima di indagare se anche nella costruzione dei sogni l'autore dimostra di avere la profonda comprensione che gli abbiamo attribuito. Chiediamoci prima che cosa ha da dire la scienza psichiatrica riguardo alle sue ipotesi sull'origine del delirio e quale posizione assume nei confronti del ruolo svolto dalla rimozione e dall'inconscio nei confronti del conflitto e della formazione di compromessi. In breve, chiediamoci se questa rappresentazione fantasiosa della genesi di un delirio può resistere davanti al giudizio della scienza. E qui dobbiamo dare quella che sarà forse una risposta inaspettata. Infatti si tratta proprio della situazione inversa: è la scienza che non può resistere davanti al conseguimento dell'autore. La scienza lascia che si spalanchi un abisso tra le condizioni ereditarie e costituzionali di un delirio e le sue creazioni già formate: abisso che secondo noi l'autore ha colmato. La scienza non sospetta ancora l'importanza della rimozione, non riconosce che per spiegare il mondo dei fenomeni psicopatologici è assolutamente essenziale l'inconscio, non cerca il fondamento dei deliri in un conflitto psichico e non considera dei compromessi i loro sintomi. Allora il nostro autore è solo di fronte alla scienza unita? No, non è così (se posso cioè considerare le mie opere come appartenenti alla scienza), poiché da molti anni – e, fino a poco tempo fa, più o meno da solo[4] – io stesso sostengo tutte le teorie che qui ho estratto dalla *Gradiva* di Jensen ed esposto in termini tecnici. Ho rilevato, soprattutto a riguardo degli stati noti come isteria e nevrosi ossessiva che il fattore determinante individuale di questi disturbi psichici è la repressione di una parte della vita pulsionale e la rimozione delle idee che rappresentano l'impulso represso, e poco tempo dopo ho ripetuto le stesse teorie in rapporto ad alcune forme di delirio[5]. Se poi le pulsioni di questo rapporto siano sempre componenti

---

[4] Vedi l'importante opera di Bleuler, *Affektivität, Suggestibilität, Paranoia* e *Diagnostische Assoziationsstudien* di C. G. Jung, entrambe pubblicate nel 1906 a Zurigo. [Aggiunto nel 1912:] Oggi, nel 1912, posso ritirare ciò che ho detto sopra, perché non è più vero. Da allora, il «movimento psicoanalitico» al quale ho dato vita, si è ampiamente diffuso e cresce continuamente.

[5] Si veda al riguardo la mia *Sammlung kleiner Schriften zur Neurosenlehre*, 1906.

della pulsione sessuale o possano anche essere di un altro tipo, è un problema indifferente nel caso particolare dell'analisi di *Gradiva*. Infatti nel caso scelto dal nostro autore, si trattava certamente della repressione di impressioni erotiche. Ho dimostrato la validità delle ipotesi del conflitto psichico e della formazione dei sintomi mediante compromessi tra le due correnti psichiche in lotta, nel caso di pazienti osservati e curati dal punto di vista medico nella vita reale, così come ho potuto farlo nel caso immaginario di Norbert Hanold[6]. Anche prima di me Pierre Janet, allievo del grande Charcot, e Josef Breuer, in collaborazione con me, avevano individuato l'origine dei prodotti delle malattie nervose, e particolarmente isteriche, nella forza dei pensieri inconsci[7].

Quando, dal 1893 in poi, mi sono dedicato allo studio dell'origine dei disturbi psichici, non mi sarebbe certamente mai venuto in mente di cercare una conferma alle mie scoperte negli scritti di un poeta. Fui quindi molto sorpreso di scoprire che l'autore di *Gradiva*, pubblicato nel 1903, avesse assunto a fondamento della sua creazione proprio quello che io stesso credevo di avere appena scoperto nelle fonti della mia esperienza medica. Come ha potuto l'autore arrivare alla stessa nozione del medico, o almeno a comportarsi come se possedesse la stessa nozione?

Il delirio di Norbert Hanold, come dicevo, aveva fatto un passo avanti mediante un sogno, che egli fece nel mezzo dei suoi tentativi di scoprire un'andatura come quella di Gradiva per le strade della città in cui viveva. Si può esporre in breve il contenuto del sogno. Il sognatore si ritrovò a Pompei il giorno in cui l'infelice città venne distrutta e sperimentò i suoi orrori senza tuttavia essere egli stesso in pericolo; vide improvvisamente Gradiva che camminava e comprese subito, come se fosse una cosa del tutto normale, che dal momento che ella era a Pompei, viveva nella città natale, e «senza che egli l'avesse sospettato, viveva come una sua contemporanea». Egli fu preso dal timore per lei e le lanciò un

---

[6] Cfr. il «Caso di Dora» [trad. it. in *Opere complete, vol. i 1886-1912*, Newton Compton editori, Roma 2015].
[7] Cfr. Breuer e Freud, in *Studi sull'isteria*, cit.

grido ammonitore, dopo di che ella volse per un attimo il viso ver
so di lui. Ma proseguì per la sua strada senza prestargli attenzione, si distese sui gradini del tempio di Apollo e fu sepolta dalla
pioggia di cenere dopo che la sua faccia ebbe perso colore, come
se si stesse trasformando in marmo bianco, finché fu diventata
proprio come una scultura. Svegliandosi egli interpretò i rumori
della grande città che penetravano nella sua camera da letto come
grida d'aiuto degli abitanti di Pompei disperati e tuoni dal mare
selvaggiamente agitato. Per qualche tempo dopo che si fu svegliato
non lo abbandonò la sensazione che ciò che aveva sognato gli era
effettivamente accaduto, e come nuovo punto di partenza per il
suo delirio gli restò dal sogno la convinzione che Gradiva aveva
vissuto a Pompei ed era morta lì nel giorno fatale.

Non è facile per noi dire che cosa intendesse l'autore con questo
sogno e cosa lo avesse spinto a collegare proprio con un sogno
lo sviluppo del delirio. È vero che zelanti studiosi hanno raccolto
una quantità di esempi del modo in cui i disturbi psichici sono
collegati ai sogni e nascono dai sogni[8]. Risulta anche che nella
vita di alcuni uomini eminenti gli impulsi ad azioni e decisioni
importanti siano derivati da sogni. Ma queste analogie non ci
sono di grande aiuto; è meglio quindi che ci atteniamo al nostro
caso attuale, al caso dell'archeologo Norbert Hanold, creato dal
nostro autore. Da che lato dobbiamo prendere in considerazione
questo sogno per poterlo inserire nel contesto generale, in modo
che non resti solo un ornamento inutile della storia?

A questo punto posso ben immaginare un lettore che esclami:
il sogno si spiega molto facilmente! È un semplice sogno di angoscia causato dai rumori della città che sono stati erroneamente
interpretati dall'archeologo come la distruzione di Pompei, dal
momento che il pensiero dominante della sua mente era la ragazza
pompeiana. In vista della scarsa stima prevalente delle funzioni dei
sogni, tutto ciò che generalmente si chiede ad una spiegazione è
d'individuare alcuni stimoli esterni che più o meno coincidono con
una parte del contenuto onirico. Questo stimolo esterno a sognare

[8] Sante de Sanctis, *I sogni* (1901).

sarebbe fornito dal rumore che svegliò il dormiente, e, con questo, si esaurirebbe l'interesse per il sogno. Avessimo almeno qualche motivo per ritenere che la città quel mattino fosse più rumorosa del solito! Se l'autore, ad esempio, non avesse tralasciato di informarci che Hanold, contrariamente al solito, aveva dormito con le finestre aperte quella notte! Che peccato che l'autore non si sia dato pena di farlo! E magari i sogni di angoscia fossero così semplici! Ma no, l'interesse per il sogno non si esaurisce così semplicemente.

Non c'è nulla di essenziale per la formazione di un sogno in un collegamento con uno stimolo sensoriale esterno. Un dormiente può ignorare uno stimolo simile dal mondo esterno, o può lasciarsi svegliare da esso senza creare un sogno, o, come è accaduto in questo caso, può intesserlo nel suo sogno, se gli conviene per altre ragioni; e ci sono numerosi casi in cui è impossibile dimostrare che il contenuto del sogno sia stato determinato in questo modo da uno stimolo che agiva sui sensi del dormiente. No, dobbiamo tentare un'altra via.

Possiamo forse trovare un punto di partenza negli effetti postumi del sogno sulla vita da sveglio di Hanold. Fino a quel momento egli aveva avuto una fantasia nella quale Gradiva era stata pompeiana. Questa ipotesi diventò ora per lui una certezza, e ne seguì una seconda certezza: che era stata sepolta con il resto nell'anno 79 d.C.[9]. Malinconiche sensazioni si unirono a questo sviluppo della struttura del delirio, come un'eco dell'angoscia che aveva pervaso il sogno. Questo nuovo dolore per Gradiva non ci sembra molto comprensibile; Gradiva sarebbe ormai morta da molti secoli anche se fosse stata salvata dalla distruzione dell'anno 79 d.C. O forse non dovremmo discutere in questo modo con Norbert Hanold e con il suo autore? Anche qui sembra che non ci sia modo di comprendere. Tuttavia vale la pena di osservare che l'incremento acquistato dal delirio con questo sogno era unito ad un sentimento di tono altamente doloroso.

A parte questo, tuttavia, ci troviamo nella stessa confusione di prima. Il sogno non è autoesplicativo, e dobbiamo risolverci a

[9] Vedi il testo di *Gradiva* [15].

prendere in prestito dalla mia *Interpretazione dei sogni* alcune delle regole ivi contenute per la spiegazione dei sogni ed applicarle a questo caso.

Secondo una di queste regole i sogni sono inevitabilmente collegati agli eventi del giorno precedente il sogno. Sembra che il nostro autore desideri dimostrarci che ha seguito questa regola, poiché unisce direttamente il sogno alle «ricerche pedonali» di Hanold. Ora, queste non avevano altro significato che la ricerca di Gradiva, di cui egli cercava di riconoscere l'andatura caratteristica. Quindi il sogno avrebbe dovuto contenere un indizio di dove fosse possibile trovare Gradiva; e lo fa, mostrandola a Pompei. Ma questa non è una novità per noi.

Secondo un'altra regola, se il credere nella realtà delle immagini oniriche persiste per un tempo insolitamente lungo, in modo che non ci si possa distogliere dal sogno, non si tratta di un giudizio errato causato dalla chiarezza delle immagini oniriche, ma di un atto psichico: si tratta di un'assicurazione, riferita al contenuto del sogno, che qualcosa in esso è realmente come è stato sognato; ed è giusto aver fede in questa assicurazione. Se ci atteniamo a queste due regole, dobbiamo concludere che il sogno dava alcune informazioni sui luoghi dove si poteva trovare Gradiva, e che quelle informazioni collimavano con lo stato effettivo di cose. Noi conosciamo il sogno di Hanold: otteniamo un significato ragionevole dall'applicazione ad esso di queste due regole?

Strano a dirsi, l'otteniamo. Il significato è semplicemente mascherato in un modo particolare, cosicché non è immediatamente riconoscibile. Hanold apprese nel sogno che la ragazza che cercava viveva in una città e contemporaneamente con lui. Ora, questo era vero di Zoe Bertgang; solo che nel sogno la città non era la città universitaria tedesca, ma Pompei, e l'epoca non era l'attuale ma il 79 d.C. Si tratta, in un certo senso, di una deformazione mediante spostamento: è il sognatore che viene trasportato nel passato e non Gradiva nel presente. Tuttavia, in questo modo, viene stabilito il fatto nuovo ed essenziale: *egli si trova nello stesso tempo e luogo della ragazza che sta cercando*. Ma da dove sono venuti questo spostamento e questo travestimento che dovevano ingannare sia noi che il sognatore sul vero significato e contenuto del sogno? Ebbene, abbiamo già i mezzi a disposizione per dare una risposta soddisfacente a questa domanda.

Ripensiamo a tutto ciò che abbiamo appreso sulla natura e sull'origine delle fantasie che precorrono il delirio. Esse sono surrogati e derivazioni dei ricordi rimossi ai quali una resistenza impedisce di arrivare inalterati alla coscienza, ma che possono ottenere la possibilità di diventare coscienti tenendo conto, con cambiamenti e deformazioni, della censura della resistenza. Quando questo compromesso è compiuto, i ricordi sono trasformati in fantasie, che possono essere facilmente fraintese dalla personalità cosciente, cioè intese in modo da inserirsi nella corrente psichica dominante. Supponiamo ora che le immagini oniriche si possano definire come creazioni dei deliri fisiologici dell'uomo – i prodotti del compromesso nella lotta tra il rimosso e il rimovente, che è probabilmente presente in tutti gli esseri umani, compresi quelli che durante il giorno sono perfettamente sani di mente. Comprenderemo allora che le immagini oniriche devono essere considerate come qualcosa di deformato, dietro al quale bisogna cercare qualche altra cosa non deformata, ma in qualche modo biasimevole, come i ricordi rimossi di Hanold dietro alle sue fantasie. Possiamo dare espressione al contrasto così individuato, distinguendo ciò che il sognatore ricorda al risveglio come *contenuto manifesto del sogno*, da ciò che costituiva la base del sogno prima della deformazione imposta dalla censura, cioè il *pensiero latente del sogno*. Quindi interpretare un sogno consiste nel tradurre il contenuto manifesto del sogno nel pensiero latente, con processo inverso a quello della deformazione alla quale esso si è dovuto sottoporre da parte della censura, cioè della resistenza. Se applichiamo queste nozioni al sogno di cui ci stiamo occupando, scopriremo che i pensieri latenti potevano essere solo: la ragazza dall'andatura aggraziata che stai cercando vive realmente in questa città con te. Ma sotto quella forma il pensiero non poteva diventare cosciente; esso veniva bloccato dal fatto che una fantasia, come risultato di un precedente compromesso, aveva stabilito che Gradiva fosse pompeiana. Di conseguenza, se si doveva affermare il fatto reale che ella viveva nello stesso luogo e nello stesso tempo, non v'era altra scelta che quella di adottare la deformazione: «Tu abiti a Pompei al tempo di Gradiva». Quindi il contenuto manifesto del sogno realizzava quest'idea e la rappresentava come un fatto attuale effettivamente vissuto.

Accade solo raramente che un sogno rappresenti o, potremmo dire, metta in scena un unico pensiero: generalmente i pensieri sono numerosi. Possiamo isolare un'altra componente del contenuto del sogno di Hanold, la cui deformazione si può facilmente eliminare, in modo da poter individuare l'idea latente da essa rappresentata. Anche a questa parte del sogno si può estendere l'assicurazione di realtà con la quale terminava il sogno. Nel sogno Gradiva mentre cammina viene trasformata in una scultura di marmo. Questa non è altro che una rappresentazione ingegnosa e poetica del fatto vero. Hanold aveva in realtà spostato il suo interesse dalla ragazza viva sulla scultura: la ragazza che amava era stata trasformata per lui in un rilievo di marmo. I pensieri onirici latenti, che erano costretti a restare inconsci, cercavano di trasformare nuovamente la scultura nella ragazza viva; di conseguenza gli dicevano qualcosa del genere: «Dopo tutto ti interessi della statua di Gradiva solo perché ti ricorda Zoe, che vive ora e qui». Ma se questa scoperta avesse potuto diventare cosciente, avrebbe segnato la fine del delirio.

Siamo forse costretti a sostituire in questo modo ogni distinto elemento del contenuto manifesto del sogno con i pensieri inconsci? Strettamente parlando, sì; se stessimo interpretando un sogno effettivamente sognato, non potremmo evitare un tale compito. Ma in quel caso il sognatore dovrebbe anche darci numerosissime spiegazioni. Chiaramente non possiamo soddisfare questa esigenza nel caso della creazione dell'autore; tuttavia non dobbiamo trascurare il fatto che non abbiamo ancora sottoposto al processo di interpretazione o traduzione il contenuto principale del sogno.

Il sogno di Hanold era un sogno d'angoscia. Il suo contenuto era terrificante, il sognatore provava angoscia mentre dormiva e restava successivamente in preda a sentimenti dolorosi. Ora questo non è affatto adatto al nostro tentativo di spiegazione, e dobbiamo ancora una volta ricorrere alla teoria dell'*Interpretazione dei sogni*. Tale teoria ci ammonisce a non cadere nell'errore di attribuire l'angoscia che si può provare in un sogno al contenuto onirico, e a non considerare il contenuto del sogno come se fosse il contenuto di un'idea presentatasi nello stato di veglia. Apprendiamo che la situazione è del tutto diversa, che non può essere facilmente indovinata, ma che si può dimostrare con sicurezza. L'angoscia nei sogni d'incubo come l'angoscia nevrotica in genere corrisponde ad uno stato emotivo sessuale, ad una sensazione erotica e sorge dalla libido attraverso i processi di rimozione[10]. Quando interpretiamo un sogno, quindi, dobbiamo sostituire alla angoscia l'eccitazione sessuale. Non sempre, ma spesso, l'angoscia che nasce in questo modo ha un'influenza selettiva sul contenuto del sogno e introduce in esso elementi rappresentativi che, quando si osserva il sogno da un punto di vista cosciente ed errato, sembrano appropriati all'angoscia. Come ho detto, ciò non accade sempre, poiché ci sono numerosi sogni d'angoscia il cui contenuto non è assolutamente terrificante e nei quali è quindi impossibile dare una spiegazione dal punto di vista cosciente dell'angoscia che si è provata.

Mi rendo conto che è difficile credere a questa spiegazione dell'angoscia nei sogni e che suona molto strana; ma posso solo consigliare il lettore di scendere a patti con essa. Sarebbe inoltre una cosa notevole se il sogno di Norbert Hanold si potesse conciliare con questa visione dell'angoscia e si potesse spiegare in tal modo. Su tale base dovremmo dire che i desideri erotici del sognatore furono stimolati durante la notte e fecero un grande sforzo per rendere cosciente il suo ricordo della ragazza che amava e liberarlo quindi dal delirio, ma che tali desideri furono nuovamente respinti e trasformati in angoscia, che a sua volta introdusse nel contenuto onirico le immagini terrificanti provenienti dai suoi ricordi scolastici. In tal modo il vero contenuto inconscio del sogno, il suo appassionato desiderio per la Zoe che una volta egli

---

[10] Cfr. il mio primo saggio sulla nevrosi d'angoscia (1895) [trad. it. in *Opere complete, vol. 1 1886-1912*, Newton Compton editori, Roma 2015] e *L'interpretazione dei sogni* [*Ibidem*].

conosceva, si trasformò nel contenuto manifesto della distruzione di Pompei e della perdita di Gradiva.

Mi sembra che fino a questo punto la spiegazione sia plausibile. Ma si potrebbe giustamente osservare che, se i desideri erotici costituiscono il contenuto non deformato del sogno, si dovrebbe anche poter individuare almeno qualche traccia riconoscibile di questi desideri celati in una parte nel sogno deformato. Ebbene, anche questo è possibile, con l'aiuto di un suggerimento derivante da una parte successiva della storia. Quando Hanold incontrò per la prima volta la presunta Gradiva, si sovvenne del sogno e supplicò l'apparizione di stendersi di nuovo nella posa che egli aveva visto assumere allora[11]. A quel punto, tuttavia, la giovane donna si alzò indignata e abbandonò il suo strano compagno, poiché aveva individuato lo sconveniente desiderio erotico al di là di ciò che egli aveva detto sotto il dominio del delirio. Credo che dobbiamo accettare l'interpretazione di Gradiva; anche in un sogno vero non possiamo sempre aspettarci di trovare un'espressione più esplicita di un desiderio erotico.

Mediante l'applicazione di alcune delle regole dell'*Interpretazione dei sogni* al primo sogno di Hanold ci è stato possibile renderlo comprensibile ed inserirlo nel tessuto della storia. Possiamo quindi pensare che l'autore debba aver osservato queste regole nel crearlo? Possiamo anche porre un'altra domanda: perché mai l'autore ha poi introdotto un sogno per produrre l'ulteriore sviluppo del delirio? Secondo la mia opinione è stata un'idea geniale, e ancora una volta corrispondente alla realtà.

Abbiamo già appreso che nelle malattie reali spesso il delirio nasce in relazione ad un sogno e, dopo quanto abbiamo stabilito sulla natura dei sogni, non è necessario vedere in questo fenomeno un nuovo enigma. Il sogno e il delirio sorgono dalla stessa fonte: si può dire che il sogno è il delirio fisiologico di una persona normale. Prima che il rimosso divenga abbastanza forte da irrompere

---

[11] «No, non ti ho sentito parlare. Ma ti ho chiamato mentre ti stendevi a dormire, e stavo accanto a te allora – il tuo viso era calmo e bello come marmo. Ti posso pregare di stenderti ancora una volta sul gradino, come facesti allora?» [70].

sotto forma di delirio nella veglia, può facilmente conseguire un primo successo nelle condizioni più favorevoli dello stato di sonno, sotto forma di sogno con effetti duraturi. Infatti durante il sonno, insieme al generale abbassamento di attività psichica, c'è un rilassamento della forza della resistenza con la quale le forze psichiche dominanti si oppongono al rimosso. Questo rilassamento permette la formazione dei sogni e spiega perché i sogni ci offrano il migliore accesso alla conoscenza della parte inconscia della mente. Solo che, in genere, con il ristabilimento della carica psichica della veglia, il sogno scompare di nuovo e il terreno che era stato conquistato dall'inconscio viene nuovamente evacuato.

3.

Nell'ulteriore sviluppo della storia si trova ancora un altro sogno che ci alletterà forse anche di più a tentarne un'interpretazione onde inserirlo nel corso degli eventi mentali dell'eroe. Ma non risparmieremmo molto a distoglierci dal racconto dell'autore e ad affrettarci immediatamente su questo secondo sogno; infatti chi desidera analizzare il sogno di un'altra persona non può evitare di rivolgere la sua attenzione su tutte le esperienze interne ed esterne del sognatore fin nei minimi particolari. Sarà quindi meglio, probabilmente, attenersi strettamente allo svolgimento della storia e disseminarlo dei nostri commenti man mano che andiamo avanti.

La creazione del nuovo delirio sulla morte di Gradiva durante la distruzione di Pompei nel 79 d.C. non fu la sola conseguenza del primo sogno, che abbiamo già analizzato. Immediatamente dopo il sogno, Hanold decise di fare il viaggio in Italia, che infine lo portò a Pompei. Ma, prima, gli accadde qualche altra cosa. Mentre era affacciato alla finestra, pensò di vedere una figura per la strada con il portamento e l'andatura della sua Gradiva. Nonostante fosse insufficientemente vestito, si affrettò a correrle dietro, ma non riuscì a raggiungerla e fu spinto di nuovo dentro casa dalle beffe dei passanti. Una volta tornato in camera sua, la canzone di un canarino in gabbia nella finestra della casa di fronte gli destò uno stato d'animo particolare, in cui anch'egli si sentiva un prigioniero anelante la libertà. E nello stesso momento in cui prese la decisione di fare il viaggio in primavera, la mise in atto.

L'autore ha particolarmente messo in luce questo viaggio di Hanold lasciando che egli facesse una parziale introspezione dei suoi processi interiori. Hanold naturalmente si trovò un pretesto scientifico per il viaggio, ma questo non durò a lungo. Dopo tutto, egli si rendeva conto in realtà che «l'impulso a fare questo viaggio era nato da un sentimento che non riusciva a definire». Una strana irrequietudine lo rendeva insoddisfatto di tutto ciò in cui si imbatteva e lo spinse da Roma a Napoli, da Napoli a Pompei; ma anche in quest'ultima meta, il suo animo era ancora agitato. Lo irritava il comportamento delle coppie in luna di miele e lo faceva arrabbiare l'impertinenza delle mosche negli alberghi di Pompei. Ma alla fine non poté più nascondersi «che la sua insoddisfazione non poteva essere provocata unicamente da ciò che era intorno a lui ma che c'era qualcosa che nasceva dentro di sé». In questo stato d'animo egli era adirato anche con la sua padrona, la Scienza. Mentre sotto il caldo sole di mezzogiorno egli vagava per la prima volta dentro Pompei, «tutta la sua scienza non lo aveva semplicemente abbandonato, ma lo aveva lasciato senza il minimo desiderio di ritrovarla di nuovo. Egli la ricordava come qualcosa di molto lontano e sentiva che era stata una vecchia zia noiosa e arida, la più deprimente e indesiderata creatura al mondo» [55].

Così, mentre si trovava in questo stato d'animo spiacevole e confuso, gli si cominciò a chiarire uno dei problemi collegati al viaggio, proprio nel momento in cui egli vide per la prima volta Gradiva che camminava per Pompei. Qualcosa «arrivò alla sua coscienza per la prima volta: senza essere consapevole dell'impulso che era dentro di lui, era venuto in Italia ed aveva viaggiato fino a Pompei, senza fermarsi a Roma o a Napoli, per vedere se poteva trovare una qualche traccia di lei. E "tracce" letteralmente, poiché con la sua andatura caratteristica doveva aver lasciato dietro di sé l'impronta delle punte dei piedi, diversa dalle altre» [58].

Dal momento che l'autore si è tanto preoccupato di descrivere il viaggio, deve valere la pena di discuterne anche il rapporto con il delirio di Hanold e la posizione nella concatenazione degli eventi. Il viaggio venne intrapreso per motivi che il soggetto al principio non riuscì a riconoscere e che confessò a se stesso solo in seguito, motivi che l'autore descrive con altre parole come «inconsci». Questo è certamente tratto dalla vita reale. Non è necessario soffrire di delirio per comportarsi in questo modo. Anzi è un fatto che accade quotidianamente a tutte le persone, anche quelle sane, l'ingannare se stessi sui motivi di un'azione, purché un conflitto tra numerose correnti di sentimenti offra le condizioni necessarie per una tale confusione. Di conseguenza fin dal principio il viaggio di Hanold era inteso al servizio del delirio, e doveva portarlo a Pompei, dove egli avrebbe potuto continuare a cercare Gradiva. Si ricorderà che la sua mente era presa da quella ricerca sia prima che immediatamente dopo il sogno, e che il sogno stesso era semplicemente una risposta alla domanda dove fosse Gradiva, anche se era una risposta rimossa dalla coscienza. Qualche forza che non conosciamo, tuttavia, gli inibiva anche al principio di diventare consapevole dell'intenzione sorta dal delirio; quindi per le ragioni coscienti del viaggio, egli rimase con pretesti insufficienti che in ogni luogo dovevano essere rinnovati. L'autore ci confonde ancora di più le idee, facendo sì che i vari fatti, il sogno, la scoperta della presunta Gradiva per la strada e la decisione di fare il viaggio suscitata dal canarino che canta, si succedano l'un l'altro come una serie di fatti casuali senza alcun nesso interno reciproco.

Attraverso alcune spiegazioni tratte dalle successive osservazioni di Zoe Bertgang questa zona oscura della storia ci diventa comprensibile. Hanold aveva visto infatti l'originale di Gradiva, la signorina Zoe in persona, che camminava per la strada e l'aveva quasi raggiunta. Se questo fosse accaduto, l'informazione ricevuta dal sogno (che ella in realtà viveva nella sua stessa epoca e nella sua stessa città) avrebbe per un caso fortunato ricevuto una conferma irresistibile, tale da provocare il crollo del suo conflitto interiore. Ma il canarino, il cui canto spinse Hanold ad un viaggio lontano, apparteneva a Zoe, e la gabbia stava alla sua finestra in linea diagonale dall'altro lato della strada rispetto alla casa di

Hanold [135]. Hanold, che, secondo l'accusa della ragazza, aveva il dono della «allucinazione negativa», che possedeva l'arte di non vedere e non riconoscere le persone che erano effettivamente presenti, deve aver avuto fin dal principio una consapevolezza inconscia di ciò che noi apprendiamo solo più tardi. Gli indizi della vicinanza di Zoe (la sua comparsa per la strada e il suo uccellino che cantava così vicino alla finestra di lui) intensificarono l'effetto del sogno, e in questa posizione, così pericolosa per la sua resistenza ai sentimenti erotici, egli si dette alla fuga. Il viaggio fu una conseguenza delle nuove forze raccolte dalla resistenza dopo l'ondata di desideri erotici nel sogno; era un tentativo di sfuggire la presenza fisica della ragazza che amava. Praticamente fu una vittoria per la rimozione, proprio come la sua precedente attività, le sue «ricerche pedonali» su donne e ragazze, era stata una vittoria per l'erotismo. Ma in ogni caso, durante queste oscillazioni della lotta, veniva preservato il carattere di compromesso del risultato: il viaggio a Pompei, che doveva allontanarlo da Zoe viva, lo portava almeno al suo surrogato, Gradiva. Il viaggio, intrapreso sfidando i pensieri onirici latenti, seguiva tuttavia la strada verso Pompei indicata dal contenuto manifesto del sogno. Quindi ad ogni nuova lotta tra l'erotismo e la resistenza troviamo il trionfo del delirio.

Questa visione del viaggio di Hanold come fuga dal ridestato desiderio erotico per la ragazza che egli amava, e che gli era così vicina, è l'unica che si adatti alla descrizione dei suoi stati emotivi durante il soggiorno in Italia. Il ripudio dell'erotismo che lo dominava si esprimeva nel suo disgusto verso le coppie in luna di miele. Un breve sogno che egli fece nell'albergo a Roma e il cui spunto fu la vicinanza di una coppia di amanti tedeschi, «Augusto e Greta», di cui egli non poté non sentire la conversazione serale attraverso la sottile parete divisoria, getta una luce retrospettiva, in un certo senso, sul significato erotico del suo primo sogno. Nel nuovo sogno egli si trovava ancora a Pompei ed il Vesuvio era nuovamente in eruzione, costituendo così un collegamento con il sogno precedente, i cui effetti perduravano durante il viaggio. Tuttavia questa volta tra le persone ancora vive c'erano, non come nella precedente occasione se stesso e Gradiva, ma l'Apollo del

Belvedere e la Venere capitolina, certamente come esaltazione ironica della coppia della stanza accanto. Apollo sollevava Venere, la portava fuori e l'adagiava su qualche cosa che sembrava nell'oscurità una carrozza o un carro, poiché emetteva uno «scricchiolio». A parte questo, l'interpretazione del sogno non richiede una particolare abilità [31].

Il nostro autore, che come da molto tempo ci siamo accorti, non introduce mai un solo elemento inutile o non intenzionale nella sua storia, ci ha dato un'altra prova della corrente asessuale che dominava Hanold durante il viaggio. Mentre egli vagabondava a lungo per Pompei, «stranamente non gli venne mai in mente che poco tempo prima aveva sognato di assistere alla sepoltura di Pompei nell'eruzione del 79 d.C.» [47]. Solamente quando vide Gradiva si ricordò improvvisamente del sogno e divenne nello stesso tempo consapevole della ragione, dovuta al delirio, del suo enigmatico viaggio. Come si potrebbe spiegare questo dimenticare il sogno, questa barriera della rimozione tra il sogno e la sua condizione psichica durante il viaggio se non supponendo che il viaggio non fu intrapreso come diretta ispirazione del sogno, ma come ribellione contro di esso, come emanazione della forza psichica che rifiutava di conoscere il significato segreto del sogno?

Ma d'altra parte Hanold non riuscì a godere di questa vittoria sul suo erotismo. L'eccitazione psichica repressa restava abbastanza forte da vendicarsi di quello che lo sopprimeva con scontentezza e inibizione. I suoi desideri si trasformarono in agitazione e insoddisfazione, che gli fecero sembrare il viaggio privo di senso. Il suo esame delle ragioni del viaggio fu inibito sotto il dominio del delirio e fu ostacolato il suo rapporto con la scienza che in quel luogo avrebbe dovuto destare tutto il suo interesse. L'autore quindi ci mostrò il suo eroe dopo la fuga dall'amore in una specie di crisi, in uno stato di confusione e distrazione totale, in un'agitazione come quella che generalmente troviamo, all'apice di una malattia, quando nessuna delle due potenze in conflitto possiede più forze sufficientemente superiori all'altra perché il margine tra di esse permetta l'instaurazione di un vigoroso regime mentale. Ma qui interviene in soccorso l'autore e spiana le cose facendo apparire

Gradiva a questo punto di congiunzione e facendole intraprendere la cura del delirio. Avendo il potere di guidare le creature della sua fantasia verso un felice destino, nonostante tutte le leggi della necessità alle quali le sottomette, egli dispone che la ragazza, per evitare la quale Hanold era fuggito a Pompei, venga trasferita proprio in quel luogo. In tal modo egli ripara alla sciocchezza che il giovane aveva fatto nel suo delirio – la sciocchezza di scambiare la casa della ragazza viva, che egli amava, per il luogo di sepoltura della sua immaginaria sostituta.

Alla comparsa di Zoe Bertgang come Gradiva, che segna l'apice della tensione nella storia, anche il nostro interesse cambia direzione. Finora abbiamo assistito allo sviluppo di un delirio; ora dobbiamo testimoniarne la cura. E possiamo chiederci se l'autore abbia fatto un'esposizione puramente fantasiosa del corso della cura o se l'abbia sviluppata secondo le possibilità effettivamente presenti. Le stesse parole di Zoe durante la conversazione con l'amica appena sposata, ci danno chiaramente motivo di attribuirle l'intenzione di portare a termine la cura [124]. Ma come lo aveva deciso? Superato lo sdegno destato in lei dalla proposta di stendersi giù a dormire di nuovo come aveva fatto «allora», ella ritornò il giorno dopo, sempre a mezzogiorno, nello stesso luogo e cominciò a carpire ad Hanold tutte le segrete informazioni, la cui ignoranza le aveva impedito di comprendere il giorno prima il suo comportamento. Apprese allora del sogno, della scultura di Gradiva e della particolarità dell'andatura, che apparteneva anche a lei. Accettò il ruolo di spirito richiamato alla vita per una breve ora, ruolo per il quale si era accorta di essere stata scelta dal delirio di lui, e, accettando i fiori dei morti che egli le aveva portato senza scopi coscienti, ed esprimendo il rimpianto che egli non le avesse offerto delle rose, gli accennava gentilmente con parole ambigue la possibilità di assumere un nuovo atteggiamento [90].

Questa ragazza era insolitamente intelligente, quindi era decisa a portare al matrimonio il suo amico d'infanzia, dopo essersi accorta che l'amore del giovane per lei era la forza motrice del delirio. Il nostro interesse per il suo comportamento, tuttavia, cederà probabilmente, per il momento, alla sorpresa che possiamo provare per il delirio in sé. Secondo l'ultima forma da esso assunta, Gradiva, che era stata sepolta nel 79 d.C., era ora in grado come spirito di mezzogiorno di parlare con lui per un'ora e doveva poi sprofondare sotto terra o cercare di nuovo la sua tomba. Questa ragnatela mentale, che né il rendersi conto delle scarpe moderne indossate dall'apparizione, né la sua conoscenza del tedesco e la sua ignoranza delle lingue antiche avevano spazzato via, sembra certamente giustificare la definizione di «fantasia pompeiana» creata dall'autore della storia, ma sembra anche escludere qualsiasi possibilità di essere misurata con il metro della realtà clinica.

Tuttavia, ad un esame più rigoroso, questo delirio di Hanold mi sembra perdere la maggior parte della sua inverosimiglianza. Anzi l'autore si è reso esso stesso responsabile di una parte di essa, basando la storia sulla premessa che Zoe era un duplicato del rilievo in tutti i particolari. Dobbiamo quindi evitare di trasferire l'inverosimiglianza di questa premessa sulla sua conseguenza, che cioè Hanold scambiasse la ragazza per Gradiva tornata in vita. Maggiore importanza viene attribuita alla spiegazione del delirio dal fatto che l'autore non ha messo a nostra disposizione degli elementi razionali. Inoltre l'autore ha addotto delle circostanze mitigatrici a favore degli eccessi del suo eroe introducendo l'elemento del riverbero abbagliante del sole nella campagna e dell'inebriante incantesimo dei vigneti sui pendii del Vesuvio. Ma il più importante dei fattori chiarificatori e discolpanti resta la facilità con cui il nostro intelletto è pronto ad accettare qualcosa di assurdo, purché soddisfi potenti impulsi emotivi. Si tratta di quel fenomeno, sorprendente e generalmente trascurato, per cui, sotto simili condizioni psicologiche, anche le persone più intelligenti reagiscono spesso come se fossero deboli di mente; chiunque non sia troppo presuntuoso può osservarlo in se stesso in qualunque momento. E accade ancora più spesso se qualcuno dei processi psichici implicati è collegato a motivi inconsci e rimossi. A questo riguardo cito volentieri le parole di un filosofo, che mi scrive: «Ho annotato i casi che mi sono capitati di errori strani ed azioni sventate, i cui motivi si scoprono successivamente (in modo del tutto irragionevole). È un fatto allarmante, ma tipico, scoprire

quanta follia questo porti alla luce». Dobbiamo anche ricordare
che tra le persone colte è ancora diffuso il credere agli spiriti, ai
fantasmi e al ritorno dei morti, cose che trovano conferma nelle
religioni alle quali siamo stati tutti attaccati almeno nell'infanzia,
e che molti, pur essendo razionali sotto altri aspetti, ritengono
possibile conciliare lo spiritualismo con la ragione. Anche un
uomo diventato razionale e scettico, si può vergognare di scoprire
quanto facilmente egli possa tornare per un attimo a credere negli
spiriti sotto l'urto congiunto di una forte emozione e confusione.
So di un medico al quale una volta era morta una paziente malata
del morbo di Graves, e che non riusciva a liberarsi dal lontano
sospetto di aver potuto contribuire all'infelice risultato con una
prescrizione sventata. Un giorno, parecchi anni dopo, una ragazza
entrò nel suo studio, ed egli, nonostante tutti i suoi sforzi, non poté
non riconoscere in lei la paziente morta. Poté solo formulare un
unico pensiero: «Così dopo tutto è vero che i morti possono tornare in vita». Il terrore non cedette il posto alla vergogna finché
la ragazza non si presentò come la sorella di quella che era morta
della stessa malattia di cui ella stessa soffriva. È stato osservato
che le vittime del morbo di Graves hanno tra loro una notevole
somiglianza facciale; e in questo caso a tale somiglianza tipica
si aggiungeva quella familiare. Tuttavia, il dottore a cui capitò
questo fenomeno ero proprio io, ed ho quindi motivi personali
per non confutare la possibilità clinica del delirio temporaneo
di Norbert Hanold sul ritorno in vita di Gradiva. Infine tutti gli
psichiatri sanno che nei casi gravi di deliri cronici (nella paranoia)
ricorrono gli esempi più eccezionali di assurdità ingegnosamente
elaborate e ben fondate.

Dopo il suo primo incontro con Gradiva, Norbert Hanold aveva
bevuto il suo vino prima in uno poi nell'altro dei due ristoranti
che conosceva a Pompei, mentre gli altri ospiti erano impegnati a
consumare il pasto principale della giornata. «Naturalmente non
gli venne mai in mente di pensare all'idea assurda» che lo stesse
facendo per scoprire in quale degli alberghi Gradiva viveva e stava
mangiando. Ma è difficile dire quale altro senso avessero potuto
avere le sue azioni. Il giorno dopo il loro secondo incontro alla

casa di Meleagro, egli ebbe diverse esperienze strane e apparentemente incoerenti. Egli scoprì una stretta apertura nel muro del portico, nel punto in cui Gradiva era scomparsa. Incontrò uno sciocco cacciatore di lucertole che gli si rivolse come se fosse un conoscente. Scoprì un terzo albergo, fuorimano, l'Albergo al Sole, il cui proprietario gli affibbiò un fermaglio metallico con una patina verde passandolo per un reperto trovato accanto ai resti di una ragazza pompeiana. E, infine, nel suo albergo notò una giovane coppia appena arrivata, che immaginò fratello e sorella e che trovò simpatici. Tutte queste impressioni vennero poi intessute insieme in un sogno «notevolmente assurdo», il cui contenuto era il seguente:

«Gradiva era seduta da qualche parte al sole e faceva una trappola con fili d'erba per catturare una lucertola, e disse: "Per favore resti immobile. La nostra collega ha ragione; il metodo è veramente ottimo ed essa se ne è servita con risultati eccellenti"».

Stornò questo sogno mentre ancora dormiva osservando criticamente che era pura follia, e cercò in tutti i modi di liberarsene. Ci riuscì con l'aiuto di un uccello invisibile che fece un breve richiamo ridente e portò via nel suo becco la lucertola.

Dobbiamo avventurarci nel tentativo di interpretare anche questo sogno, cioè di sostituire ad esso i pensieri latenti dalla cui deformazione deve essere sorto? Esso è assurdo come solo un sogno può esserlo, e questa assurdità dei sogni è il fondamento della teoria che rifiuta di caratterizzare i sogni come atti psichici completamente validi e sostiene che sorgono da eccitazioni disordinate degli elementi psichici.

Siamo in grado di applicare a questo sogno la tecnica che si può definire come il regolare procedimento di interpretazione dei sogni. Esso consiste nel non prestare attenzione ai nessi apparenti del sogno manifesto e nel concentrarsi su ogni elemento del suo contenuto separatamente, cercandone l'origine nelle impressioni, ricordi e libere associazioni del sognatore. Poiché, tuttavia, non possiamo interrogare Hanold, dovremo accontentarci di riferirci alle sue impressioni e possiamo a titolo di prova mettere le nostre associazioni al posto delle sue.

«Gradiva era seduta da qualche parte al sole, prendeva lucertole e parlava.» Quale impressione del giorno precedente trova eco in questa parte del sogno? Certamente l'incontro con l'anziano gentiluomo, il cacciatore di lucertole, che era quindi sostituito nel sogno da Gradiva. Egli era seduto o disteso «su un pendio inondato di sole» e anch'egli aveva parlato ad Hanold. Inoltre le osservazioni di Gradiva nel sogno erano copiate dalle osservazioni dell'uomo: «Il metodo indicato dal nostro collega Eimer è veramente ottimo; l'ho usato già molte volte con risultati eccellenti. Per favore resti immobile». Gradiva usò le stesse parole nel sogno tranne che «il nostro collega Eimer» fu sostituito da una innominata «collega»; inoltre il «molte volte» del discorso dello zoologo fu omesso nel sogno e l'ordine delle frasi fu in qualche modo alterato. Sembra quindi che questa esperienza del giorno precedente fosse trasformata nel sogno con l'aiuto di alcuni cambiamenti e deformazioni. Perché questa particolare esperienza? E qual è il significato dei cambiamenti – la sostituzione di Gradiva all'anziano gentiluomo e l'introduzione della enigmatica «collega»?

In una regola dell'interpretazione dei sogni si afferma: «Un discorso sentito in un sogno è sempre tratto da un discorso udito o fatto dal sognatore nella vita da sveglio». Qui sembra che sia stata osservata questa regola: il discorso di Gradiva è solo un'alterazione del discorso dell'anziano zoologo che Hanold aveva udito il giorno prima. Un'altra regola dell'interpretazione dei sogni ci informa che quando una persona viene sostituita da un'altra o quando due persone vengono fuse insieme (ad esempio, quando una di esse viene mostrata in un atteggiamento che è caratteristico dell'altra) significa che le due persone vengono messe sullo stesso piano, che tra esse c'è una somiglianza. Se ci azzardiamo ad applicare anche questa regola al nostro sogno, dovremmo arrivare a questa traduzione: «Gradiva prende le lucertole proprio come il vecchio uomo; è abile quanto lui nell'acchiappare lucertole». Non si può ancora dire che il risultato sia perfettamente chiaro, ma dobbiamo risolvere un altro enigma. A quale impressione del giorno precedente dobbiamo riferire la «collega» che nel sogno sostituisce il famoso zoologo Eimer? Fortunatamente in questo caso non abbiamo molto da scegliere. Una «collega» può solo significare un'altra ragazza, cioè la simpatica giovane donna che Hanold aveva scambiato per una sorella in viaggio con il fratello. «Ella portava una rosa rossa di Sorrento sull'abito, la cui vista gli ricordò qualcosa mentre osservava dall'angolo della sala da pranzo, ma non riusciva a ricordare cosa.» Questa osservazione dell'autore ci permette di considerarla la «collega» del sogno. Certamente ciò che Hanold non riusciva a ricordare erano le parole che gli aveva detto la presunta Gradiva quando, chiedendogli i fiori bianchi dei morti, aveva osservato che in primavera la gente offre alle ragazze più fortunate delle rose. Ma dietro a quelle parole c'era stato un cenno di corteggiamento. Allora che specie di caccia alle lucertole aveva compiuto con tanto successo la più fortunata «collega»?

Il giorno successivo Hanold incontrò i presunti fratello e sorella stretti in un abbraccio appassionato e poté così correggere il precedente errore. Si trattava in realtà di una coppia di innamorati, e per di più in luna di miele, come abbiamo scoperto in seguito, quando hanno così inaspettatamente interrotto il terzo incontro di Hanold con Zoe. Se siamo ora disposti a pensare che Hanold, per quanto li avesse presi coscientemente per fratello e sorella, avesse immediatamente riconosciuto il loro vero rapporto (che fu esplicitamente rivelato il giorno dopo) nel suo inconscio, il discorso di Gradiva nel sogno acquista un chiaro significato. La rosa rossa era diventata il simbolo di una relazione amorosa. Hanold capiva che la coppia era già quello che lui e Gradiva dovevano ancora diventare: la caccia alle lucertole significava ora caccia all'uomo, e il discorso di Gradiva significava qualcosa del genere: «Lasciatemi sola: so quanto l'altra ragazza come conquistare un uomo».

Ma perché era necessario che questo discernimento delle intenzioni di Zoe apparisse in sogno sotto forma del discorso del vecchio zoologo? Perché l'abilità di Zoe nel catturare uomini era rappresentata dall'abilità dell'anziano zoologo nel catturare lucertole? Ebbene, non è difficile trovare una risposta. Abbiamo indovinato da molto tempo che il cacciatore di lucertole non era altri che Bertgang, il professore di zoologia e padre di Zoe, che, tra l'altro, deve anche aver conosciuto Hanold, il che spiega come mai gli si rivolgesse come ad un conoscente. Ipotizziamo ancora una volta che nel suo inconscio Hanold riconoscesse subito il professore. «Aveva la vaga sensazione di aver già visto di sfuggita il volto del cacciatore di lucertole, probabilmente in uno dei due alberghi.» È questa allora la spiegazione dello strano camuffamento sotto il quale apparve l'intenzione attribuita a Zoe: ella era la figlia del cacciatore di lucertole ed aveva acquistato da lui la sua abilità.

La sostituzione di Gradiva al cacciatore di lucertole nel contenuto del sogno è di conseguenza una rappresentazione del rapporto tra i due personaggi, che Hanold conosceva nel suo inconscio; l'introduzione della «collega» al posto del «nostro collega Eimer» permetteva al sogno di esprimere la consapevolezza di Hanold che ella stava corteggiando un uomo. Fino a questo punto il sogno ha saldato insieme («condensato», come diciamo noi) due esperienze del giorno precedente in un'unica situazione, per esprimere (anche se in modo molto oscuro) due scoperte che non potevano diventare coscienti. Ma possiamo andare più in là, possiamo ridurre ancora di più la stranezza del sogno e dimostrare l'influenza delle altre esperienze del giorno precedente sulla forma presa dal sogno manifesto.

Possiamo dichiararci insoddisfatti della spiegazione data finora del perché venne assunta nel nucleo del sogno proprio la scena della caccia alle lucertole, e possiamo supporre che ancora degli altri elementi dei pensieri onirici abbiano contribuito a creare l'enfasi relativa alle «lucertole» nel sogno manifesto. Ciò, anzi, è molto probabile. Si ricorderà che Hanold aveva scoperto una stretta apertura nel muro nel punto in cui era sembrato che Gradiva svanisse – una stretta apertura «che tuttavia era abbastanza ampia da permettere ad una figura insolitamente sottile» di passare. Questa osservazione durante il giorno lo aveva indotto ad apportare un cambiamento al suo delirio, un cambiamento nel senso che quando Gradiva scompariva dalla sua vista, non sprofondava sotto terra ma si serviva dell'apertura per raggiungere la sua tomba. Nei suoi pensieri inconsci egli può essersi detto di avere ora scoperto la spiegazione naturale della sorprendente scomparsa della ragazza. Ma l'idea di scivolare attraverso strette aperture e scomparire in esse non gli avrà ricordato il comportamento delle lucertole? Non si stava forse comportando in questo modo Gradiva come un'agile piccola lucertola? Secondo la nostra opinione, dunque, la scoperta dell'apertura nel muro contribuì nel determinare la scelta dell'elemento «lucertola» nel contenuto manifesto del sogno. La presenza della lucertola nel sogno rappresentava sia questa impressione del giorno precedente sia l'incontro con il padre di Zoe, lo zoologo...

E se ora, diventati audaci, cercassimo di trovare nel contenuto del sogno la rappresentazione di un'esperienza del giorno precedente che non è stata ancora utilizzata, cioè la scoperta del terzo albergo, dell'Albergo al Sole? L'autore ha trattato così lungamente questo episodio ed ha collegato ad esso tante cose, che resteremmo sorpresi se fosse il solo a non aver contribuito alla formazione del sogno. Hanold era entrato in questo albergo, che, a causa della sua collocazione fuorimano e della sua distanza dalla stazione ferroviaria, gli era rimasto ignoto, per acquistare una bottiglia di acqua minerale e raffreddare il suo sangue in ebollizione. Il padrone colse l'occasione per mostrargli i suoi oggetti antichi, tra cui un fermaglio che sosteneva essere appartenuto alla ragazza pompeiana che era stata trovata nelle vicinanze del Foro, strettamente abbracciata al suo amante. Hanold, che non aveva mai creduto fino allora all'aneddoto tante volte sentito, era ora costretto da una forza sconosciuta a credere alla verità di questa storia commovente e alla autenticità dell'oggetto; egli acquistò il fermaglio e lasciò l'albergo con il suo nuovo acquisto. Mentre usciva, vide in un bicchiere ad una finestra un rametto curvo di asfodelo coperto di boccioli bianchi, e assunse quella vista a conferma dell'autenticità del suo nuovo possesso. Egli era ora decisamente convinto che il fermaglio verde fosse appartenuto a Gradiva e che era lei la ragazza morta nelle braccia dell'amante. Placò la gelosia che di conseguenza lo attanagliava, decidendo che il giorno dopo avrebbe mostrato il fermaglio a Gradiva stessa e avrebbe atteso conferma del suo sospetto. Non si può negare che questo fosse uno strano nuovo elemento del delirio. Dovremmo, tuttavia, credere che non ce ne fosse traccia nel sogno della stessa notte?

Varrà certamente la pena di spiegare l'origine di questo accrescimento del delirio e di cercare la nuova scoperta inconscia che fu sostituita dal nuovo elemento di delirio. Il delirio apparve sotto l'influenza del padrone dell'Albergo al Sole davanti al quale Hanold si comportò in maniera così stranamente credulona da sembrare quasi d'essere stato ipnotizzato. Il padrone gli mostrò una fibbia metallica da abito, affermando che era autentica e che era appartenuta alla ragazza trovata sepolta tra le braccia del suo amante; e Hanold, che era capace di essere abbastanza critico da dubitare sia della verità della storia che dell'autenticità del fermaglio, vi credette subito e acquistò un oggetto di troppo dubbia antichità. Il perché di questo comportamento è del tutto incomprensibile e nulla nella personalità del proprietario ci può suggerire una spiegazione. Ma c'è un altro enigma nell'episodio, e spesso due enigmi si risolvono l'un l'altro. Mentre lasciava l'albergo, vide un rametto di asfodelo in un bicchiere ad una finestra e lo prese come una conferma dell'autenticità del fermaglio metallico. Come era potuto succedere questo? Ma fortunatamente quest'ultimo punto è facile da risolvere. Il fiore bianco era certamente quello che aveva dato a Gradiva a mezzogiorno, ed è perfettamente vero che la sua vista alla finestra dell'albergo confermava qualcosa. Non certamente l'autenticità del fermaglio, ma qualcos'altro che gli era già diventato chiaro quando aveva scoperto questo albergo precedentemente ignorato. Già il giorno prima si era comportato come se stesse cercando di trovare nei due alberghi di Pompei la persona che gli era apparsa come Gradiva. Ed ora, avendone inaspettatamente trovato un terzo, si deve essere detto nel suo inconscio: «Allora è qui che sta lei!». Aggiunse perciò, mentre andava via: «Sì, è giusto! Ecco l'asfodelo che le ho dato! E così quella è la sua finestra!». Questa dunque la nuova scoperta che fu sostituita dal delirio e che non poteva arrivare alla coscienza perché presupponeva il postulato che Gradiva fosse una persona viva che egli una volta aveva conosciuto, e questo non poteva diventare cosciente.

Ma come poteva avere luogo questa sostituzione del delirio alla nuova scoperta? Ciò che accadde, credo, fu che il senso di convinzione collegato alla scoperta riuscì a persistere e fu conservato, mentre la scoperta stessa, che non poteva essere ammessa alla coscienza, fu sostituita da un altro contenuto rappresentativo ad essa connesso mediante associazioni di idee. Così il senso di convinzione fu collegato ad un contenuto che in realtà gli era estraneo e questo, sotto forma di delirio, ottenne un riconoscimento che non era applicato ad esso. Hanold trasferì la sua convinzione che Gradiva viveva nella casa su altre impressioni che aveva ricevuto nella stessa casa: questo provocò la sua credulità nei confronti delle osservazioni del padrone di casa, nella autenticità del fermaglio metallico e nella veridicità dell'aneddoto sulla scoperta degli amanti abbracciati – ma solamente perché aveva collegato a Gradiva ciò che udiva nella casa. La gelosia già latente in lui fece presa su questo materiale e conseguenza ne fu il delirio (anche se in contraddizione con il primo sogno) che Gradiva fosse la ragazza morta tra le braccia dell'amante e che il fermaglio che egli aveva acquistato le fosse appartenuto.

Si deve osservare che la sua conversazione con Gradiva e l'accenno di lei a corteggiarlo (il suo «dirlo con i fiori») aveva già prodotto in Hanold degli importanti cambiamenti. Si erano già destati in lui tratti di desiderio maschile – componenti della libido –, anche se è vero che non potevano ancora fare a meno di mascherarsi dietro pretesti coscienti. Ma il problema della «natura corporea» di Gradiva, che lo perseguitò per tutto il giorno, non può rinnegare la sua origine nella curiosità erotica di un giovane per il corpo di una donna, anche se è coinvolto in un problema scientifico dall'insistenza cosciente sulla strana oscillazione di Gradiva tra la vita e la morte. La sua gelosia era un ulteriore indizio dell'aspetto coscientemente attivo dell'amore di Hanold; egli espresse questa gelosia all'inizio della loro conversazione il giorno successivo e, grazie ad un nuovo pretesto, toccò il corpo della ragazza e, come usava fare in passato, la colpì.

È tempo ormai di chiederci se il metodo di formazione di un delirio, che abbiamo dedotto dal racconto dell'autore, sia noto da altre fonti o se invece sia almeno possibile. In base alle nostre nozioni mediche possiamo solo rispondere che è certamente il metodo esatto e forse l'unico metodo mediante il quale un delirio acquista quella ferma convinzione che è una delle caratteristiche cliniche. Se un paziente crede così fermamente nel suo delirio, ciò non avviene perché si è sconvolta la sua facoltà di giudizio e perché non si eleva da ciò che è falso nel delirio. Al contrario, c'è un granello di verità che si nasconde in ogni delirio, c'è qualcosa che veramente merita di essere creduta, e questo costituisce la fonte della convinzione del paziente il quale quindi è giustificato entro tali limiti. Questo elemento di verità tuttavia è rimosso da molto tempo. Se alla fine riesce a penetrare nella coscienza, questa volta in forma distorta, il senso di convinzione ad esso collegato viene iperintensificato quasi in via di compensazione, e viene ora collegato al sostituto deformato della verità rimossa e lo protegge da qualsiasi attacco critico. In un certo senso la convinzione viene spostata dalla verità inconscia all'errore cosciente che è ad essa legato, e resta fissata lì proprio in conseguenza di questo spostamento. Il caso della formazione di delirio che derivò dal primo sogno di Hanold, non è altro che un esempio simile se non identico di un tale spostamento. Anzi il modo qui descritto della formazione di una convinzione nel caso di delirio non differisce fondamentalmente dal modo in cui una convinzione si origina nei casi normali, quando la rimozione non è presente. Noi tutti colleghiamo la nostra convinzione a contenuti di pensiero in cui la verità è unita all'errore e permettiamo che si estenda dalla prima al secondo. In un certo senso essa si diffonde dalla verità fino all'errore ad essa associato e protegge quest'ultimo, anche se non così drasticamente come nel caso di un delirio, contro la meritata critica. Anche nella normale psicologia si può trovare al posto del vero valore una grande coerenza, «un ascendente» per così dire.

Intendo ora tornare sul sogno ed estrarne un elemento piccolo ma interessante, che costituisce un collegamento tra due delle sue cause provocatrici. Gradiva aveva in un certo senso contrapposto i boccioli di asfodelo bianchi e la rosa rossa. La vista dell'asfodelo alla finestra dell'Albergo al Sole divenne una testimonianza importante a sostegno della scoperta inconscia di Hanold, che trovò espressione nel nuovo delirio; e parallelamente c'era il fatto che la rosa rossa sull'abito della ragazza simpatica aveva aiutato Hanold nel suo inconscio a cambiare opinione sul suo rapporto con il compagno, cosicché egli fu in grado di presentarla nel sogno come la «collega».

Ma dove troviamo, si chiederà, nel contenuto manifesto del sogno qualcosa che indichi e sostituisca la scoperta della quale, come abbiamo visto, il nuovo delirio di Hanold aveva preso il posto: la scoperta che Gradiva si trovava col padre all'Albergo al Sole cioè nel terzo nascosto albergo di Pompei? Eppure è lì, nel sogno e nemmeno molto deformato, ed esito ad indicarlo semplicemente perché so che anche quei lettori che mi hanno seguito pazientemente sin qui, cominceranno a ribellarsi violentemente contro i miei tentativi di interpretazione. Ripeto che la scoperta di Hanold è pienamente annunciata dal sogno, ma così abilmente nascosta che deve per forza essere trascurata. È nascosta dietro un gioco di parole, un doppio senso. «Gradiva era seduta da qualche parte al sole.» Noi lo abbiamo correttamente riferito al luogo in cui Hanold incontrò il padre di lei, lo zoologo. Ma non poteva significare anche «al Sole», cioè Gradiva è all'Albergo al Sole? E non doveva forse il «da qualche parte», che non aveva alcun rapporto con l'incontro del padre di lei, suonare così ipocritamente indefinito proprio perché introduceva un'informazione precisa sul luogo in cui si trovava Gradiva? In base alle mie esperienze sui sogni reali, per quanto mi riguarda sono perfettamente sicuro che è questo il significato dell'ambiguità. Ma in realtà non mi sarei avventurato a presentare questa interpretazione ai miei lettori, se l'autore non mi avesse a questo punto offerto la sua potente assistenza. Egli fa pronunciare lo stesso gioco di parole alla ragazza il giorno dopo, quando vede la fibbia di metallo: «L'hai trovata forse al Sole, che produce cose di questo genere?». E poiché Hanold non capiva ciò che aveva detto, ella spiegò che intendeva dire l'Albergo al Sole, che lì chiamano «Sole», dove aveva già visto l'ipotetico oggetto antico.

Ed ora facciamo l'audace tentativo di sostituire al sogno «notevolmente assurdo» di Hanold i pensieri inconsci latenti, che erano completamente diversi. Dicevano, ad esempio: «Essa sta al "Sole" con il padre. Perché sta facendo questo gioco con me? Si vuole beffare di me? O è possibile che mi ami e che voglia avermi per marito?». E certamente mentre dormiva ancora, venne una risposta a eliminare quest'ultima possibilità, come «pura follia», commento che apparentemente era diretto a tutto il sogno manifesto.

I lettori più critici si chiederanno giustamente l'origine dell'interpolazione (di cui non ho ancora dato spiegazione) nell'allusione all'essere ridicolizzato da Gradiva. La risposta si trova ne *L'interpretazione dei sogni*, che spiega che se nei pensieri onirici c'è ridicolo, derisione o amare contraddizioni, ciò viene espresso dando al sogno manifesto una forma insensata, mediante l'assurdità del sogno. Questa assurdità non sta quindi a indicare una qualche paralisi dell'attività psichica, ma è un metodo di rappresentazione impiegato dal lavoro onirico. Come sempre succede nei punti particolarmente difficili, l'autore ancora una volta ci viene in aiuto. Il sogno assurdo aveva un breve epilogo, in cui un uccello emetteva un ridente richiamo e portava via la lucertola nel suo becco. Ma Hanold aveva udito un analogo richiamo ridente dopo la scomparsa di Gradiva. In realtà questo era venuto da Zoe, che con questa risata si era scrollata via la cupa serietà del suo ruolo sotterraneo. Gradiva aveva veramente riso di lui. Ma l'immagine onirica dell'uccello che porta via la lucertola può essere stato un ricordo del sogno precedente, in cui Apollo Belvedere portava via la Venere capitolina.

Forse ci sono ancora dei lettori per i quali la traduzione della situazione della caccia delle lucertole con l'idea dell'adescamento non è sufficientemente chiarita. Altre prove a sostegno di essa si possono trovare nel fatto che Zoe, durante la conversazione con l'amica appena sposata, aveva ammesso proprio ciò che i pensieri di Hanold sospettavano di lei – quando le disse che era sicura di «scavare fuori» qualcosa di interessante a Pompei. Qui ella stava sconfinando nel campo dell'archeologia, proprio come lui era sconfinato, con il paragone della caccia alle lucertole, nel campo della zoologia. Sembrava che stessero lottando l'uno contro l'altra, e che ognuno stesse cercando di assumere il carattere dell'altro.

A questo punto possiamo dire d'aver finito di interpretare anche questo secondo sogno. Entrambi sono diventati comprensibili in base alla supposizione che un sognatore conosca nei suoi pensieri inconsci tutto ciò che ha dimenticato nei suoi pensieri coscienti, e che nei primi egli giudica esattamente ciò che negli altri fraintende in un delirio. Nel corso delle nostre argomentazioni siamo certamente stati costretti a fare alcune affermazioni che sono sembrate strane al lettore a causa della loro mancanza di familiarità; e probabilmente abbiamo spesso destato il sospetto di far passare per intendimento dell'autore quello che in realtà era solo il nostro. Intendo fare di tutto per dissipare questo sospetto, e quindi esaminerò con maggiori dettagli uno dei punti più delicati, cioè l'uso di parole e frasi ambigue, come: «Gradiva era seduta da qualche parte al sole».

Chi legge *Gradiva* resterà sorpreso dalla frequenza con la quale l'autore fa pronunciare ai due personaggi principali delle osservazioni ambigue. Nel caso di Hanold, egli non intendeva queste osservazioni in senso ambiguo, mentre è l'eroina, Gradiva, che viene colpita dal loro secondo significato. Così, ad esempio, quando in risposta alla prima replica di lei, egli esclamò: «Sapevo che la tua voce avrebbe avuto questo suono», Zoe, che ignorava ancora tutto, non poteva non domandare come fosse possibile, dal momento che egli non l'aveva mai sentita parlare prima. Nella loro seconda conversazione, la ragazza fu per un attimo in dubbio sul suo delirio, quando egli le disse che l'aveva riconosciuta subito. Ella non poteva non prendere queste parole nel senso (corretto per quanto riguardava l'inconscio di lui) di riferirle alla loro lontana conoscenza infantile; mentre lui, naturalmente, non sapeva nulla di questa implicazione della sua osservazione e la spiegava solo riferendosi al proprio delirio dominante. D'altra parte, le osservazioni fatte dalla ragazza, la cui personalità mostra la più lucida chiarezza di mente in contrasto con il delirio di Hanold, presentano un'ambiguità intenzionale. Uno dei significati collima con il delirio di Hanold, in modo da poter penetrare nella sua comprensione cosciente, ma l'altro si eleva al di là del delirio, e ci dà in genere la traduzione nella verità inconscia che rappresenta. Riuscire ad esprimere nelle stesse parole il delirio e la verità è un trionfo di abilità e di acutezza.

Il discorso di Zoe, in cui spiega la situazione all'amica e nello stesso tempo riesce a liberarsene, è pieno di ambiguità di questo tipo. In realtà è un discorso fatto dall'autore e rivolto più al lettore che alla «collega» di Zoe appena sposata. Nelle sue conversazioni con Hanold, l'ambiguità viene generalmente creata da Zoe usando lo stesso simbolismo che abbiamo trovato nel primo sogno di Hanold, cioè l'eguagliare la rimozione e la sepoltura, Pompei e l'infanzia. In tal modo nei suoi discorsi ella è in grado da un lato di restare nel ruolo scelto per lei dal delirio di Hanold, e dall'altro di raggiungere un contatto con le circostanze reali e risvegliarne la comprensione nell'inconscio di Hanold.

«Mi sono da tempo abituata ad essere morta» [90]. «A me è giusto che tu dia il fiore dell'oblio.» In queste frasi c'è un vago preannuncio dei rimproveri che scoppieranno abbastanza chiaramente nel suo discorso finale, in cui lo paragonerà ad un *archaeopteryx*. «Il fatto che uno deve morire per tornare vivo; ma senza dubbio ciò vale per gli archeologi.» Ella fece quest'ultima osservazione, dopo che era stato eliminato il delirio, come per dare una chiave ai suoi discorsi ambigui. Ma fece il migliore uso del suo simbolismo quando chiese: «Sento come se avessimo già diviso un pasto come questo duemila anni fa; non ti ricordi?» [118]. Qui sono inequivocabili la sostituzione all'infanzia del passato storico e il tentativo di ridestarne il ricordo.

Ma da dove viene questa strana preferenza per i discorsi ambigui in *Gradiva?* Riteniamo che non sia un caso, ma una conseguenza necessaria delle premesse della storia. Non è altro che la controparte della determinazione duplice dei sintomi, nella misura in cui gli stessi discorsi sono sintomi e come tali derivano da compromessi tra il cosciente e l'inconscio. Semplicemente che questa duplice origine si nota più facilmente nei discorsi che, ad esempio, nelle azioni. E quando, come spesso è reso possibile dalla natura duttile del materiale discorsivo, ognuna delle due intenzioni retrostanti al discorso si può esprimere adeguatamente con le stesse parole, ci troviamo di fronte ad una «ambiguità».

Nel corso del trattamento psicoterapeutico di un delirio o di un disturbo simile, spesso il paziente fa dei discorsi ambigui di questo tipo, che sono sintomi nuovi di brevissima durata; e può succedere che anche lo stesso dottore si trovi nella posizione di servirsene. In tal modo avviene non di rado che con il significato inteso per la coscienza del paziente, egli stimoli una comprensione del significato che ha relazione con la situazione inconscia. So per esperienza che il ruolo così svolto dall'ambiguità può sollevare numerosissime obiezioni da parte della persona non iniziata e creare enormi malintesi. Ma in ogni caso l'autore aveva il diritto di inserire nella sua creazione un quadro di questo elemento, caratteristico di ciò che succede nella formazione dei sogni e dei deliri.

4.

Come ho già osservato, un nuovo interesse viene destato in noi dalla improvvisa apparizione di Zoe nelle vesti di medico. Siamo ora ansiosi di conoscere se la cura che ella ha condotto su di lui è concepibile o almeno possibile, e se l'autore ha esattamente individuato le condizioni per la scomparsa del delirio così come è riuscito a fare nel caso della sua genesi.

Ci troveremo certamente a questo punto di fronte a chi nega che il caso presentato dall'autore possieda un simile interesse generale, confutando l'esistenza di qualsiasi problema in cerca di soluzione. Hanold, si obietterà, non aveva altra alternativa che quella di abbandonare il suo delirio, dopo che il suo soggetto, la presunta «Gradiva», gli aveva dimostrato che tutte le sue ipotesi erano sbagliate e dopo che gli aveva dato le spiegazioni più naturali di tutto ciò che era enigmatico, ad esempio, di come mai conoscesse il suo nome. Questa sarebbe la fine logica della storia; ma poiché la ragazza aveva incidentalmente rivelato il suo amore per lui, l'autore, certamente per fare contente le lettrici femminili, dispose in modo che la sua storia, altrimenti poco interessante, avesse la solita felice conclusione in un matrimonio. Sarebbe stato più coerente ed egualmente possibile, proseguirà l'obiezione, che il giovane scienziato, una volta che era stato rilevato il suo errore, avesse preso congedo dalla donna con cortesi ringraziamenti e le avesse detto, per spiegare il rifiuto del suo amore, che egli era capace di sentire un profondo interesse per le donne antiche di marmo o di bronzo, e per i loro originali se erano accessibili al contatto, ma che non sapeva che farsene delle ragazze sue contemporanee in carne ed ossa. L'autore in conclusione avrebbe del tutto arbitrariamente aggiunto una storia d'amore alla sua fantasia archeologica.

Nel respingere questa impossibile teoria, osserviamo in primo luogo che i primi indizi del cambiamento di Hanold non apparvero solo nel suo abbandono del delirio. Contemporaneamente, e anzi prima della chiarificazione del delirio, si destò in lui un'inequivocabile brama d'amore, che si manifestò nel corteggiare la ragazza che lo aveva liberato dal delirio. Abbiamo già sottolineato i pretesti e i camuffamenti dietro ai quali trovavano espressione nel delirio la sua curiosità sulla «natura corporea» di lei, la sua gelosia e il suo brutale istinto maschile di possesso, dopo che il desiderio erotico rimosso lo aveva portato a fare il primo sogno. A ulteriore conferma possiamo ricordare che la sera dopo il suo secondo incontro con Gradiva, per la prima volta trovò simpatica una donna viva, per quanto nel non riconoscerla come una sposa novella egli stesse facendo ancora una concessione al suo antico orrore per le coppie in luna di miele. La mattina dopo, tuttavia, egli fu testimone casuale di uno scambio di tenerezze tra la ragazza ed il presunto fratello, e si ritirò con un senso di timore reverenziale, come se avesse interrotto un atto sacro. Aveva dimenticato la sua derisione verso «Augusto e Greta» e acquistato un senso di rispetto per l'aspetto erotico della vita.

L'autore ha quindi creato il più stretto legame tra la chiarificazione del delirio e l'esplosione della brama d'amore, ed ha preparato la strada per l'inevitabile conclusione del corteggiamento. Egli conosce la natura essenziale del delirio meglio dei suoi critici: egli sa che una componente del desiderio di amore si era unita ad una componente di resistenza nel produrre il delirio, e rende la ragazza, che intraprende la cura, sensibile a quell'elemento del delirio di Hanold che le è gradevole. Solamente questa consapevolezza poté indurla a dedicarsi al trattamento; solo la certezza di essere da lui amata poté spingerla a confessare il suo amore per lui. La cura consisteva nell'offrirgli dall'esterno i ricordi rimossi di cui egli non poteva liberarsi dall'interno; ma non avrebbe avuto effetto se nel suo corso la ragazza non avesse preso in considerazione i suoi sentimenti e se la sua ultima traduzione del delirio non fosse stata: «Vedi, tutto questo significa solo che tu mi ami».

Il procedimento che l'autore fa adottare a Zoe per curare il delirio del suo amico d'infanzia mostra una lontana somiglianza – no, una completa concordanza nella sua essenza – con un metodo terapeutico che il dottor Josef Breuer ed io abbiamo introdotto nella pratica medica nel 1895, e al cui perfezionamento io mi sono da allora dedicato. Questo metodo di cura, al quale in principio Breuer ha dato il nome di «catartico» e che io preferisco definire «analitico», consiste, se applicato a pazienti sofferenti di disturbi analoghi al delirio di Hanold, nel portare alla loro coscienza, entro certi limiti con la forza, l'inconscio la cui rimozione ha causato la loro malattia – proprio come fece Gradiva con i ricordi rimossi dei loro rapporti infantili. È vero che Gradiva ha potuto svolgere il suo compito più facilmente di un dottore: sotto molti aspetti si può dire che ella si trovasse nella posizione ideale. Il dottore, che non ha precedente conoscenza del suo paziente e che non possiede ricordi coscienti di ciò che lavora inconsciamente in lui, deve chiamare in aiuto una tecnica complicata per compensare questo svantaggio. Egli deve imparare come dedurre con grande certezza dalle associazioni e comunicazioni coscienti del paziente ciò che è rimosso in lui, come scoprire il suo inconscio nel momento in cui si tradisce dietro le parole e gli atti coscienti. Egli deve poi fare qualcosa come Norbert Hanold quando alla fine della storia ritraduce il nome «Gradiva» in «Bertgang». Il disturbo svanisce mentre viene riportato alle sue origini; anche l'analisi costituisce contemporaneamente la guarigione.

Ma la somiglianza tra il procedimento di Gradiva e il metodo analitico di psicoterapia non si limita a questi due punti, cioè il rendere cosciente ciò che è stato rimosso e la coincidenza della spiegazione con la guarigione. Essa si estende anche a ciò che risulta essere l'essenza di tutto il cambiamento: al risveglio dei sentimenti. Tutti i disturbi analoghi al delirio di Hanold, quelle che in termini scientifici siamo soliti definire «psiconevrosi», hanno in sé come condizione necessaria la rimozione di una parte della vita pulsionale o, come possiamo dire con sicurezza, della pulsione sessuale. Ad ogni tentativo di portare le cause inconsce e rimosse della malattia alla coscienza, la componente pulsionale coinvolta è necessariamente chiamata ad una lotta rinnovata con le forze rimoventi, solo per venire a patti con esse nel risultato finale, spesso insieme a violente manifestazioni di reazione. Se riuniamo tutte le numerose componenti della pulsione sessuale sotto il termine «amore», il procedimento di cura si compie in una ricaduta nell'amore; e tale ricaduta è indispensabile, poiché i sintomi a causa dei quali è stato intrapreso il trattamento non sono altro che i prodotti di lotte precedenti connesse alla rimozione o al ritorno di ciò che è rimosso, e possono essere risolti ed eliminati da una nuova ondata delle stesse passioni. Ogni trattamento psicoanalitico è un tentativo di liberare l'amore rimosso che ha trovato un misero sfogo nel compromesso di un sintomo. Anzi la concordanza fra tali trattamenti ed il procedimento di cura descritto dall'autore di *Gradiva* raggiunge il suo apice in un altro punto, cioè nel fatto che anche nella psicoterapia analitica la passione ridestata, sia amore o odio, sceglie inevitabilmente a oggetto la figura del dottore.

È a questo punto che cominciano le diversità, che hanno reso il caso di *Gradiva* un caso ideale irraggiungibile dalla tecnica medica. Gradiva era in grado di ricambiare l'amore che si stava facendo strada dall'inconscio alla coscienza, il medico no. Era stata proprio Gradiva l'oggetto del precedente amore rimosso; la sua figura offrì uno scopo desiderabile alla corrente d'amore liberata. Il dottore è stato uno sconosciuto e deve cercare di tornare ad essere uno sconosciuto dopo la guarigione; egli si trova spesso in imbarazzo quando deve consigliare i pazienti che ha guarito sul modo di usare nella vita reale la riacquistata capacità di amare. Ci allontaneremmo troppo dal nostro scopo attuale se volessimo indicare gli espedienti e i surrogati di cui si serve il medico per aiutarlo ad avvicinarsi con maggiore o minore successo al modello della guarigione per amore che ci ha mostrato il nostro autore.

Ed ora arriviamo al problema finale, di cui abbiamo già più di una volta eluso la risposta. Le nostre teorie sulla rimozione, sulla genesi dei deliri e di analoghi disturbi, sulla formazione e spiegazione dei sogni, sul ruolo svolto dalla vita erotica e sul metodo di cura di tali disturbi, sono ben lungi dall'essere proprietà comune della scienza, escludendo le persone colte. Se la capacità di osservazione che ha permesso all'autore di costruire la sua «fantasia» in modo tale da permetterci di esaminarla come la storia di un caso vero ha natura di conoscenza, saremmo curiosi di sapere quali furono le fonti di tale conoscenza. Una persona del nostro gruppo – quello che, come ho detto al principio, si era interessato dei sogni di *Gradiva* e della loro possibile interpretazione – ha avvicinato l'autore chiedendogli esplicitamente se sapeva qualcosa di simili teorie scientifiche. Come era da aspettarsi, l'autore ha risposto negativamente e, anzi, piuttosto bruscamente. La sua fantasia, ha detto, gli ha ispirato Gradiva, ed egli ne ha provato piacere; se a qualcuno non piaceva, che la lasciasse stare. Egli non aveva il minimo sospetto di quanto in realtà fosse piaciuta ai suoi lettori.

È possibile che la negazione dell'autore non si fermi a questo punto. Egli può anche negare forse qualsiasi nozione delle regole che secondo la nostra dimostrazione avrebbe seguito, e può respingere tutti gli scopi che abbiamo individuato nel suo lavoro. Non lo considero improbabile, ma in caso affermativo ci sono solo due spiegazioni possibili. Può essere che abbiamo fatto una totale caricatura di un'interpretazione introducendo in un innocente lavoro artistico degli scopi che non erano affatto nelle intenzioni del suo creatore, e così facendo abbiamo dimostrato ancora una volta quanto sia facile trovare ciò che si cerca e che occupa la propria mente – possibilità questa di cui si possono trovare gli esempi più strani nella storia della letteratura. Ogni lettore deve ora individualmente decidere se può accettare questa spiegazione. Per quanto ci riguarda, naturalmente, ci atteniamo all'altra opinione, alla restante alternativa. Secondo noi, non era affatto necessario che l'autore conoscesse queste regole e questi scopi e così ha potuto rinnegarli in buona fede, ma tuttavia noi non abbiamo scoperto nulla nel suo lavoro che non fosse già in esso contenuto. Probabilmente attingiamo dalla stessa fonte e lavoriamo sullo stesso oggetto, ma ognuno con un metodo diverso. E la concordanza dei nostri risultati sembra una garanzia dell'esattezza del lavoro di entrambi. Il nostro procedimento consiste nell'osservazione cosciente dei processi psichici delle altre persone, in modo da poterne dedurre e annunciare le leggi. Certamente l'autore procede in modo diverso. Egli rivolge l'attenzione sull'inconscio della propria mente, ne osserva i possibili sviluppi e li presta all'espressione artistica invece di reprimerli con la critica della coscienza. Così egli esperimenta su se stesso ciò che noi apprendiamo dagli altri, cioè le leggi alle quali devono obbedire le attività di questo inconscio. Ma non è necessario che egli definisca queste leggi e nemmeno che ne sia chiaramente consapevole; grazie alla tolleranza della sua intelligenza, esse vengono incorporate nelle sue creazioni. Noi scopriamo queste leggi analizzando i suoi scritti, allo stesso modo in cui le troviamo nei casi di effettiva malattia; ma sembra inevitabile la conclusione che entrambi, lo scrittore e il medico, abbiamo frainteso allo stesso modo l'inconscio oppure lo abbiamo entrambi compreso esattamente. Per noi questa conclusione è molto importante, ed è per questo che è valsa la pena di indagare con i sistemi della psicoanalisi medica sul modo in cui vengono rappresentate nella *Gradiva* di Jensen la formazione e la cura del delirio.

Sembrerebbe che siamo arrivati al termine. Ma un lettore attento ci potrebbe rammentare che al principio abbiamo affermato che i sogni sono realizzazioni di desideri e che non lo abbiamo dimostrato. Ebbene rispondiamo che ciò che abbiamo descritto in queste pagine potrebbe dimostrare quanto sia poco giustificato il tentativo di esaurire la spiegazione che dobbiamo dare del sogno con l'unica formula per cui il sogno è una realizzazione di desideri. Tuttavia l'affermazione sussiste e si può facilmente dimostrare anche nel caso dei sogni di *Gradiva*. I pensieri onirici latenti – ne conosciamo ora il significato – possono essere dei tipi più diversi; in *Gradiva* sono «residui diurni», pensieri che sono stati lasciati dalle attività mentali della veglia inosservati e non sviluppati. Ma perché da essi si sviluppi un sogno è necessaria la collaborazione di un desiderio (generalmente inconscio); questo offre la forza motrice per costruire il sogno mentre i residui diurni forniscono il materiale. Nel primo sogno di Norbert Hanold c'erano due desideri a contendersi la formazione del sogno; uno di essi era effettivamente ammissibile per la coscienza, mentre l'altro apparteneva all'inconscio e operava sotto la rimozione. Il primo era il desiderio, comprensibile in qualsiasi archeologo, di essere stato presente come testimone oculare alla catastrofe del 79 d.C. Quale sacrificio sarebbe troppo grande per un archeologo, se potesse realizzare questo desiderio altrimenti che in sogno! L'altro desiderio, l'altro artefice del sogno, era di natura erotica: si potrebbe crudamente ed anche in maniera incompleta definire come il desiderio di trovarsi là quando la ragazza che amava si stendeva a dormire. Era questo il desiderio la cui repulsione fece diventare il sogno un sogno d'angoscia. Forse i desideri che sono stati la forza motrice del secondo sogno sono meno evidenti; ma se ricordiamo l'interpretazione, non esiteremo a definire anch'essi erotici. Il desiderio di essere preso prigioniero dalla ragazza che amava, di conformarsi ai suoi desideri e di sottomettersi a lei – poiché in questo modo si può ricostruire il desiderio nascosto dietro alla scena della caccia alle lucertole – era in realtà di natura passiva e masochista. Il giorno dopo il sognatore colpì la ragazza, come se fosse dominato dalla corrente erotica opposta. Ma dobbiamo fermarci qui, altrimenti dimenticheremo veramente che Hanold e Gradiva sono solo creature della mente dell'autore.

L'impiego dell'interpretazione dei sogni in psicoanalisi*
(1911)

Lo *Zentralblatt für Psychoanalyse* non ha soltanto lo scopo di aggiornare i suoi lettori sui progressi della scienza psicoanalitica, pubblicando inoltre contributi originali, relativamente brevi, sull'argomento. Esso ha anche lo scopo di offrire allo studioso chiari lineamenti di quanto già si conosce e di risparmiare tempo e fatica agli esordienti nella pratica analitica, dando loro adeguate istruzioni. Pertanto, d'ora in poi, anche in questo giornale vedranno la luce articoli di natura didattica o riguardanti argomenti tecnici, che non conterranno necessariamente cose nuove.

La questione di cui ora intendo parlare non è la tecnica dell'interpretazione dei sogni: non saranno prese in considerazione né le metodiche per l'interpretazione dei sogni né l'utilizzazione di questa dopo che sia stata fatta, ma ci intratterremo soltanto sul modo in cui l'analista deve applicare l'arte dell'interpretazione dei sogni nel trattamento psicoanalitico dei pazienti. Certamente ci sono molti modi di eseguire questo lavoro, ma proprio per questo non è mai troppo facile rispondere a questioni di tecnica analitica. Pur essendoci, forse, più di una strada buona da percorrere, certo ve ne sono moltissime sbagliate, per cui un confronto tra i diversi metodi non può mancare di essere istruttivo, persino se non conduce ad alcuna decisione a favore di uno di essi.

Chiunque si accinga alla pratica dell'analisi, provenendo dall'interpretazione dei sogni, manterrà il proprio interesse per il contenuto dei sogni e si sentirà portato ad interpretare il più integralmente possibile qualunque sogno riferito dal paziente. Ben presto,

* Titolo originale: «Die Handhabung der Traumdeutung in der Psychoanalyse». Pubblicato la prima volta in *Zentralblatt für Psychoanalyse*, 2, 1911. Traduzione di Celso Balducci.

però, si accorgerà che sta ora lavorando in condizioni quanto mai differenti, e che, se tentasse di tradurre in pratica le sue intenzioni, si troverebbe in contrasto con le esigenze più immediate del trattamento. Persino se il primo sogno del paziente si presta ottimamente quale introduzione alla prima spiegazione da darsi, ben presto compariranno altri sogni tanto lunghi e tanto oscuri che non sarà possibile estrarne il significato nei limiti di un'ora di seduta. Se il medico, nei giorni successivi, prosegue nel suo lavoro di interpretazione, nel frattempo si avranno nuovi sogni, che dovranno essere lasciati in disparte finché il primo sogno non sia, a suo giudizio, definitivamente risolto. Talvolta la produzione di sogni è talmente copiosa, e i progressi del paziente verso la loro comprensione sono talmente stentati, che l'analista sarà per forza portato a sospettare che il materiale che compare in questo modo altro non sia che una manifestazione della resistenza del paziente, la quale trae vantaggio dalla scoperta che il metodo non riesce a padroneggiare il materiale che viene via via presentandosi. Nel frattempo, poi, il trattamento sarà rimasto talmente indietro da aver perso ogni contatto col momento attuale. In opposizione a questa tecnica vale la regola che, ai fini della cura, è della massima importanza che l'analista conosca sempre la superficie della psiche del paziente in ciascun momento dato, che sappia quali complessi e quali resistenze siano attivi in lui nel momento attuale e quale reazione cosciente nei confronti di questi ne regoli il comportamento. Non sarebbe affatto giusto sacrificare questa finalità di ordine terapeutico all'interesse dell'interpretazione dei sogni.

E allora, tenendo presente questa regola, quale dovrà essere il nostro atteggiamento verso l'interpretazione dei sogni nell'analisi? Più o meno il seguente: si deve considerare sufficiente la quantità di interpretazione ottenibile in una sola seduta e non si deve ritenere uno scacco il fatto che il contenuto di un sogno non sia stato completamente delucidato. Il giorno successivo non si dovrà riprendere necessariamente l'interpretazione del sogno, salvo il caso che sia evidente che, nel frattempo, nulla di nuovo sia emerso nel quadro dei pensieri del paziente. Dunque non si dovranno fare eccezioni, a favore di una interpretazione lasciata a metà, alla regola che la prima cosa di cui ci si deve occupare è sempre la prima che viene in mente al malato. Se, prima di aver finito con sogni più vecchi, ne compaiono di nuovi, bisogna occuparsi di queste produzioni più recenti, senza provare disagio per aver trascurato i precedenti. È sottinteso che, se i sogni vengono a formare una massa troppo estesa e voluminosa, bisogna abbandonare fin da principio la speranza di risolverli completamente. In generale bisogna guardarsi dal dimostrare un eccessivo interesse nell'interpretazione dei sogni, o dal suscitare nel paziente l'idea che il lavoro giungerebbe a un punto morto se egli non ne riferisse di nuovi, perché, altrimenti, vi è pericolo che la resistenza si rivolga contro la produzione dei sogni, che in conseguenza verrebbe a cessare. Bisogna anzi che il paziente sia indotto a credere che l'analisi troverà immancabilmente i materiali per andare avanti, sia che egli abbia dei sogni sia che non li abbia e indipendentemente dal grado di attenzione che si rivolge ad essi.

Ora verrà fatto di domandarsi se, posto che l'interpretazione dei sogni deve essere eseguita secondo una metodica sottoposta a tali limitazioni, non si finisca col rinunciare a troppo materiale prezioso, che potrebbe far luce sull'inconscio. Rispondiamo che la perdita non è per nulla tanto grande quanto parrebbe in seguito ad un esame superficiale. Tanto per cominciare, si deve riconoscere che, nel caso di una grave nevrosi, qualsiasi complessa produzione di sogni non può, per la natura stessa della situazione, essere ritenuta suscettibile di una soluzione integrale. Un sogno appartenente a questa categoria spesso si fonda su tutto il materiale patologico del caso, che per il momento è sconosciuto sia al medico sia al malato (i cosiddetti «sogni programma» e i sogni biografici), e talora corrisponde alla trasposizione nel linguaggio dei sogni dell'intero contenuto della nevrosi. Se si cerca di interpretare un tale sogno, entreranno in attività tutte le resistenze latenti, finora nemmeno sfiorate, che ben presto porranno un limite alla comprensione del sogno stesso. L'interpretazione integrale di tale sogno coinciderà col completamento di tutta l'analisi; se al principio ne avremo preso nota, è possibile che riusciremo a comprenderlo solo molti mesi dopo, alla fine della cura. Lo stesso vale per la spiegazione di un singolo sintomo (forse del sintomo principale). Per spiegarlo occorre l'analisi nella sua totalità; durante l'analisi bisogna adoperarsi per impadronirsi ora di questo, ora di quel frammento del significato del sintomo, uno dopo l'altro, finché non sia possibile comporli insieme. Analogamente, non potremo sperare niente di più da un sogno manifestatosi ai primi stadi dell'analisi; ci dovremo ritenere soddisfatti se il nostro tentativo di interpretazione sarà riuscito a mettere in luce anche un solo impulso di desiderio patologico.

Dunque non perdiamo nulla di quello che potremmo ottenere, se abbandoneremo l'idea di un'interpretazione integrale dei sogni, e abitualmente nulla è perduto se interrompiamo l'interpretazione di un sogno relativamente vecchio per rivolgerci a uno più recente. Esempi eccellenti di sogni analizzati integralmente ci hanno rivelato che diverse scene successive di un unico sogno possono avere uno stesso contenuto, che può trovare espressione in esse con progressiva chiarezza. Abbiamo anche appreso che diversi sogni, comparsi in una stessa notte, possono essere semplicemente tentativi successivi, presentati in forme diverse, di esprimere uno stesso significato. In linea generale, possiamo essere certi che ogni impulso di desiderio, che oggi dà vita a un sogno, seguiterà a manifestarsi con altri sogni finché non sarà stato compreso e sottratto al dominio dell'inconscio. Quindi si dà spesso il caso che il modo migliore di completare l'interpretazione di un sogno consiste nel sospenderla, rivolgendo l'attenzione a un nuovo sogno, il quale forse contiene lo stesso materiale in forma più accessibile. Capisco che si chiede un grosso sacrificio, non solo al malato ma anche al medico, pretendendo da loro che rinuncino, nel corso della cura, alle finalità consce che si sono proposti, per abbandonarsi a una guida che, nonostante tutto, ci sembra sempre «accidentale»; però posso assicurare che si è sempre ricompensati quando si decide di avere fede nei propri princìpi teorici e ci si impone di non mettere in discussione la guida dell'inconscio che ricompone i nessi causali.

Pertanto io consiglio di non intraprendere l'interpretazione dei sogni nel trattamento analitico come ad esercitare l'arte per l'arte, ma di avvalersi di questo metodo in conformità alle regole tecniche che governano la condotta del trattamento nel suo insieme. È ovvio che, occasionalmente, ci si potrà comportare in modo diverso concedendo un po' di libero gioco ai propri interessi teorici, sempre però rendendosi ben conto di quel che si sta facendo. Un'altra situazione, degna di essere presa in esame, è quella che si è creata da che abbiamo preso maggior confidenza col nostro modo di comprendere il simbolismo dei sogni: ciò che sappiamo ci ha reso più indipendenti dalle associazioni del paziente. Un interprete di sogni straordinariamente abile qualche volta sarà in condizione di riuscire a penetrare il senso di tutti i sogni di un paziente senza imporre a quest'ultimo di esercitare su di essi un lavoro lungo e tedioso. Un analista come questo sarà allora libero da ogni conflitto tra le esigenze dell'interpretazione dei sogni e le esigenze della cura. Per di più, egli si sentirà tentato di fare un uso integrale dell'interpretazione dei sogni in ogni caso, riferendo al paziente tutto quello che ha dedotto. Ma, se agirà in questo modo, adotterà un metodo che si discosta notevolmente da quello codificato, come avrò occasione di far rilevare in altro momento. In ogni modo i principianti della pratica analitica sono avvertiti di non prendere a modello questo caso eccezionale.

Ciascun analista si trova nella situazione del predetto eccezionale interprete dei sogni, che abbiamo immaginato or ora, nei confronti dei primissimi sogni riferitigli da pazienti, prima che questi ultimi abbiano imparato qualcosa della tecnica dell'interpretazione dei sogni. Questi sogni iniziali possono essere considerati genuini: rivelano molte cose all'ascoltatore, analogamente ai sogni delle cosiddette persone normali. Allora si pone il problema se l'analista debba riferire subito al paziente tutto ciò che ha letto nei suoi sogni. Non è questo, però, il luogo adatto a rispondere alla domanda che evidentemente è parte di un problema più vasto: in quale stadio del trattamento e con quale velocità l'analista dovrà iniziare il paziente alla conoscenza di ciò che si cela nella sua psiche? Quanto più il paziente viene ad imparare qualcosa circa la pratica dell'interpretazione dei sogni, tanto più, di solito, i suoi sogni successivi diventano oscuri. Tutta la conoscenza da lui acquisita sui sogni serve solo a mettere sull'avviso il processo di costruzione onirico.

Nel lavoro «scientifico» sui sogni che, nonostante il ripudio dell'interpretazione dei sogni, ha ricevuto nuovo impulso dalla psicoanalisi, si osserva sempre che viene posta una cura niente affatto indispensabile nel conservare il testo esatto del sogno. Si pensa che esso debba essere protetto da deformazioni e logorii nelle ore che seguono immediatamente al risveglio. Certi psicoanalisti, dando al paziente l'istruzione di scrivere tutti i sogni subito dopo il risveglio, sembrano addirittura non tenere nel debito conto le cognizioni, che essi devono avere, circa la formazione dei sogni. Nel lavoro terapeutico questa regola è superflua ed i pazienti sono ben contenti di attenervisi per disturbare il proprio sonno e per dimostrare il massimo zelo proprio là dove non serve ad alcuno scopo utile. Infatti, persino se il testo di un sogno viene salvato dall'oblio tanto faticosamente, è facile convincersi che ciò non procura nessun vantaggio per il paziente. Nel testo del sogno non entreranno le associazioni e il risultato sarà lo stesso che se il sogno non fosse stato conservato. Non c'è dubbio che il medico ha acquisito delle conoscenze, che altrimenti non avrebbe potuto ottenere, ma non è lo stesso che il medico conosca una cosa o che la conosca il paziente. L'importanza di tale distinzione, ai fini della tecnica psicoanalitica, sarà trattata più estesamente altrove.

Per concludere, ricorderò un tipo particolare di sogno che, in dati casi, si manifesta soltanto durante il trattamento psicoanalitico, e può sconcertare o trarre in inganno i principianti. Si tratta di sogni di conferma che, in effetti, «seguono a ruota»; facilmente accessibile all'analisi, la loro interpretazione non fa altro che confermare quel che la cura aveva già ricavato durante i giorni scorsi dal materiale delle associazioni diurne. È come se il paziente fosse così cortese da ritornarci in forma di sogno proprio quello che gli avevamo «suggerito» immediatamente prima. L'analista più sperimentato certamente troverà più difficile attribuire tale condiscendenza al paziente; egli accoglierà tali sogni come conferme che attendeva e riconoscerà che essi possono manifestarsi soltanto in certe condizioni provocate dall'influenza del trattamento. La grande maggioranza dei sogni si forma in anticipo rispetto all'analisi, così che, dopo aver tolto tutto ciò che in essi era già noto e compreso, rimane pur sempre un indizio più o meno chiaro di qualcosa che è tuttora nascosto.

Un sogno come mezzo di prova*
(1913)

Una signora sofferente di manie di dubbio e di pratiche ossessive insisteva che le sue infermiere non la perdessero mai di vista, nemmeno per un attimo, altrimenti ella avrebbe cominciato a rimuginare su atti proibiti che poteva aver commesso mentre non era sorvegliata. Una sera, mentre riposava su un divano, pensò di vedere l'infermiera di servizio addormentata. La chiamò: «Mi hai visto?». L'infermiera trasalì e rispose: «Naturalmente». Ciò diede lo spunto alla paziente per un nuovo dubbio e dopo un po' ella ripeté la domanda, alla quale l'infermiera rispose con rinnovate proteste. Proprio in quel momento entrò un'altra inserviente con la cena della paziente.

Questo fatto avvenne una sera di venerdì. La mattina dopo l'infermiera raccontò un sogno che ebbe l'effetto di dissipare i dubbi della paziente.

SOGNO. *Qualcuno le aveva affidato un bambino, la cui madre era andata via di casa, e lei l'aveva perduto. Mentre camminava, chiedeva alla gente per la strada se avevano visto il bambino. Poi arrivò ad un'ampia distesa d'acqua e attraversò una stretta passerella. (Ci fu un'aggiunta: Improvvisamente le apparve di fronte sulla passerella, come una «fata Morgana», la figura di un'altra infermiera.) Poi si trovò in un luogo noto, dove incontrò una donna che aveva conosciuto da ragazza e che a quei tempi era commessa in un negozio di alimentari e in seguito si era sposata. Chiese alla donna che era davanti alla porta della sua casa: «Hai visto il bambino?». La donna non prestò attenzione*

* Titolo originale: «Ein Traum als Beweismittel». Pubblicato la prima volta in *Internationale Zeitschrift für ärztliche Psychoanalyse*, 1, 1913. Traduzione di Antonella Ravazzolo.

alla domanda, ma la informò che era ora divorziata dal marito,
aggiungendo che anche il matrimonio non è sempre felice. Qui
si svegliò sentendosi rassicurata e pensò che il bambino di certo
era in casa di una vicina.

ANALISI. La paziente ritenne che questo sogno si riferiva al fatto,
negato dall'infermiera, di essersi addormentata. Mediante altre
informazioni date spontaneamente da quest'ultima, ella fu in grado
di interpretare il sogno in maniera esauriente, anche se incompleta
sotto certi aspetti. Io ho sentito solo il racconto della signora e non
ho interrogato l'infermiera. Citerò prima l'interpretazione della
paziente e poi l'integrerò con quanto ci permette di aggiungere
la nostra generale comprensione delle leggi che regolano la formazione dei sogni.

«L'infermiera mi disse che il bambino del sogno le ricordava
un'occasione in cui fare l'infermiera le aveva dato le più vive
soddisfazioni. Si trattava di un bambino che non vedeva a causa di
un'infiammazione agli occhi (blenorragia), la cui madre però non
aveva lasciato la casa e aiutava a curare il bambino. D'altra parte
ricordo anche che mio marito, che stima molto quest'infermiera,
quando è partito mi ha affidata alle sue cure ed ella ha promesso
di prendersi cura di me come di un bambino.»

Sappiamo dall'analisi della paziente che, insistendo per non
essere mai persa di vista, si è messa nelle condizioni di essere di
nuovo bambina.

«Il fatto che avesse perso il bambino», continuò la paziente,
«significava che non mi aveva visto, che mi aveva perso di vista.
Questa fu la sua confessione che si era davvero addormentata per
un attimo e che dopo non mi aveva detto la verità.»

Non riuscì a comprendere il significato della piccola parte del
sogno in cui l'infermiera chiedeva alla gente per la strada se avesse
visto il bambino. Per il resto fu in grado di chiarire i successivi
dettagli del sogno manifesto.

«All'infermiera la vasta distesa d'acqua fece venire in mente il
Reno, tuttavia ella aggiunse che era molto più grande del Reno. Poi
si ricordò che la sera precedente le avevo letto la storia di Giona e
la balena e le avevo detto che io stessa avevo visto una volta una

balena nella Manica. Credo che la vasta distesa d'acqua fosse il mare e fosse un'allusione alla storia di Giona.

Credo anche che la stretta passerella venisse dalla stessa storia, scritta in dialetto in maniera divertente, in cui si parla delle meravigliose avventure di Giona descritte da un insegnante di religione ai suoi allievi; un ragazzo obiettava che il racconto non poteva essere vero poiché l'insegnante stesso aveva detto loro, prima, che le balene possono ingoiare solo le creature più piccole, essendo il loro esofago stretto. Il maestro superò la difficoltà dicendo che Giona era un ebreo e che gli ebrei si potevano infilare ovunque. La mia infermiera è molto devota, ma incline a dubbi religiosi, e mi rimproverai di averli potuti provocare con quanto le avevo letto.

Sulla stretta passerella vide apparire un'altra infermiera, che conosceva. Mi raccontò la storia di questa infermiera: si era annegata nel Reno, perché le avevano tolto l'incarico di un caso per via di qualcosa di cui si era resa colpevole[1]. Ella stessa aveva quindi temuto che le sarebbe stato tolto l'incarico perché si era addormentata. Inoltre il giorno dopo il fatto e dopo aver raccontato il sogno, l'infermiera si mise a piangere amaramente e quando gliene chiesi il perché rispose quasi bruscamente: "Lei sa il perché, quanto lo so io, ed ora non si fiderà più di me".»

Poiché l'apparizione dell'infermiera annegata era un'aggiunta ed anche particolarmente distinta, avremmo consigliato la signora di cominciare a quel punto l'interpretazione del sogno. Secondo il racconto della sognatrice, inoltre, questa prima metà del sogno era unita ad una viva angoscia, mentre la seconda parte preparò

---

[1] A questo punto mi sono reso colpevole di una condensazione, errore che ho potuto appurare dopo aver riguardato la prima stesura del racconto. L'infermiera che andò incontro alla sognatrice come una apparizione sulla passerella non si era resa colpevole di nulla durante il suo lavoro. Le era stato tolto l'incarico perché la madre del bambino, che doveva assentarsi in quel periodo, voleva lasciare il figlio alle cure di un'inserviente più anziana, quindi più fidata. A questa era seguita una seconda storia di un'altra infermiera che era stata effettivamente licenziata per la sua disattenzione, ma che non si era annegata per questo. Il materiale necessario per l'interpretazione dell'elemento del sogno derivava, come spesso accade, da due fonti. La mia memoria eseguì la sintesi che portò all'interpretazione. Per il resto, questa storia dell'infermiera annegata contiene l'elemento della madre che si assenta da casa, che la signora collegò alla partenza del marito. Abbiamo quindi qui un'iperdeterminazione che menoma in un certo modo l'eleganza dell'interpretazione.

la strada per quel sentimento di rassicurazione con il quale si svegliò.

«Considero la parte successiva del sogno», disse la signora continuando la sua analisi, «come avvaloramento decisivo della mia opinione sul collegamento del sogno con quanto era avvenuto la sera del venerdì, poiché l'incontro con la persona che era stata precedentemente commessa in un negozio di alimentari può riferirsi solo all'inserviente che in quell'occasione portò la cena. Notai anche che l'infermiera si era lamentata di nausee per tutto il giorno. La domanda che ha fatto a questa donna: "Hai visto il bambino?", risale ovviamente alla mia domanda: "Mi hai visto?", che le avevo fatto per la seconda volta proprio mentre entrava l'inserviente con i piatti.»

Inoltre in questo sogno si chiedeva del bambino in due occasioni. Il fatto che la donna non rispondesse (non prestò attenzione) può considerarsi un deprezzamento di quest'altra inserviente a favore della sognatrice. Questa si rappresentava nel sogno superiore all'altra donna, proprio perché doveva affrontare dei rimproveri a causa della propria negligenza.

«La donna che apparve nel sogno non era in realtà divorziata dal marito. La situazione era tratta da un evento della vita di un'altra inserviente, che era stata separata ("divorziata") da un uomo per volere dei suoi genitori. L'osservazione che "il matrimonio non scorre sempre liscio" era probabilmente una frase di consolazione usata nel corso della conversazione tra le due donne. Questa consolazione ne anticipava un'altra, con la quale terminava il sogno: "Il bambino si troverà di certo".

Dedussi da questo sogno che quella sera l'infermiera si era veramente addormentata e per questo aveva paura di essere licenziata. Perciò non ebbi più alcun dubbio sull'esattezza della mia osservazione. Tra l'altro, dopo aver raccontato il sogno, aggiunse che le dispiaceva di non avere con sé un libro dei sogni. Quando commentai che quei libri erano pieni delle più ignoranti superstizioni, rispose che, pur non essendo affatto superstiziosa, tuttavia tutti i fatti spiacevoli della sua vita erano accaduti di venerdì. Devo aggiungere che attualmente mi cura in modo per nulla soddisfacente, è permalosa e irritabile, e fa delle scenate per niente.»

Credo che dobbiamo riconoscere alla signora il merito di aver esattamente interpretato e valutato il sogno della sua infermiera. Come accade così spesso con l'interpretazione dei sogni durante l'analisi, la spiegazione del sogno non dipende unicamente dai prodotti di associazione, ma bisogna anche tener conto delle circostanze del racconto, del comportamento del sognatore prima e dopo l'analisi del sogno e di ogni osservazione o rivelazione fatta dal sognatore all'incirca nello stesso lasso di tempo, durante la stessa sessione analitica. Se prendiamo in considerazione la suscettibilità dell'infermiera, il suo atteggiamento verso i venerdì sfortunati, ecc. dovremo confermare la conclusione che il sogno conteneva una confessione, cioè che, nonostante il suo diniego, si era effettivamente addormentata e temeva di essere mandata via dal «bambino» che aveva in cura[2].

Tuttavia, mentre per la signora che me lo ha raccontato questo sogno ha un'importanza pratica, in noi stimola l'interesse teorico in due direzioni. È vero che finiva con una consolazione, ma preminentemente rappresentava un'importante confessione circa il rapporto dell'infermiera con la paziente. Come mai un sogno che, dopotutto, si suppone fungere da appagamento di desiderio, ha potuto prendere il posto di una confessione che non era nemmeno utile alla sognatrice? Dobbiamo davvero ammettere che oltre ai sogni di desiderio (e di angoscia) ci sono anche sogni di confessione, così come sogni di ammonimento, riflessione, adattamento, ecc.?

Devo confessare che ancora non comprendo del tutto perché la posizione che ho preso contro simili tentazioni nella mia *Interpretazione dei sogni* abbia suscitato perplessità nelle menti di tanti psicoanalisti, tra cui alcuni ben noti. Mi sembra che la differenziazione tra sogni di desiderio, di confessione, di avvertimento, di adattamento e così via, non abbia molto più senso della differen-

---

[2] Pochi giorni dopo, infatti, l'infermiera confessò ad una terza persona che si era addormentata, confermando così l'interpretazione della signora.

ziazione, accettata per forza, dei medici specialisti in ginecologi, pediatri e dentisti. Riassumerò il più brevemente possibile quanto ho detto a questo proposito nella mia *Interpretazione dei sogni*.

I cosiddetti «residui diurni» possono agire come disturbatori del sonno e creatori di sogni; essi sono processi di pensiero investiti da affetti del giorno del sogno, che hanno resistito al generale rilassamento legato al sonno. Questi residui del giorno si scoprono risalendo dal contenuto manifesto del sogno ai pensieri onirici latenti, e poiché sono parte di questi ultimi, sono delle attività della vita da svegli (consce o inconsce) che sono riuscite a perdurare nel periodo del sonno. In conformità con la molteplicità di processi di pensiero *nella coscienza e nel preconscio*, questi residui diurni hanno significati diversi: possono essere desideri o timori di cui non ci si è liberati, oppure intenzioni, riflessioni, ammonimenti, tentativi di adattamento a situazioni attuali e così via. Entro questi limiti sembra che la classificazione di cui stiamo parlando possa essere giustificata dal contenuto rivelato dall'interpretazione. Tuttavia, questi residui del giorno non sono il sogno in sé, sono anzi privi dell'elemento essenziale di un sogno, non sono in grado di costruire da soli un sogno. A rigore essi costituiscono solo il materiale psichico per il lavoro onirico, nello stesso modo in cui gli stimoli sensoriali e somatici, sia casuali che prodotti in condizioni sperimentali, costituiscono il materiale *somatico* per il lavoro onirico. Attribuire loro la parte principale nella formazione dei sogni vuol dire semplicemente ripetere in modo diverso l'errore, anteriore all'analisi, che spiegava i sogni collegandoli a cattiva digestione o a pressioni sull'epidermide. Gli errori scientifici sono davvero tenaci ed anche quando sono stati confutati sono pronti a reinserirsi furtivamente sotto nuove maschere.

L'attuale stato delle nostre conoscenze ci spinge a concludere che il fattore essenziale nella formazione dei sogni è un desiderio inconscio, in genere un desiderio infantile ora rimosso, che può trovare espressione in questo materiale somatico o psichico (quindi anche nei residui del giorno) fornendogli l'energia necessaria per farsi strada fino alla coscienza durante la sospensione del pensiero che ha luogo la notte. Il sogno è in ogni caso l'appagamento di *questo* desiderio inconscio, qualunque altra cosa esso contenga – ammonimento, riflessione, confessione o qualsiasi altra parte del ricco contenuto della vita preconscia della veglia che sia arrivata fino alla notte senza essere stata affrontata. È *questo* desiderio inconscio che conferisce al lavoro onirico il suo tratto caratteristico di revisione inconscia del materiale preconscio. Uno psicoanalista può caratterizzare come sogni solo i prodotti del lavoro onirico. Nonostante il fatto che i pensieri onirici latenti vengano rivelati solo dall'interpretazione del sogno, egli non li può considerare come parti dello stesso ma solo come parti della riflessione preconscia. (L'elaborazione secondaria è qui considerata parte del lavoro onirico. Anche se si volesse separarla, ciò non comporterebbe un mutamento del nostro concetto. Dovremmo allora dire: i sogni in senso analitico comprendono il lavoro onirico vero e proprio e l'elaborazione secondaria dei suoi prodotti.) La conclusione da trarre da queste considerazioni è che non si può mettere sullo stesso piano il carattere di appagamento di desiderio proprio dei sogni ed il loro carattere di ammonimento, confessione, tentativo di soluzione, ecc., senza negare il concetto di dimensione psichica del profondo, senza negare cioè il fondamento stesso della psicoanalisi.

Torniamo ora al sogno dell'infermiera per dimostrare in esso il carattere riposto dell'appagamento di desiderio. Già sappiamo che l'interpretazione del sogno fatta dalla signora non era affatto completa: ci sono delle parti che non era stata in grado di spiegare. Inoltre, essa soffriva di nevrosi ossessiva, condizione che, da quanto ho osservato, rende notevolmente più difficile la comprensione dei simboli onirici, nella stessa misura in cui la *dementia praecox* la facilita.

Tuttavia la nostra conoscenza del simbolismo onirico ci permette di comprendere le parti non interpretate di questo sogno e di scoprire un significato più profondo dietro all'interpretazione già fatta. Così riteniamo che parte del materiale usato dall'infermiera provenga dal complesso dell'aver figli. La distesa d'acqua (il Reno, il Canale dove fu vista la balena) era certamente l'acqua da cui vengono i bambini. E infatti ella andò verso l'acqua in cerca di un bambino. La leggenda di Giona, un fattore sottostante alla determinazione di questa acqua, la domanda su come Giona (il bambino) potesse passare attraverso un passaggio così stretto, appartengono allo stesso complesso. E l'infermiera che si gettò nel Reno per mortificazione trovava una consolazione sessuale simbolica alla propria disperazione nel modo di morire – andando nell'acqua. La stretta passerella sulla quale incontrò l'apparizione era anch'essa molto probabilmente un simbolo genitale, anche se devo riconoscere che qui ci mancano delle nozioni più precise.

Sembra quindi che il desiderio «voglio avere un bambino» sia stato il costruttore inconscio del sogno. Nessun altro desiderio sarebbe stato più adatto a consolare l'infermiera del penoso stato di cose nella vita reale. «Sarò licenziata, perderò il bambino che è affidato alle mie cure. Che importa? Avrò un vero bambino tutto mio al suo posto.» La parte non interpretata del sogno, dove ella domandava del bambino a tutti per la strada, può forse riferirsi a questo punto; allora l'interpretazione sarebbe questa: «E anche se mi devo offrire per la strada, so come avere un bambino mio». Un tono di sfida nella sognatrice, finora celato, improvvisamente si palesa a questo punto. La sua confessione si inquadra qui per la prima volta: «Ho chiuso gli occhi e compromesso la mia reputazione professionale di coscienziosità; ora perderò il posto. Sarò così sciocca da annegarmi come l'infermiera? No: rinuncerò del tutto a fare l'infermiera e mi sposerò; sarò una donna e avrò un vero bambino; nulla me lo impedirà». Questa interpretazione è giustificata dalla considerazione che «avere bambini» è effettivamente l'espressione infantile del desiderio di rapporto sessuale, anzi può essere scelta coscientemente come espressione eufemistica di un desiderio biasimevole.

Quindi fu possibile la svantaggiosa confessione della sognatrice, confessione verso la quale ella mostrava qualche tendenza anche nella vita della veglia, poiché fu usata da un tratto latente del suo carattere allo scopo di ottenere la realizzazione di un desiderio infantile. Possiamo immaginare che questo tratto fosse in stretta relazione, sia in termini di tempo che di contenuto, con il desiderio di avere un bambino e il piacere sessuale.

Da successive domande alla signora alla quale devo la prima

parte di questa interpretazione sono emerse delle informazioni insospettate sulla vita precedente della sognatrice. Prima di fare l'infermiera, ella voleva sposare un uomo che si era profondamente interessato a lei, ma aveva abbandonato il progetto di matrimonio a causa dell'opposizione di una zia, nei cui confronti i suoi rapporti erano una curiosa mescolanza di subordinazione e di sfida. Questa zia che aveva impedito il matrimonio era la Superiora di un Ordine di infermiere. La sognatrice se n'era sempre fatta un modello. Si aspettava da lei un'eredità e le era legata per quel motivo. Tuttavia si oppose alla zia non entrando nell'Ordine, come questa aveva programmato. La sfida dimostrata nel sogno era quindi diretta contro la zia. Abbiamo attribuito un'origine erotico-anale a questo tratto del carattere e possiamo prendere in considerazione il fatto che gli interessi che la facevano dipendere dalla zia erano di carattere finanziario; ricordiamo anche che i bambini prediligono la teoria anale delle nascite.

Questo elemento di sfida infantile può forse consentirci di presumere una più stretta relazione tra le prime e le ultime scene del sogno. Quella che un tempo era stata commessa in un negozio di alimentari rappresenta nel sogno l'inserviente che portò in camera la cena della signora proprio mentre questa stava chiedendo: «Mi hai visto?». – Sembra, tuttavia, che fu inserita per il ruolo di rivale ostile in genere. La sognatrice screditò le sue capacità di infermiera facendo in modo che non mostrasse il minimo interesse per il bambino perduto e le rispondesse parlando solo dei suoi affari privati. Ella aveva così spostato su questa figura l'indifferenza che cominciava a provare per il bambino che aveva in cura. Il matrimonio infelice ed il divorzio, che ella stessa deve aver temuto in rapporto ai suoi più segreti desideri, erano attribuiti all'altra donna. Sappiamo comunque che era stata la zia a separare la sognatrice dal fidanzato. Quindi la «commessa di alimentari» (una figura forse non priva di significato simbolico infantile) può rappresentare la zia-Superiora, che in realtà non era molto più vecchia della sognatrice e che aveva svolto nella sua vita il ruolo tradizionale di madre-rivale. Una soddisfacente conferma di questa interpretazione si ritrova nel fatto che il luogo «noto» dove incontrò questa persona che se ne stava di fronte alla porta di casa era proprio il luogo dove risiedeva la zia come Superiora.

A causa della mancanza di contatto tra l'analista e la persona sotto analisi, è poco opportuno penetrare più profondamente nella struttura del sogno. Ma possiamo forse dire che, entro i limiti nei quali è stato accessibile all'interpretazione, esso ci ha fornito altrettante conferme quanti nuovi problemi.

Materiale fiabesco dei sogni*
(1913)

Non ci sorprende scoprire che la psicoanalisi dà conferma dell'importante ruolo acquistato dalle favole popolari nella vita psichica dei nostri bambini. Per alcune persone il ricordo delle fiabe preferite prende il posto dei ricordi dell'infanzia. Essi hanno fatto delle fiabe dei ricordi di copertura.

Spesso si trovano anche nei sogni elementi e situazioni tratti dalle fiabe. Nell'interpretare i passaggi di cui si tratta, il paziente esibisce come associazione la favola significativa. In questo saggio darò due esempi di questo fatto molto comune. Ma non sarà possibile fare altro che accennare alle relazioni tra le favole e la storia dell'infanzia del sognatore e la sua nevrosi, anche se tale limitazione comporterà il rischio di spezzare legami che furono di estrema importanza per l'analista.

1.

Ecco il sogno di una giovane sposa che aveva ricevuto la visita del marito pochi giorni prima: *Si trovava in una stanza completamente marrone. Una piccola porta conduceva in cima ad una ripida scala e da questa scala entrò nella stanza uno strano nanerottolo, piccolo, con i capelli bianchi, la sommità della testa calva e il naso rosso. Egli danzò per la stanza davanti a lei, continuò a comportarsi in modo buffissimo e poi andò via scendendo di nuovo per la scala. Indossava un indumento grigio, attraverso il*

* Titolo originale: «Märchenstoffe in Träumen». Pubblicato la prima volta in *Internationale Zeitschrift für ärztliche Psychoanalyse*, 1, 1913. Traduzione di Antonella Ravazzolo.

quale erano visibili tutte le forme del corpo. (In seguito ci fu una correzione: *indossava una lunga giacca nera e pantaloni grigi.*)

ANALISI. L'aspetto fisico del nanerottolo, secondo la descrizione, corrispondeva perfettamente a quello del suocero della sognatrice[1]. Tuttavia, immediatamente dopo, le venne in mente la storia di *Tremotino*[2], che ballava nello stesso modo buffo dell'uomo del sogno e così facendo aveva palesato il suo nome alla regina, per cui aveva perduto il suo diritto sul primo figlio di lei e nella collera si era lacerato in due parti.

Il giorno precedente il sogno ella stessa si era altrettanto infuriata con il marito e aveva esclamato: «Lo spezzerei in due!».

La stanza marrone all'inizio provocò delle difficoltà. Tutto quello che le veniva in mente era la stanza da pranzo dei suoi genitori, che era rivestita di pannelli di quel colore, di legno marrone. Poi raccontò alcune storie di letti che erano così scomodi per dormirci in due. Pochi giorni prima, conversando sui letti usati negli altri paesi, aveva detto qualcosa di molto *mal à propos* (del tutto innocentemente, ella sosteneva) e nella stanza tutti erano scoppiati a ridere.

Il sogno era già comprensibile. La stanza di legno[3] marrone era prima di tutto un letto e, attraverso il collegamento con la stanza da pranzo, era un letto matrimoniale[4]. Quindi ella si trovava nel suo letto matrimoniale. Il visitatore avrebbe dovuto essere il marito, che dopo un'assenza di parecchi mesi era andato a trovarla per svolgere il suo ruolo nel letto matrimoniale. Ma al principio era il padre del marito, il suocero.

Al di là di questa prima interpretazione, intravediamo del materiale più profondo e meramente sessuale. La stanza era la vagina. (La stanza era in lei: questo nel sogno era capovolto.) L'omino che faceva smorfie e si comportava in modo così buffo era il pene. La porta stretta e le scale ripide confermavano l'opinione che la

---

[1] Tranne per il particolare che il nanerottolo aveva i capelli corti, mentre il suocero li portava lunghi.

[2] [Una fiaba dei fratelli Grimm.]

[3] Il legno, come è noto, è spesso un simbolo di femminilità o di eternità: ad esempio, *materia, Madeira,* ecc.

[4] Perché letto e tavola rappresentano il matrimonio.

situazione era la rappresentazione di un rapporto sessuale. In genere siamo abituati a trovare il pene simbolizzato da un bambino, ma in questo caso ci sono buone ragioni perché venga introdotto un padre a rappresentare il pene.

La spiegazione del resto del sogno confermerà in pieno questa interpretazione. La sognatrice stessa spiegò che l'indumento grigio trasparente era un preservativo. Possiamo dedurre che tra le cause istigatrici del sogno c'erano delle considerazioni sull'impedire il concepimento e delle preoccupazioni per la visita del marito, che poteva aver prodotto il seme di un secondo bambino.

La giacca nera. Le giacche di questo tipo stavano molto bene al marito. Ella cercava sempre di convincerlo a indossarle, al posto dei suoi soliti abiti. Indossando una giacca nera quindi, il marito era come a lei piaceva vederlo. *La giacca nera e i pantaloni grigi*. A due livelli differenti, l'uno sull'altro, ciò aveva lo stesso significato: «Mi piacerebbe che tu ti vestissi così. Mi piaci così».

Tremotino era collegato mediante un abile rapporto antitetico ai pensieri contemporanei sottostanti al sogno (i residui diurni). Nella favola egli viene per portar via il primo figlio della regina. Nel sogno l'omino viene sotto forma di un padre, poiché, presumibilmente, aveva portato un secondo bambino. Ma Tremotino apriva anche la via verso il più profondo strato infantile dei pensieri onirici. Il piccolo individuo buffo, il cui vero nome è sconosciuto, il cui segreto è così ardentemente discusso, che può eseguire dei giochi di prestigio così straordinari (nella favola trasforma paglia in oro), l'ira contro di lui, o piuttosto contro il suo possessore, che è invidiato perché lo possiede (l'invidia delle bambine per il pene): tutti questi erano gli elementi il cui rapporto con il fondamento della nevrosi della paziente, come ho detto, può essere appena sfiorato in questo saggio. Senza dubbio anche i capelli tagliati corti del nanerottolo nel sogno erano collegati al tema della castrazione.

Se osserviamo attentamente attraverso chiari esempi il modo in cui i sognatori si servono delle favole ed il punto in cui le inseriscono, potremo forse riuscire anche a cogliere dei suggerimenti che ci aiuteranno ad interpretare ulteriori punti oscuri che si trovano nelle favole stesse.

2.

Un giovane mi ha raccontato il seguente sogno. Egli possedeva una base cronologica per i suoi primi ricordi, in quanto i suoi genitori si erano trasferiti da una proprietà di campagna ad un'altra proprio prima che egli compisse cinque anni. Fece il sogno, che a quanto affermava fu il primo, mentre era ancora nella prima tenuta.

«*Sognai che era notte e che giacevo nel mio letto. (Il mio letto era collocato con i piedi verso la finestra e di fronte alla finestra c'era una fila di alberi di noce. So che era inverno quando sognai e che era notte.) Improvvisamente la finestra si aprì da sola e fui terrificato alla vista di alcuni lupi bianchi che sedevano sul grande albero di noce davanti alla finestra. Ce n'erano sei o sette. I lupi erano tutti bianchi e assomigliavano più a delle volpi o a cani pastore, poiché avevano delle grandi code come le volpi e le loro orecchie erano rizzate come quelle dei cani quando prestano attenzione a qualcosa. In preda a un grande terrore, evidentemente di essere mangiato dai lupi, urlai e mi svegliai.* La governante corse al mio letto per vedere che cosa mi era successo. Ci volle molto tempo prima che mi convincessi che era stato solo un sogno, tanto chiara e reale era stata la visione della finestra che si apriva e dei lupi seduti sull'albero. Alla fine mi calmai, con la sensazione di essere scampato a qualche pericolo, e mi addormentai di nuovo.

L'unica fase di azione nel sogno era l'aprirsi della finestra, poiché i lupi stavano seduti completamente fermi, senza fare alcun movimento sui rami dell'albero, a destra e a sinistra del tronco, e mi guardavano. Sembrava che avessero concentrato tutta la loro attenzione su di me. Credo che questo sia stato il mio primo sogno d'angoscia. Avevo allora tre, quattro, al massimo cinque anni e fino a undici, dodici anni ho sempre temuto di vedere qualcosa di terribile nei miei sogni.»

Aggiunse un disegno dell'albero con i lupi, che confermava la sua descrizione. L'analisi del sogno portò alla luce il seguente materiale.

Egli aveva sempre collegato questo sogno con il ricordo che durante quegli anni infantili aveva una terribile paura di un disegno di un lupo in un libro di fiabe. La sorella maggiore, molto più grande di lui, era solita tormentarlo mostrandogli proprio questo disegno per un motivo o per un altro, per cui egli s'impauriva e cominciava a gridare. In questo disegno il lupo era eretto e portava avanti una zampa con gli artigli tesi e le orecchie rizzate. Egli pensava che questo disegno fosse un'illustrazione alla storia di *Cappuccetto Rosso*[5].

Perché i lupi erano bianchi? Questo gli fece venire in mente le pecore, di cui si allevavano grandi greggi nei dintorni della tenuta. Il padre a volte lo portava a vederle ed in quelle occasioni egli si sentiva orgoglioso e beato. In seguito (secondo le ricerche fatte, può essere accaduto poco dopo il sogno) scoppiò un'epidemia fra le pecore. Il padre mandò a chiamare un seguace di Pasteur, che vaccinò gli animali, ma dopo la vaccinazione ne morirono ancora più di prima.

Come mai i lupi erano sull'albero? Questo gli ricordò una storia che gli aveva raccontato il nonno. Non riuscì a ricordare se era avvenuto prima o dopo il sogno, ma l'argomento della storia è un fattore decisivo in favore della prima ipotesi. Dunque: un sarto sedeva al lavoro nella sua stanza, quando la finestra si aprì e saltò dentro un lupo. Il sarto lo colpì con il suo metro, no (si corresse), lo afferrò per la coda e gliela strappò, così il lupo scappò via terrorizzato. Qualche tempo dopo il sarto andò nella foresta e improvvisamente vide una muta di lupi che andavano verso di lui. Allora egli, per sfuggirli, si arrampicò su un albero. Al principio i lupi restarono interdetti, ma quello mutilato, che era fra loro e voleva vendicarsi del sarto, propose che i compagni salissero uno sull'altro, finché l'ultimo l'avrebbe raggiunto. Egli stesso, che era vecchio e forte, sarebbe stato la base della piramide.

I lupi fecero come aveva suggerito, ma il sarto, riconoscendo il visitatore che aveva punito, improvvisamente gridò come aveva fatto precedentemente: «Prendi il grigio per la coda!». Il lupo senza coda, terrorizzato dal ricordo, scappò via e tutti gli altri ruzzolarono giù.

[5] [Famosa fiaba dei fratelli Grimm.]

In questa storia si trova l'albero sul quale erano seduti i lupi nel sogno. Ma essa contiene anche una inequivocabile allusione al complesso di castrazione. Al *vecchio* lupo era stata mozzata la coda dal sarto. Le code di volpe dei lupi nel sogno erano probabilmente una compensazione per questa mancanza della coda.

Perché c'erano sei o sette lupi? Sembrava che non ci fosse risposta a questa domanda, finché sollevai il dubbio che il disegno che lo aveva spaventato potesse collegarsi alla storia di *Cappuccetto Rosso*. Questa fiaba offre lo spunto per due sole illustrazioni: Cappuccetto Rosso che incontra il lupo nel bosco e il lupo a letto col berretto da notte della nonna. Ci doveva quindi essere qualche altra favola dietro il ricordo del disegno. Egli scoprì subito che poteva trattarsi solo della storia del *Lupo e le sette caprette*[6]. Qui appare il numero sette ed anche il numero sei, perché il lupo mangiò solo sei caprette, mentre la settima si nascose nella cassa dell'orologio. Anche il colore bianco è presente in questa storia, perché il lupo si era fatto imbiancare la zampa dal fornaio, dopo che le caprette lo avevano riconosciuto alla prima visita per la zampa grigia. Inoltre le due fiabe hanno molte cose in comune. In entrambe c'è il mangiare, l'aprire la pancia, il tirar fuori le persone che sono state mangiate ed il sostituirle con pietre pesanti, e infine, in entrambe, il lupo cattivo muore. Oltre a tutto questo, nella storia delle caprette, c'è l'albero. Il lupo si distese sotto un albero dopo il suo pasto e si mise a russare.

Per un motivo particolare dovrò di nuovo parlare di questo sogno altrove, interpretarlo ed esaminare con maggiori dettagli il suo significato. Infatti è il primo sogno d'angoscia che il sognatore ricorda dalla sua infanzia, e il suo contenuto, preso in relazione con altri sogni che lo seguirono subito dopo e con certi fatti dei suoi primissimi anni, è particolarmente interessante. Qui dobbiamo limitarci al rapporto tra il sogno e le due fiabe che hanno tanti elementi in comune, *Cappuccetto Rosso* e *Il lupo e le sette caprette*. L'effetto prodotto da queste storie traspariva nel piccolo sognatore attraverso una regolare fobia per gli animali. Questa

---

[6] [Altra fiaba dei fratelli Grimm.]

fobia si differenziava da altri casi simili per il fatto che l'animale che provocava l'angoscia non era un oggetto facilmente accessibile all'osservazione (come un cavallo o un cane), ma gli era noto solo attraverso i racconti ed i libri di illustrazioni.

Parlerò altrove della spiegazione di queste fobie di animali e del significato che vi si ricollega[7]. Qui anticiperò solo che questa spiegazione è in perfetta armonia con le principali caratteristiche della nevrosi di cui ha poi sofferto questo sognatore. La causa predominante della sua malattia fu la paura del padre, e il suo atteggiamento ambivalente verso qualsiasi sostituto del padre fu il tratto dominante della sua vita e del suo comportamento durante il trattamento.

Se nel caso del mio paziente il lupo era semplicemente un primo sostituto del padre, viene da chiedersi se il contenuto nascosto delle favole del lupo che mangia le caprette e di Cappuccetto Rosso non sia qualcosa di diverso dalla semplice paura infantile del padre[8]. Inoltre il padre del mio paziente aveva la caratteristica, mostrata da molte persone nei riguardi dei figli, di lasciarsi andare a «sgridate affettuose» ed è possibile che nei primissimi anni di vita del paziente il padre (anche se in seguito divenne severo) lo abbia più volte minacciato per scherzo, accarezzandolo o giocando con lui, di «ingoiarlo in un boccone». Una mia paziente mi ha raccontato che i suoi due figli non si sono mai affezionati al nonno, perché durante le loro lotte affettuose, egli li aveva spesso spaventati dicendo che avrebbe loro aperto la pancia.

---

[7] [V. «Il caso dell'uomo dei lupi» in *Opere complete, vol. II 1913-1939*, Newton Compton editori, Roma 2015.]

[8] Si osservi l'affinità ta queste due storie ed il mito di Crono, rilevata da Rank (1912).

Una relazione tra simbolo e sintomo*
(1916)

L'esperienza nell'analisi dei sogni ha stabilito con sufficiente sicurezza che il cappello è un simbolo dell'organo sessuale, più spesso di quello maschile. Però non si può dire che sia un simbolo comprensibile. Nelle fantasie e in numerosi sintomi anche la testa appare come un simbolo dei genitali maschili ovvero, se si preferisce esprimersi così, come qualcosa che sta in luogo di essi. Talora si sarà osservato che i malati affetti da ossessioni esprimono un grado di orrore e di indignazione, nei confronti della condanna a morte per decapitazione, di gran lunga superiori a quelli dimostrati verso tutte le altre forme di esecuzione capitale, e in questi casi l'analista può essere indotto a dar loro la spiegazione che essi considerano l'essere decapitati come un sostituto dell'essere castrati. Spesso sono stati analizzati e pubblicati esempi di sogni di persone giovani, o riferiti come avuti in gioventù, che riguardavano l'argomento della castrazione, nei quali sogni si faceva cenno a una palla rotonda che non poteva essere interpretata che come la testa del padre del sognatore. Recentemente sono stato in grado di spiegare il cerimoniale compiuto da una malata prima di addormentarsi, consistente nel disporre il cuscinetto superiore come una losanga sopra gli altri guanciali e nel poggiare la testa esattamente sul diametro più lungo della losanga. La losanga ha il significato che ci è familiare dai disegni sui muri e la testa doveva rappresentare un organo maschile.

Può darsi che il significato simbolico del cappello derivi da quello

* Titolo originale: «Eine Beziehung zwischen einem Symbol und einem Symptom». Pubblicato la prima volta in *Internationale Zeitschrift für ärztliche Psychoanalyse*, 4, 1916. Traduzione di Celso Balducci.

della testa in quanto il cappello può essere considerato come una testa prolungata, però staccabile.

A questo proposito mi torna alla mente un sintomo mediante il quale i nevrotici ossessivi riescono a procurarsi continui tormenti. Quando sono per strada scrutano continuamente per vedere se qualche conoscente li saluti per primo levandosi il cappello o se sembri aspettare di essere salutato *da loro*, e abbandonano molti amici avendo scoperto che questi non li salutano più o non restituiscono il saluto nella debita maniera. Le difficoltà che incontrano sotto questo profilo non hanno mai fine: le vanno a trovare dovunque glielo impongano l'umore e la fantasia. Il loro comportamento non è per nulla influenzato quando diciamo loro, ciò che del resto già sanno, che salutare levandosi il cappello ha il significato di un'umiliazione nei confronti della persona salutata – che, per esempio, un grande di Spagna godeva del privilegio di restare a capo coperto in presenza del re – e che quindi la loro ipersensibilità in materia di saluti significa che essi sono desiderosi di non dimostrarsi meno importanti di quanto l'altro consideri importante se stesso. La resistenza offerta dalla loro sensibilità di fronte a spiegazioni del genere fa pensare che sia in gioco un motivo meno familiare per la coscienza, e l'origine di questa eccessiva sensibilità può agevolmente essere trovata nel suo rapporto col complesso di castrazione.

Scritti su ipnosi e suggestione

(1888/1893)

I. Introduzione alla traduzione di *Sulla suggestione* di Hippolyte Bernheim*

Mi auguro che i lettori di quest'opera, che già il professor Forel di Zurigo ha vivamente elogiata, troveranno in essa tutti i pregi per cui il traduttore è stato indotto a darne la versione tedesca. I lettori potranno constatare come il lavoro del dottor Bernheim di Nancy costituisca un'ottima preparazione per lo studio dell'ipnotismo (di cui il medico non può più, ormai, non tener conto), come sia, per vari aspetti, ricca di stimoli e di insegnamenti, in grado di demolire l'opinione che ancor oggi il problema dell'ipnotismo sia, come dice il Meynert, avvolto in un'«aureola di assurdità».

Proprio in questo, nel fatto di aver liberato i fenomeni ipnotici da quel carattere d'assurdità, con la connessione a ben chiari fenomeni della vita psichica normale e del sonno, è il merito di Bernheim, come dei suoi colleghi di Nancy che seguono lo stesso indirizzo. Ritengo che il pregio di quest'opera stia soprattutto nella dimostrazione delle correlazioni sussistenti tra fenomeni ipnotici e normali eventi della vita da svegli e del sonno, e nella scoperta di leggi psicologiche valide per entrambi i tipi di fenomeni. In tal modo il problema dell'ipnosi ritrova in pieno la sua collocazione nella psicologia, e la «suggestione» viene considerata come l'elemento essenziale e la chiave dell'ipnotismo; negli ultimi capitoli, poi, viene ricercato il suo significato anche in altri settori, oltre quello dell'ipnosi.

L'opera presenta una straordinaria importanza dal punto di vista pratico, in quanto nella seconda parte viene spiegato come l'im-

* 1. Titolo originale: «Vorwort zu *Die Suggestion und ihre Heilwirkung* von Hippolyte Bernheim». Pubblicato la prima volta in *Wiener medizinische Blätter*, 11, 1888. Traduzione di Cecilia Galassi e Antonella Ravazzolo.

piego della suggestione ipnotica possa costituire per il medico
un validissimo metodo terapeutico, forse il più efficace e il più
indicato per la cura di certi disturbi nervosi; d'altra parte, l'insistenza sul fatto che ipnosi e suggestione ipnotica possono essere
impiegate non solo con gli isterici e con i nevropatici gravi, ma
anche con buona parte degli individui sani, vale certamente ad
attrarre l'attenzione dei medici, al di là del ristretto numero dei
neuropatologi, per questi metodi terapeutici.

A prescindere da alcuni nomi, come il Krafft-Ebing, il Forel ed
altri, l'ipnotismo è stato accolto in modo decisamente sfavorevole
dalle più rinomate personalità della medicina tedesca. Tuttavia,
ci sia consentito sperare che i medici tedeschi s'interessino di
questo problema e di questi metodi terapeutici, considerando
che, in campo scientifico, sempre e solo all'esperienza, e mai
ad un'autorità che ne astragga, compete di pronunziarsi in modo
definitivo sull'accoglimento o sul rifiuto. A dire il vero, le obiezioni finora sollevate in Germania contro lo studio e l'impiego
dell'ipnosi sono degne d'interesse esclusivamente per il nome di
coloro da cui provengono; con scarsa fatica il professor Forel ne
ha ribattute parecchie in un breve saggio.

Grazie alle opere di Heidenhain e di Charcot, e cito solo le più
notevoli tra le personalità degne di stima e di fiducia che propu-
gnano la realtà dell'ipnotismo, al momento attuale non si può
dubitare della realtà dei fenomeni ipnotici – ciò che, ancora un
decennio fa, avveniva dappertutto in Germania – né giustificarne
le manifestazioni mediante il concorso della credulità del ricer-
catore e della simulazione del soggetto dell'esperimento. Anche
i più ostinati avversari dell'ipnosi se ne rendono conto e perciò,
pur lasciando ancora palesemente trasparire l'intenzione di negare l'ipnosi, si sforzano anche di darne una spiegazione, ed in tal
modo implicitamente riconoscono l'esistenza di questi fenomeni.

Un'altra obiezione sollevata contro l'ipnosi la rifiuta in quanto
rischiosa per la salute della persona sottoposta all'esperimento e la
bolla definendola come «psicosi prodotta sperimentalmente». Ma,
seppure fosse possibile provare che in qualche raro caso l'ipnosi
comporta conseguenze nocive, il suo impiego non sarebbe tuttavia

più controindicato di quanto i rari casi di morte proibiscano l'uso del cloroformio nell'anestesia chirurgica. Bisogna però osservare che questo paragone non può essere spinto più oltre; infatti, se gli inconvenienti imputabili a narcosi da cloroformio sono in proporzione col numero delle operazioni effettuate da un chirurgo, le relazioni sugli effetti nocivi dell'ipnosi ci vengono, in massima parte, da ricercatori che hanno una scarsa esperienza dell'ipnosi, ed invece tutti gli scienziati che possono disporre di parecchi esperimenti concordano nel giudicare innocuo questo metodo.

Perciò sarà sufficiente, per evitare effetti nocivi dell'ipnosi, procedere con una certa cautela e abilità, vagliando con criterio i casi da ipnotizzare. Bisogna aggiungere che non giova granché definire le suggestioni «idee ossessive» e l'ipnosi «psicosi sperimentale»; infatti, raffrontate alle suggestioni, le idee ossessive sono probabilmente viste con maggior chiarezza che nel caso contrario; e quanti temono l'infamante termine «psicosi» possono domandarsi se esso non debba, a maggior ragione, essere impiegato per il nostro sonno naturale, ammettendo che sia il caso di far uso di termini tecnici al di fuori della loro sfera particolare. No, da questo punto di vista nessun pericolo si prospetta per la causa dell'ipnotismo; e quando una più vasta cerchia di medici sarà in grado di riferire osservazioni simili a quelle che si trovano nella seconda parte del libro di Bernheim, apparirà ben chiaro che l'ipnosi non è una condizione pericolosa ed il suo impiego è un procedimento «degno» di un medico.

Viene riproposto, in quest'opera, anche un altro problema che al momento attuale tiene divisi in due gruppi contrapposti i fautori dell'ipnotismo; gli uni, qui rappresentati da Bernheim, sostengono che un'unica fonte è alla base di tutti i fenomeni ipnotici, la presenza di una suggestione, di una rappresentazione cosciente, immessa, mediante un influsso esteriore, nel cervello dell'ipnotizzato, e da questi recepita come originatasi spontaneamente in lui; tutti i fenomeni ipnotici, in base a questa interpretazione, sarebbero dunque manifestazioni psichiche, effetti di suggestione. Al contrario, gli altri affermano che alla base del meccanismo di almeno alcuni dei fenomeni ipnotici si trovano alterazioni dell'eccitabilità del sistema nervoso, a prescindere da ogni partecipazione degli elementi che operano coscientemente, e perciò parlano di fenomeni fisici o fisiologici dell'ipnosi.

Principale oggetto della controversia è il *grande ipnotismo*, cioè il complesso dei fenomeni che Charcot ha riscontrato negli isterici sottoposti ad ipnosi; diversamente da quanto avviene per gli ipnotizzati normali, nei soggetti isterici pare possano osservarsi tre fasi dell'ipnosi, ciascuna delle quali sarebbe contraddistinta da particolari e notevoli caratteristiche fisiche, ad esempio la straordinaria ipereccitabilità neuro-muscolare, la contrattura sonnambulare, ecc. Appare subito chiara, rispetto a questo ordine di fatti, l'importanza delle diverse concezioni di cui si è detto. Se i fautori della teoria della suggestione sono nel giusto, viene meno ogni valore delle osservazioni effettuate alla Salpêtrière, che anzi debbono considerarsi errori di osservazione. L'ipnosi degli isterici non presenterebbe alcuna caratteristica particolare, anzi un qualunque medico sarebbe in grado di provocare nei soggetti ipnotizzati la sintomatologia che più gli piaccia; dallo studio del *grande ipnotismo* non potremmo ricavare quali alterazioni vengano indotte nel sistema nervoso degli isterici con determinati interventi, ma solo ciò che Charcot ha consapevolmente suggerito agli individui sottoposti ai suoi esperimenti; tutto ciò è assolutamente irrilevante per la nostra comprensione dell'ipnosi, come dell'isteria.

Si comprende facilmente quante implicazioni questa concezione comporti e come da essa si possa sperare una giusta comprensione della sintomatologia isterica in generale.

Se con la suggestione il medico ha potuto falsare i fenomeni dell'ipnosi isterica, è pure verosimile che tale suggestione abbia avuto parte nell'osservazione del resto della sintomatologia isterica, che abbia fissato le leggi per gli attacchi isterici, per le paralisi e le contratture – che solo attraverso la suggestione sono collegate alla nevrosi –, e che perciò perderebbero valore non appena l'isterico fosse sottoposto all'osservazione di un altro medico, ed in un luogo diverso. Questa è la conclusione più ovvia, ed effettivamente è stata tratta. Hückel ritiene che il primo *transfert* – spostamento della sensibilità da una parte del corpo sulla corrispondente parte opposta – di una isterica si sia verificato in occasione di un determinato evento, e che in seguito i medici provochino nuovamente, per suggestione, tale preteso sintomo fisiologico.

Penso che quanti sono propensi – e questa è la tendenza anche attualmente prevalente in Germania – a confutare l'esistenza di leggi per quanto riguarda i fenomeni isterici, svilupperanno con vero piacere questa concezione. Si avrebbe così un esempio lampante di come, per aver trascurato il fattore psichico della suggestione, anche un grande scienziato sarebbe stato indotto a produrre, in modo falso ed artefatto, un tipo clinico malleabile ed arbitrario come una nevrosi.

Si può invece dimostrare senza difficoltà, punto per punto, l'oggettività della sintomatologia isterica. La critica di Bernheim trova piena giustificazione rispetto ad osservazioni sul tipo di quelle del Binet e del Féré, e la sua validità troverà senz'altro conferma nel fatto che, d'ora in poi, in tutte le ricerche sull'isteria e sull'ipnotismo si dovrà maggiormente prescindere dal fattore suggestione.

Ma per quanto riguarda gli aspetti fondamentali della sintomatologia isterica, si può escludere che siano provocati dalla suggestione del medico. Dalle relazioni messe insieme da Charcot e dai suoi seguaci su tempi passati e paesi stranieri, risulta senza possibilità di dubbio che dovunque ed in ogni tempo i vari caratteri delle crisi isteriche – zone isterogene, insensibilità, paralisi, contrazioni – hanno avuto quelle stesse manifestazioni osservate alla Salpêtrière all'epoca in cui Charcot effettuava le sue fondamentali ricerche sulla grande nevrosi. Ed indubbiamente proprio il *transfert*, che sembrerebbe particolarmente adeguato alla dimostrazione di un'origine suggestiva della sintomatologia isterica, è un processo spontaneo: lo si vede nei casi d'isteria in cui non v'è stato alcun influsso, e in cui spesso si possono osservare malati per i quali un'emianestesia, tipica del resto, non si manifesta in un organo o in un'estremità rimasta sensibile nella zona del corpo divenuta insensibile, anestetizzandosi invece nella parte opposta. Inoltre il *transfert* è un fenomeno che può essere spiegato su basi fisiologiche, e, come è stato confermato da osservazioni effettuate in Germania ed in Francia, costituisce solo l'esasperazione di un rapporto che normalmente sussiste tra parti del corpo corrispondenti; perciò può essere provocato in modo abbastanza semplice anche in individui sani. Anche molti altri sintomi isterici della sensibilità derivano, nello stesso modo, da rapporti fisiologici normali, come Urbantschitsch dimostra nelle sue interessanti ricerche. Ora non è il caso di fornire una spiegazione particolareggiata della sintomatologia isterica, ma possiamo senz'altro accogliere il principio della sua natura oggettiva e reale, non falsata dalla suggestione dell'osservatore. Non intendo, con ciò, disconoscere il meccanismo psichico dei fenomeni isterici, solo non è il meccanismo della suggestione da parte del medico.

Con la dimostrazione della presenza, nell'isteria, di fenomeni oggettivi, fisiologici, si mette anche in salvo la possibilità che il «grande» ipnotismo isterico comporti fenomeni che non possono essere imputati alla suggestione da parte dello sperimentatore. Spetterà ad un'ulteriore ricerca, impostata da questo punto di vista, confermare se questi siano realmente presenti. Perciò è compito della scuola della Salpêtrière provare che i tre stadi della ipnosi isterica si presentano senz'altro anche in un soggetto da sottoporre ad esperimento appena giunto, ed anche col più cauto modo di procedere dello sperimentatore; certamente questa dimostrazione non si farà aspettare a lungo. Infatti già ora, nella descrizione del grande ipnotismo, sono compresi sintomi che decisamente non possono essere considerati psichici; intendo parlare dell'aumento dell'eccitabilità neuro-muscolare nello stadio di letargia. Chi ha potuto constatare come nello stadio letargico una leggera pressione su un muscolo (che può essere anche un muscolo facciale o uno dei tre muscoli esterni dell'orecchio, che in condizioni normali non si contraggono mai) induca una contrazione tonica del fascio muscolare di cui si tratta, o come una pressione su un nervo superficiale ne riveli la distribuzione terminale, dovrà anche ammettere che questo effetto dev'essere ricondotto a fattori fisiologici o ad un atto volontario, ed escluderà senz'altro che una suggestione involontaria possa esserne la causa. Infatti la suggestione può produrre solo ciò che è contenuto nella coscienza, o che vi è stato immesso. Ma la nostra coscienza conosce soltanto il risultato ultimo di un movimento, e non sa niente del modo di agire e dell'ordinamento dei vari muscoli né della collocazione anatomica dei nervi nei muscoli stessi. In un'opera di prossima pubblicazione, illustrerò che la caratteristica delle paralisi isteriche è in rapporto con questo, e che proprio per questo motivo nell'isteria non si ha paralisi di muscoli isolati, né paralisi periferica, né paralisi facciale di carattere centrale. Bernheim non avrebbe dovuto omettere di ricollegarsi al fenomeno dell'ipereccitabilità neuromuscolare attraverso la suggestione, e questa è una grave manchevolezza della sua argomentazione contro i tre stadi.

Perciò, almeno nel grande ipnotismo isterico, sono presenti fenomeni fisiologici. Invece, nel piccolo ipnotismo normale, estremamente importante per la comprensione del problema – come a ragione rileva Bernheim –, tutti i fenomeni si manifesterebbero per via psichica, attraverso la suggestione. Anche il sonno ipnotico si presenta come una conseguenza della suggestione. Il sonno si manifesta attraverso la normale suggestionabilità dell'uomo, in quanto Bernheim provoca nel soggetto l'attesa del sonno stesso. Ma in altri casi il meccanismo del sonno ipnotico si manifesta in modo diverso. Tutti quelli che hanno molta esperienza dell'ipnosi avranno trovato soggetti che difficilmente si addormentano attraverso le parole, mentre prendono sonno con facilità se indotti a fissare per un po' di tempo qualcosa; a tutti saranno capitati malati che piombavano in un sonno ipnotico quando non s'intendeva affatto ipnotizzarli, e che certo non avevano alcuna idea dell'ipnosi. Una malata sta per sottoporsi all'esame della vista e della trachea; né lei né il medico si aspettano il sonno ed invece, non appena il riflesso della luce cade sugli occhi, essa si addormenta e viene ipnotizzata, probabilmente per la prima volta in vita sua. Ogni intervento psichico cosciente dev'essere escluso in questo caso. Nel nostro sonno normale, che in modo così indovinato Bernheim paragona all'ipnosi, si verifica lo stesso fenomeno. In genere si arriva al sonno per suggestione, per una predisposizione psicologica ed un'attesa del sonno; a volte, invece, esso ci prende senza nostra partecipazione, per il fatto fisico della stanchezza. Di un elemento causale psichico non si può esattamente parlare neanche quando si ipnotizzano i bambini cullandoli, o gli animali fissandone l'attenzione. Siamo quindi giunti a quanto sostengono Preyer e Binswanger nella *Realencyclopädie* di Eulenburg: nell'ipnotismo sono presenti fenomeni psichici e fisiologici, ed è possibile provocare l'ipnosi nell'uno o nell'altro modo. La presenza di un fattore oggettivo indipendente dalla suggestione è innegabile anche nella descrizione che Bernheim ci fornisce della sua ipnosi. Se le cose non stessero così, l'ipnosi dovrebbe presentarsi in modo diverso a seconda dell'individualità dello sperimentatore, come logicamente conclude Jendrássik, e non si capirebbe come la suggestionabilità si accentui sempre secondo determinate leggi, come la muscolatura sia influenzata sempre e solo verso la catalessi, ed altri simili fenomeni.

Tuttavia, bisogna convenire con Bernheim che la distinzione dei fenomeni ipnotici in fisiologici e psichici non ci soddisfa e che si avverte con urgenza la necessità di un anello di collegamento tra i due ordini di fenomeni. Effettivamente l'ipnosi in qualunque modo provocata è sempre la stessa, e con identici fenomeni; i sintomi isterici richiamano per vari aspetti un meccanismo psichico, anche se non necessariamente quello della suggestione[1]; infine la suggestione appare più evidente dei fatti fisiologici, in quanto l'azione della prima è indiscutibile e relativamente constatabile, ed invece i reciproci influssi dell'eccitabilità nervosa, ai quali devono essere ricollegati i fenomeni fisiologici, restano oscuri. Con le seguenti osservazioni tenterò di accennare una spiegazione accettabile di questo collegamento che ricerchiamo tra fenomeni psichici e fenomeni fisiologici dell'ipnosi.

A me sembra che l'uso incerto e poco chiaro del termine «suggestione» stia ad indicare una contrapposizione molto precisa,

---

[1] Certamente, tra isteria ed ipnotismo ci sono rapporti molto stretti, ma non al punto che un comune attacco isterico debba essere considerato uno stato ipnotico a varie fasi, come T. Meynert ha sostenuto alla facoltà medica di Vienna, *Wien. Med, Blätter*, vol. 10, n. 23 (1888). Sembra che in quella conferenza si faccia confusione tra le nostre cognizioni riguardo a questi due stati, in quanto si fa menzione di quattro fasi dell'ipnosi secondo Charcot, che però ne riconosce solo tre; invece la quarta, il cosiddetto stato *somniant*, è citata solo dal Meynert. Charcot, al contrario, riconosce *quattro fasi* nell'attacco isterico.

quale in realtà non sussiste: è il caso di chiedersi cosa realmente dobbiamo intendere per «suggestione». Indubbiamente questo termine indica un tipo d'influsso psichico, e direi che la suggestione si differenzia da altri tipi di influsso psichico, ad es. dal comando, la comunicazione e l'insegnamento, in quanto con essa si suscita in un altro cervello un'idea che non viene percepita secondo la sua vera origine, ma come se fosse sorta in quel cervello per processo spontaneo. Tipici esempi di questo genere di suggestione si hanno nei casi in cui il medico ingiunge ad un ipnotizzato: «Devi lasciare il braccio nella posizione in cui io lo metto», ed allora si manifesta il fenomeno della catalessi; oppure quando egli ha rialzato parecchie volte il braccio che ricadeva, e fa credere al paziente di volere che resti sollevato. Ma in altri casi si usa il termine suggestione quando il meccanismo del processo è chiaramente diverso. Ad esempio, in molti soggetti ipnotizzati la catalessi si verifica indipendentemente da un comando; il braccio rialzato resta da solo in questa posizione, oppure, se non riceve un ordine, l'ipnotizzato rimane nella posizione in cui si era addormentato. Bernheim ritiene che anche questo effetto sia una suggestione, nel senso che la posizione stessa suggerirebbe di essere mantenuta inalterata; è chiaro, tuttavia, che in questo caso il contributo di uno stimolo esterno è assai meno rilevante, ed invece è maggiore che negli esempi precedenti il contributo della condizione fisiologica dell'ipnotizzato, che non accetta nessuno stimolo al cambiamento di posizione. Nell'esempio che segue, appare forse con maggiore chiarezza la differenza tra una suggestione psichica diretta ed una suggestione indiretta, fisiologica. Se io dico ad un ipnotizzato: «Il tuo braccio destro è paralizzato, non lo puoi muovere», si ha una suggestione psichica diretta. Invece Charcot percuote leggermente il braccio dell'ipnotizzato, oppure gl'ingiunge: «Guarda questa faccia orrenda, colpiscila», e il soggetto mena un colpo; il braccio si affloscia paralizzato[2]. In tutti e due i casi la suggestione esterna ha anzitutto suscitato nel braccio una penosa sensazione

---

[2] J. M. Charcot, *Leçons du mardi de la Salpêtrière* (1887-88), Parigi 1888, lezione VII e XVIII.

di stanchezza, che a sua volta suggerisce – ammesso che qui sia ancora il caso di usare il termine suggerire – la paralisi, in modo assolutamente autonomo dall'intervento del medico. Cioè, in questi casi si tratta non tanto di suggestioni quanto di incitamento ad *autosuggestioni*, nelle quali, come tutti ben comprenderanno, è presente un elemento oggettivo, indipendente dalla volontà del medico, e che dimostrano la sussistenza di un rapporto tra diverse condizioni di innervazione o di eccitamento del sistema nervoso. Le paralisi isteriche spontanee si verificano proprio a causa di queste autosuggestioni, e la tendenza a questa autosuggestione costituisce una caratteristica dell'isteria assai più rilevante che la suggestionabilità nei confronti del medico, mentre non sembra che tra i due aspetti sussista un parallelismo.

Non è il caso che io stia a far notare che in moltissimi casi Bernheim si serve di queste suggestioni indirette, cioè degli incitamenti all'autosuggestione. Il metodo che egli usa per addormentare, e che descrive in questo libro, è sostanzialmente un procedimento misto, in cui la suggestione apre all'autosuggestione le porte, che in effetti stanno lentamente aprendosi da sole.

Le suggestioni indirette, in cui tutta una serie di anelli intermedi, provenienti dall'attività della stessa persona sottoposta a suggestione, ricollegano l'incitamento esterno alla conseguenza, sono sempre fenomeni psichici; ma questi non ricevono tutti dalla coscienza piena luce, che piuttosto cade sulle suggestioni dirette. Infatti noi stiamo molto più attenti alle percezioni esterne che ai processi interiori. Perciò, possiamo considerare le suggestioni indirette, o autosuggestioni, come fenomeni sia fisiologici che psichici; e «suggerire» diviene sinonimo del reciproco risveglio di condizioni psichiche secondo le leggi dell'associazione. Il fatto di chiudere gli occhi fa addormentare, perché collegato all'idea del sonno, uno dei suoi più frequenti fenomeni concomitanti: uno degli aspetti del fenomeno del sonno suggerisce gli altri elementi del fenomeno complessivo. E questo collegamento non deriva dalla volontà del medico, ma dalla particolare complessione del sistema nervoso, e non potrebbe verificarsi se non fosse basato su alterazioni nell'eccitabilità delle zone cerebrali interessate, nell'innervazione dei centri vascolari, ecc. Si tratta dunque di un quadro nello stesso tempo psicologico e fisiologico. Come per ogni concatenazione di condizioni nel sistema nervoso, anche per questa è possibile uno svolgimento in un'altra direzione. L'idea del sonno può comportare una sensazione di stanchezza degli occhi e dei muscoli e la corrispondente condizione dei vasi del sistema nervoso centrale; oppure, in altri casi, la condizione della muscolatura o un influsso sui vasi cerebrali possono da soli risvegliare il soggetto che dorme, ecc. Perciò dobbiamo limitarci a dire che sarebbe arbitrario tener presente solo l'aspetto psicologico di questo processo, così come sarebbe arbitrario considerare unica causa dei fenomeni ipnotici l'innervazione vascolare.

Qual è dunque il significato di una contrapposizione tra fenomeni psichici e fenomeni fisiologici dell'ipnosi? Finché per suggestione s'intendeva solo il diretto influsso psichico da parte del medico, che provocava nell'ipnotizzato i sintomi che voleva, essa poteva avere un certo valore; ma questo viene meno appena si arriva a comprendere che anche la suggestione si limita a provocare fenomeni basati sulle caratteristiche funzionali del sistema nervoso dell'ipnotizzato, e che, oltre alla suggestionabilità, nell'ipnosi affiorano altre caratteristiche del sistema nervoso. Potremmo ancora chiederci se tutti i fenomeni dell'ipnosi debbano *in qualche modo* passare per l'ambito psichico e cioè – poiché solo questo può essere il significato della domanda – se le alterazioni nell'eccitabilità durante l'ipnosi debbano necessariamente riguardare solo l'ambito della corteccia cerebrale; da questa nuova formulazione della domanda già risulta quale debba essere la risposta. Non c'è ragione di stabilire, come si fa in questo caso, una contrapposizione così netta tra la corteccia cerebrale e la parte restante del sistema nervoso, ed è improbabile che una così profonda alterazione funzionale nella corteccia cerebrale possa non essere connessa a gravi alterazioni nell'eccitabilità di altre parti del cervello. Non abbiamo un criterio per distinguere con precisione un processo psichico da uno fisiologico, un atto della corteccia cerebrale da un atto della massa subcorticale, perché non possiamo attribuire la «coscienza» – qualunque cosa cerebrale essa sia – a tutte le attività della corteccia, né a tutte nella stessa misura, e non si tratta di cosa localizzata in un punto preciso del sistema nervoso. Perciò mi sembra che la questione se l'ipnosi metta in rilievo fenomeni psichici o fisiologici vada senz'altro respinta, e che la decisione dipenda da un'indagine particolare per ogni singolo fenomeno.

Ritengo perciò di poter affermare che l'opera di Bernheim, se da una parte si spinge oltre l'ambito dell'ipnosi, dall'altra trascura un aspetto della questione. Tuttavia mi auguro che anche i lettori tedeschi di Bernheim apprezzeranno l'importanza ed il valore istruttivo di questa sua presentazione dell'ipnotismo sotto il profilo della suggestione.

Vienna, agosto 1888

APPENDICE
Introduzione alla seconda edizione (1896)

Alla prima edizione in tedesco di quest'opera era premessa un'introduzione del traduttore che al momento attuale non è più necessario ristampare. Ora è completamente cambiata la situazione del mondo scientifico in cui era apparsa la traduzione de *La suggestione* di Bernheim: sono venuti meno i dubbi sulla realtà dei fenomeni ipnotici, è cessata la proscrizione che allora incombeva su qualunque neurologo che s'interessasse e si occupasse di questo ordine di fenomeni. Buona parte del merito di questo cambiamento tocca a quest'opera in cui la causa dell'ipnotismo scientifico è difesa in modo ottimo e convincente.

Essendosi posta la necessità di ripresentare in modo accessibile quest'opera fondamentale del medico di Nancy ai lettori tedeschi, il curatore e l'editore, d'accordo con l'autore, hanno deciso di sopprimere i capitoli che contenevano solo casi clinici e relazioni su trattamenti. Essi non potevano pensare che la validità dell'opera di Bernheim consistesse in questi. Inoltre il dottor Max Kahane è stato tanto gentile da evitare al sottoscritto il lavoro di aggiornamento del testo per la nuova edizione, e da rivederlo sulla base dell'edizione francese.

Qui il traduttore vuole solo insistere su un'osservazione già fatta nell'introduzione alla prima edizione e che ancora oggi ritiene valida. Egli si duole del fatto che nella presentazione di Bernheim non venga prospettato il punto di vista per cui la «suggestione» – o, per meglio dire, l'effetto della suggestione, la capacità di suggerire – è un fenomeno psichico *patologico*, che si verifica solo in determinate condizioni. Contro questa concezione non si può opporre la frequenza e facilità della suggestione, né la gran parte che essa svolge nella vita quotidiana. Bernheim fornisce una descrizione così dettagliata di queste circostanze, che poi omette di proporre il problema psicologico delle condizioni in cui i normali metodi dell'influsso psichico tra gli uomini possono essere sostituiti dalla suggestione. E mentre egli spiega con la suggestione tutti i fenomeni dell'ipnotismo, nessuna spiegazione è data della suggestione stessa, come se questa non ne avesse alcun bisogno. Questa manchevolezza è stata rilevata da tutti gli studiosi che, seguendo il Forel, hanno tentato di trovare una teoria psicologica della suggestione.

Vienna, giugno 1896

II. Recensione a *L'ipnotismo* di August Forel*

1.

Questo libro di sole ottantotto pagine del famoso psichiatra zurighese costituisce l'ampliamento di un saggio sull'importanza dell'ipnotismo sotto l'aspetto legale apparso nel *Giornale di diritto penale*, vol. 9, 131 (1889). Esso è certamente destinato a conservare a lungo una posizione di preminenza nella letteratura tedesca sull'ipnotismo. Assai breve, scritto in una forma quasi da catechismo, molto lucida e precisa, esso comprende tutta la serie dei fenomeni e dei problemi racchiusi sotto la denominazione di «teoria dell'ipnotismo», con una giusta distinzione tra fatti e teoria, senza che sia mai abbandonato l'atteggiamento serio doveroso in un medico che vuole approfondire le cose, ed evitando sempre di cadere in un modo di esprimersi esuberante, così mal adeguato ad un trattato scientifico. Solo in un punto della sua trattazione Forel si esprime in tono entusiasta, quando prorompe nell'affermazione: «Secondo me, la scoperta da parte di Braid e di Liébeault dell'importanza psicologica della suggestione è un avvenimento tanto grandioso da poter essere paragonato alle maggiori scoperte, meglio ancora, alle maggiori rivelazioni dello spirito umano». Chi ritiene che questa affermazione esprima una grossolana sopravvalutazione dell'ipnosi, aspetti a pronunziarsi in modo definitivo, finché i prossimi anni non avranno confermato quanti dei grandi rivolgimenti teorici e pratici che l'ipnosi fa sperare questa

* II. Titolo originale: «Referat: August Forel, *Der Hypnotismus*. Pubblicato la prima volta in *Wiener medizinische Wochenschrift*, 39, 1889. Traduzione di Cecilia Galassi e Antonella Ravazzolo.

realizzerà veramente. Forel conserva un atteggiamento di riserva rigorosamente scientifico per quanto riguarda il nebuloso problema connesso all'ipnotismo – trasmissione del pensiero, ecc. – di cui ora si occupa lo spiritualismo. Non si capisce come un'autorità della nostra città abbia potuto, di fronte ad un'associazione medica, definire questo autore «Forel il meridionale» e contrapporgli un oppositore dell'ipnosi, che definisce «più settentrionale», come esempio di una intelligenza più riflessiva. Anche se non fosse tanto assurdo giudicare in modo così sbrigativo le concezioni, riguardo a problemi scientifici, di un autore vivente, prendendo a fondamento considerazioni sulla sua nazionalità o sul suo paese d'origine, e anche se il professor Forel non avesse il bene di essere nato e cresciuto a 46° di latitudine nord[1], la lettura dell'opera di cui si tratta non offre alcuno spunto per considerare il suo autore una persona in cui l'emotività prevalga sulla logica.

Al contrario, questo libretto è l'opera di un medico serio, che ha potuto apprezzare la validità e l'importanza dell'ipnosi come strumento terapeutico attraverso una lunga esperienza personale, e che può ben dire «agli schernitori ed agli increduli»: «Provate, prima di giudicare!». E siamo senz'altro d'accordo con lui quando insiste: «Si può esprimere un giudizio sull'ipnotismo solo dopo averlo sperimentato per un po' di tempo».

Certamente, parecchi oppositori dell'ipnosi sono arrivati in modo più comodo alla loro opinione in proposito; essi non si sono presi cura di verificare questo nuovo strumento terapeutico servendosene in modo scrupoloso ed imparziale, come si dovrebbe fare con un medicamento scoperto e raccomandato di recente, ma si sono limitati a respingere *a priori* l'ipnosi; e neppure la conoscenza dell'inestimabile capacità terapeutica di questo metodo ora vieta loro di manifestare la loro avversione per esso nel modo più duro ed ingiustificato, quali che siano le loro ragioni. Essi esagerano enormemente i pericoli dell'ipnosi, la definiscono con i termini più infamanti e, posti di fronte alle relazioni sempre più numerose di guarigioni ottenute con l'ipnosi,

---

[1] Cosa di cui il Forel m'informa in una lettera.

se ne escono con giudizi da oracolo, come: «Le guarigioni non provano niente, anzi devono a loro volta essere provate»[2]. Non dobbiamo meravigliarci, data la violenza della loro avversione, se essi accusano i medici, che per il benessere dei loro pazienti ritengono di doversi servire dell'ipnosi, di intenzioni poco corrette e di comportamento non scientifico, tutte accuse che non dovrebbero rientrare, né apertamente, né in modo più o meno dissimulato, in una disputa scientifica. Quando tra questi oppositori si trovano persone come il consigliere aulico Meynert, che col loro lavoro hanno acquistato un gran prestigio che ora il pubblico, medico o profano, ricollega senz'altro a tutte le loro asserzioni, non si può proprio evitare che la causa dell'ipnotismo ne venga in qualche modo danneggiata. In genere non si riesce ad ammettere che uno scienziato che ha acquistato una vasta esperienza in alcuni settori della neuropatologia, dimostrando un notevole acume, non possa assolutamente essere considerato un'autorità per quanto riguarda altri problemi; e certamente il rispetto della grandezza, soprattutto di quella intellettuale, è una delle più grandi virtù dell'uomo; ma deve prevalere il rispetto per i fatti, e quando si rinunzia all'ossequio ad un'autorità per coerenza con una propria opinione personale, che ci si è formata attraverso lo studio dei fatti, non bisogna temere di esprimerla francamente.

Quelli che, come il recensore, hanno raggiunto, a proposito dell'ipnosi, una posizione indipendente, potranno consolarsi col pensiero che i danni che in questo modo vengono arrecati alla reputazione dell'ipnosi potranno avere solo un'importanza limitata nello spazio e nel tempo. I medici che danno importanza all'esame dei fatti prenderanno una posizione meno negativa quando constateranno che, dopo il trattamento, le pretese vittime dell'ipnoterapia soffrono meno, e sono in grado di adempiere meglio ai propri compiti, così come io posso dire dei miei pazienti. Pochi esperimenti basteranno a convincerli che parecchie delle accuse mosse all'ipnosi non riguardano questa in particolar

---

[2] In questi termini il consigliere aulico Meynert si espresse in una seduta della Società di Medicina del 7 giugno di quest'anno.

modo, ma potrebbero più giustamente essere mosse a ciascuno dei procedimenti di cui noi tutti ci serviamo. Come medici, comprenderanno l'impossibilità di fare a meno dell'ipnosi e di lasciare che i loro malati soffrano, quando potrebbero alleviare le loro sofferenze con un influsso psichico assolutamente innocuo. Dovranno riconoscere che, anche quando l'ipnosi viene definita «pazzia artificiale» o «isteria artificiale», essa non perde niente del suo valore terapeutico e della sua innocuità, così come, per esempio, la carne non perde il suo sapore e il suo valore nutritivo quando i vegetariani, inferociti, la chiamano «carogna».

Prescindiamo per un po' dalla nostra esperienza e conoscenza degli effetti dell'ipnosi, e cerchiamo di stabilire quali effetti nocivi essa possa *a priori* far temere. Nel trattamento ipnotico anzitutto si provoca uno stato ipnotico, e poi si trasmette all'ipnotizzato una suggestione. Quale di questi due atti sarebbe nocivo? Provocare l'ipnosi? Ma l'ipnosi, se riesce completamente, non si differenzia dal normale sonno, che tutti noi ben conosciamo, anche se certamente sotto molti aspetti ancora ci sfugge; e quando si sviluppa in modo meno completo, corrisponde alle varie fasi del processo dell'addormentarsi. Effettivamente, nel sonno viene meno il nostro equilibrio psichico, durante il sonno l'attività del cervello è disturbata ed assomiglia, sotto vari punti di vista, alla follia; tuttavia, questa somiglianza non toglie che al risveglio noi ci ritroviamo pieni di nuove energie, anche sotto l'aspetto psichico. Se ci conformassimo all'opinione del Meynert sulle dannose conseguenze della diminuzione dell'attività corticale, ed alla sua spiegazione dell'euforia ipnotica, noi medici avremmo ottimi motivi per tenere la gente in uno stato di perenne insonnia. Ma la gente continua a voler dormire, e perciò non possiamo ricollegare i pericoli dell'ipnoterapia all'atto dell'ipnotizzare. Allora è la suggestione trasmessa l'elemento nocivo? Questo è impossibile perché, cosa sorprendente, gli attacchi degli avversari non si rivolgono contro la suggestione. Si dice che i medici conoscano da sempre l'uso della suggestione, «noi non facciamo che ipnotizzare», dicono; ed in realtà il medico, anche se non esercita l'ipnosi, è estremamente soddisfatto quando è riuscito a sviare l'attenzione del paziente da un sintomo in virtù della potenza della sua personalità, dell'influsso della sua parola, della sua autorità. Perciò non si capisce perché il medico non dovrebbe cercare di esercitare in modo sistematico un influsso che, quando gli riesce senza che egli lo ricerchi di proposito, ritiene sempre tanto positivo. Ma forse la suggestione solleva ugualmente obiezioni, per la soppressione della libertà individuale da parte del medico, il quale, durante il sonno artificiale, acquista anche un potere direttivo sul cervello addormentato. È veramente curioso vedere come tutto ad un tratto i deterministi più accaniti si schierino a favore del «libero arbitrio personale» messo in pericolo, e come lo psichiatra, abituato a comprimere con grosse dosi di bromuro, morfina e cloralio l'«attività psichica che tende ad essere libera» dei suoi pazienti, giudichi come una cosa abbietta per tutti e due i soggetti gli influssi della suggestione. Come si può trascurare il fatto che la soppressione della libertà del malato attraverso la suggestione è sempre limitata, e che riguarda sintomi morbosi? Che, come è stato ripetuto infinite volte, tutta l'educazione sociale dell'uomo è basata sull'eliminazione di idee e tendenze inutili, che si vuole sostituire con altre migliori? Che ogni giorno la vita esercita su ogni uomo influssi psichici che, anche quando lo colgono da sveglio, inducono in lui mutamenti ben più profondi di quanto non faccia la suggestione da parte del medico, il quale si propone di rimuovere un'idea dolorosa o ansiogena con un'altra idea valida ed opposta alla prima? L'unico pericolo, nell'ipnoterapia, può essere il suo abuso, ed il medico, che non possa fare affidamento sulla propria scrupolosità e bontà di intenti per evitare questo abuso, farà bene a non servirsi affatto di questo nuovo metodo terapeutico.

Per quanto riguarda il giudizio personale su questi medici che, prima di esservi indotti dalla moda, hanno il coraggio di servirsi dell'ipnosi come mezzo terapeutico, il recensore crede che, entro certi limiti, si debba far giustizia alla frequente intolleranza dei grandi uomini. Perciò il recensore non ritiene opportuno, né molto interessante per un vasto pubblico, stare a ricercare i motivi per cui il consigliere Meynert ha descritto se stesso e parte della sua vita nel proprio saggio sulle nevrosi traumatiche.

Piuttosto, il recensore ritiene che sia importante difendere l'ipnotismo di fronte a quanti, nelle questioni scientifiche, sono soliti lasciarsi influenzare da un gran nome, magari per la giusta consapevolezza della propria incapacità di giudizio. Egli intende far ciò contrapponendo al prestigio del Meynert quello di altri che hanno dimostrato di essere più favorevoli all'ipnosi, e facendo presente che il professor H. Obersteiner per primo favorì tra noi lo studio scientifico dell'ipnosi, e che il prof. Krafft-Ebing, ottimo psichiatra e neurologo, recente acquisto della nostra università, si è senz'altro dimostrato favorevole all'ipnosi, servendosene nella sua pratica medica con eccellenti risultati. Vedete bene come queste personalità possano ben soddisfare anche quegli sciocchi che, per dar credito ad un'autorità, pretendono che questa abbia particolari requisiti di nazionalità, razza e latitudine geografica, e la cui fiducia è circoscritta nei confini del proprio paese.

Gli altri, che sanno riconoscere la grandezza scientifica anche al di fuori della propria patria, potranno includere anche il professor Forel tra le personalità che, dichiarandosi favorevoli all'ipnosi, possono rassicurarli circa la pretesa bassezza e indegnità di questo mezzo terapeutico. Il recensore, poi, quando è stato attaccato dal Meynert, ha sentito di avere ottima compagnia per la difesa dell'ipnosi: il professor Forel dimostra in un modo assai convincente come si possa essere un ottimo anatomico e nello stesso tempo considerare l'ipnosi qualcosa di più di un'«assurdità». Anche a lui spetta la definizione di «medico addestrato alla precisione fisiologica», come il consigliere Meynert ritenne di definire il passato del recensore[3]; e come questi è tornato depravato dalla corrotta Parigi, così un viaggio da Bernheim a Nancy ha costituito per il professor Forel l'inizio di una nuova attività, da cui deriva l'ottimo libro di cui si tratta.

---

[3] Mi trovo nuovamente costretto a correggere il consigliere Meynert. Di me egli dice che «esercito in questa città come esperto praticante dell'ipnosi». Questo non basta e potrebbe suscitare tra gli estranei l'impressione che io non faccia nient'altro che ipnotizzare. Invece «in questa città» io lavoro come neurologo, e faccio uso di tutti i sistemi di cura di cui dispone chi pratica questa specializzazione. Comunque, i risultati positivi che finora ho ottenuto con l'ipnosi m'impongono di non fare mai più a meno di questo efficacissimo mezzo.

2.

Nelle parti introduttive del libro Forel si sforza, per quanto possibile, di stabilire una distinzione tra «fatti, teoria, concetti e terminologia».

La possibilità di trasportare una persona in una condizione psichica (o meglio, del cervello) simile al sogno costituisce l'aspetto fondamentale dell'ipnotismo. Questa condizione viene chiamata ipnosi. Un secondo gruppo di fatti riguarda il modo in cui si può provocare, o far cessare, questa condizione. Sembra si possano usare tre sistemi:

1. servirsi dell'influsso psichico di una persona su di un'altra (suggestione);
2. servirsi dell'influsso (fisiologico) di alcuni procedimenti (fissazione) con il magnete, la mano, ecc.;
3. servirsi dell'autosuggestione (autoipnosi).

Ma solo il primo metodo, la produzione dell'ipnosi attraverso idee, cioè la suggestione, si è consolidato. Sembra che anche negli altri due metodi di produzione dell'ipnosi non possa escludersi, in alcune forme, l'effetto della suggestione.

Una terza serie di fatti concerne il comportamento del soggetto ipnotizzato. Infatti, con un soggetto in stato ipnotico si può influire nella misura più ampia su quasi tutte le funzioni del sistema nervoso, e, tra queste, sulle attività la cui dipendenza dai processi cerebrali in genere viene sottovalutata. In realtà, la possibilità che nello stato ipnotico l'influsso del cervello sulle funzioni somatiche sia più intenso che in quello di veglia male si accorda con la teoria che vede nei fenomeni ipnotici una «diminuzione dell'attività corticale», una specie di idiozia prodotta sperimentalmente. Ma, a parte i fenomeni ipnotici, sono tanti gli elementi che non si accordano con questa teoria, che si sforza di abbracciare quasi tutti i fenomeni dell'attività cerebrale attraverso una contrapposizione tra attività corticale ed attività subcorticale, arrivando addirittura a collocare nella zona subcorticale del cervello il principio «cattivo».

Anche la dipendenza dall'ipnotizzatore dell'attività psichica dell'ipnotizzato, e la manifestazione, sempre nell'ipnotizzato, dei cosiddetti effetti post-ipnotici, cioè la determinazione di atti psichici che vengono eseguiti solo dopo che l'ipnosi è cessata da molto tempo, sono fatti ormai assodati. Vi sono poi parecchie affermazioni riguardanti interessantissime attività del sistema nervoso – chiaroveggenza, suggestione mentale, ecc. – che però finora non possono essere incluse tra i fatti; e, sebbene non vada respinta un'indagine scientifica su queste affermazioni, bisogna considerare quante difficoltà comporti un'esauriente spiegazione di questi fenomeni.

Per spiegare i fenomeni ipnotici sono state proposte tre teorie principali. La prima, che ancora oggi prende il suo nome dal Mesmer, afferma che, quando s'ipnotizza, un fluido, un elemento imponderabile che il Mesmer chiamò «magnetismo», passa dall'organismo dell'ipnotizzatore in quello dell'ipnotizzato. Ma questa teoria è ormai così aliena dal nostro atteggiamento mentale, dalla nostra impostazione scientifica, che non se ne tiene più conto. La seconda teoria, quella somatica, spiega i fenomeni ipnotici secondo lo schema dei riflessi spinali; l'ipnosi è considerata come una condizione fisiologica alterata del sistema nervoso, che può essere provocata mediante stimoli esterni, come sfregamento, fissazione dell'attività sensoriale, con l'uso di magneti o di metalli, ecc. Questa teoria afferma che tali stimoli possono indurre l'ipnosi solo se c'è una determinata predisposizione del sistema nervoso, e che perciò solo i nevropatici, e soprattutto gli isterici, possono essere ipnotizzati; essa non tiene conto dell'influsso delle idee nell'ipnosi e descrive tutta una serie di alterazioni tipiche esclusivamente somatiche che si possono osservare nello stato ipnotico. Questa spiegazione dell'ipnosi su base puramente somatica è sostenuta dal gran prestigio di Charcot.

Invece il Forel si dimostra senz'altro favorevole ad una terza teoria, quella della suggestione, elaborata dal Liébeault e dai suoi allievi (Bernheim, Beaunis, Liégeois). Questa teoria sostiene che tutti i fenomeni ipnotici sono effetti psichici, cioè effetti di idee che, più o meno di proposito, vengono ispirate all'ipnotizzato.

Lo stato ipnotico è provocato dalla suggestione e non da stimoli
esterni, e non è proprio solo dei nevropatici, in quanto lo si può
provocare abbastanza facilmente in buona parte dei soggetti sani.
Concludendo, «bisogna dissolvere il concetto, tanto nebuloso, di
ipnotismo, in quello di suggestione». Spetterà poi ad un'indagine
più approfondita stabilire se il concetto di suggestione sia, a sua
volta, meno nebuloso di quello d'ipnotismo. Qui possiamo limitarci a dire che, d'ora in poi, il medico che voglia capire l'ipnosi
farà senz'altro bene a basarsi sulla suggestione. Infatti in qualunque momento egli potrà trovare nei propri pazienti la conferma
dell'esattezza delle affermazioni della scuola di Nancy, ed invece
difficilmente sarebbe in grado di riscontrare, nell'osservazione
diretta, i fenomeni che Charcot descrive come «grande ipnotismo»
e che sembra possano osservarsi solo in pochi malati affetti dalla
«grande isteria».

La seconda parte del libro parla della suggestione e, con notevole
concisione ed una forza descrittiva estremamente convincente,
comprende tutta la serie dei fenomeni psichici riscontrabili nei
soggetti ipnotizzati. Il punto di partenza per la comprensione
dell'ipnosi ci è fornito dalla teoria del Liébeault sul sonno normale – o meglio, sul normale modo di addormentarsi –; l'ipnosi
se ne differenzia solo per l'introduzione del rapporto tra il soggetto e colui che lo fa addormentare. In base a questa teoria tutti
possono essere ipnotizzati, e solo un qualche particolare ostacolo
può impedire che l'ipnosi si verifichi. In genere, le concezioni
dell'autore sul carattere dei vari ostacoli possibili (un desiderio
troppo violento di essere ipnotizzati, come una precisa volontà
di evitarlo), sui diversi gradi di ipnosi, sul rapporto tra il sonno
provocato per suggestione e gli altri fenomeni ipnotici, concordano
perfettamente con quelle del Bernheim, la cui fondamentale opera
sulla suggestione, ora tradotta, sembra abbia suscitato notevole
scalpore nel pubblico tedesco. Anche i capitoli che trattano degli
effetti della suggestione appaiono come estratti da Bernheim,
ma vengono sempre illustrati con esempi attinti all'esperienza
personale dell'autore. Forel li presenta premettendo: «Mediante
la suggestione in stato ipnotico si possono provocare, influenza-

re, impedire – inibire, modificare, paralizzare o eccitare – tutti i fenomeni psichici noti, e parecchie delle funzioni oggettive note del sistema nervoso». Si può dunque influire sulle funzioni somatiche sensitive e motorie, su alcuni riflessi, alcuni processi vasomotori (si possono finanche provocare vesciche!) e, sul piano psichico, sui sentimenti, gli impulsi, la memoria, la volontà, ecc. Chi abbia una certa esperienza diretta dell'ipnotismo ricorderà quale impressione abbia provato esercitando per la prima volta un influsso, fino ad allora inimmaginabile, sulla vita psichica di un'altra persona, effettuando sull'anima umana esperimenti che di solito sono possibili solo su animali. Vero è che spesso questo influsso si scontra con una certa resistenza esercitata dall'ipnotizzato, che non è un semplice automa e non di rado si oppone alla suggestione producendo delle «autosuggestioni», termine che solo apparentemente indica un arricchimento del concetto di «suggestione», ma che, in realtà, ne indica la soppressione.

Le discussioni che seguono sui fenomeni post-ipnotici, sulla suggestione a termine prefissato e sulla suggestione in stato di veglia, presentano il massimo interesse; sono tutti fenomeni dal cui studio si sono già ricavati importantissimi dati sui normali processi psichici dell'uomo, ma la cui importanza è ancora controversa. Anche se l'opera del Liébeault e dei suoi allievi avesse procurato solo la conoscenza di questi strani fenomeni, che tuttavia si verificano quotidianamente, arricchendo di un nuovo metodo sperimentale la psicologia, a prescindere da ogni validità sul piano pratico, essa avrebbe senz'altro meritato ugualmente una posizione di gran rilievo tra le scoperte scientifiche di questo secolo. Nella breve opera del Forel sono contenute un gran numero di opportune annotazioni e di consigli sull'applicazione pratica dell'ipnotismo, che ci incutono il massimo rispetto per l'autore. In questo modo può scrivere solo un medico che riunisce in sé una perfetta padronanza di questa complessa materia ed una ferma convinzione della sua importanza. La tecnica ipnotica non è tanto facile come vorrebbero far credere le critiche che le sono state rivolte nel corso della prima discussione berlinese (l'ipnotismo non sarebbe un'abilità del medico, giacché potrebbe praticarlo un qualunque pastorello). Occorre avere entusiasmo, pazienza, estrema sicurezza, saper disporre di molti accorgimenti ed intuizioni. Chi si propone di ipnotizzare in base ad uno schema prefissato, o teme la sfiducia o il sarcasmo del paziente, o vi si accinge con animo scoraggiato, non conseguirà grandi risultati. Non bisogna abbandonare nervosamente a se stessi i pazienti da ipnotizzare, ed i soggetti molto nervosi sono quelli meno indicati per questo metodo. Procedendo con sicurezza ed abilità, si eviteranno i pretesi effetti dannosi dell'ipnotismo. Come giustamente disse il dottor Bérillon: «*On ne s'improvise pas plus médecin hypnotiseur qu'on ne s'improvise oculiste*»[4].

Insomma, quali risultati si possono ottenere con l'ipnosi? Forel fornisce un elenco, che non pretende sia completo, di disturbi «che di fronte alla suggestione sembrano recedere meglio». Inoltre bisogna dire che il significato in cui il termine «indicazione» va inteso per quanto riguarda il trattamento ipnotico è un po' diverso da quello in cui viene impiegato, ad esempio, per l'uso della digitale, ecc. Le indicazioni derivano quasi di più dalle caratteristiche soggettive del malato che dal tipo della sua malattia. In un soggetto possono quasi non esserci sintomi che, per quanto sia salda la loro base organica, non cedano alla suggestione (ad esempio, la vertigine del morbo di Ménière o la tosse nella tubercolosi); in altri, non si riesce in nessun modo ad influire su disturbi d'indubbia origine psichica. L'abilità di chi ipnotizza e le condizioni in cui egli può trattare i suoi malati sono elementi di non minore importanza. Io stesso ho conseguito con il trattamento ipnotico un buon numero di risultati positivi, ma non mi arrischio ad intraprendere certe terapie che a Nancy ho visto praticare da Liébeault e Bernheim. Inoltre ritengo che questi successi dipendano in buona parte dall'«atmosfera suggestiva» da cui è circondata la clinica in cui esercitano quei due medici, dall'ambiente e dallo stato d'animo delle persone, tutti elementi che non sempre io riesco a ricostituire con i soggetti dei miei esperimenti.

---

[4] [Non ci si può improvvisare medici ipnotizzatori più di quanto non ci si possa improvvisare oculisti.]

Con la suggestione si può influire in modo duraturo su di una funzione nervosa, o è valida l'accusa che i successi con essa conseguiti siano solo sintomatici e fugaci? A queste accuse risponde in modo inconfutabile lo stesso Bernheim nell'ultimo capitolo del suo libro. Egli osserva che la suggestione agisce come qualsiasi altro mezzo terapeutico di cui ci si serva; cioè essa sceglie, da un complesso di sintomi morbosi, un sintomo importante, la cui rimozione può influire beneficamente su tutto il decorso del processo. Inoltre possiamo aggiungere che, in parecchi casi, ad esempio nei disturbi isterici, che sono la diretta conseguenza di una idea patogena o il residuo di un'esperienza traumatizzante, la suggestione ha tutte le caratteristiche di un trattamento causale. Sopprimendo questa idea, o attenuando il ricordo per mezzo della suggestione, in genere anche il sintomo viene rimosso. In realtà, in questo modo l'isteria non è guarita, ed in circostanze analoghe provocherà sintomi analoghi; ma forse l'idroterapia, la ipernutrizione o la valeriana riescono a guarire l'isteria? Come si può pretendere che un medico guarisca una diatesi nervosa, quando permangono le circostanze che l'hanno provocata? Il Forel sostiene che con la suggestione si può conseguire un successo duraturo:

1. quando il cambiamento effettuato è abbastanza forte da affermarsi tra le dinamiche del sistema nervoso; ad esempio, quando un bambino è stato disabituato dall'enuresi con la suggestione, l'abitudine normale può affermarsi in modo stabile al posto di quella cattiva precedente;

2. quando con determinati farmaci si fornisce al mutamento questa forza; ad esempio, nel caso di uno che soffra d'insonnia, esaurimento ed emicrania, la suggestione migliora il suo stato generale assicurandogli il sonno e contribuendo così ad evitare in modo duraturo il ritorno dell'emicrania.

Ma cos'è esattamente la suggestione, su cui si basa tutto il fenomeno dell'ipnotismo con cui si possono conseguire tutti questi risultati? Con questa domanda si tocca uno dei punti deboli della teoria di Nancy. Involontariamente, viene alla mente il problema di «dove poggi con i piedi San Cristoforo», osservando che l'ampia opera di Bernheim, che culmina nell'affermazione «*tout est dans la suggestion*», non affronta mai la questione dell'essenza della suggestione, cioè non cerca mai di definire questo concetto. Nel periodo in cui avevo la fortuna di seguire personalmente le lezioni sull'ipnotismo del professor Bernheim, osservai che egli denominava come suggestione *ogni specie* di influsso psichico che una persona esercita su un'altra, e che col verbo «suggestionare» designava qualunque tentativo di influire sulla psiche di un'altra persona. Forel cerca di stabilire una distinzione più esatta. In un capitolo molto penetrante su «suggestione e coscienza», egli si sforza di spiegare il meccanismo della suggestione basandosi su certe ipotesi fondamentali circa gli eventi psichici normali. Anche se non siamo completamente soddisfatti di queste spiegazioni, dobbiamo tuttavia essere grati all'autore per averci indicato dove ricercare la soluzione del problema, e per averci forniti molti spunti e contributi per questa soluzione. Osservazioni come quelle del Forel in questo capitolo del suo libro indubbiamente riguardano il problema dell'ipnosi assai più che la contrapposizione tra attività corticale e subcorticale e le speculazioni sulla dilatazione e contrazione dei vasi sanguigni cerebrali.

Conclude il libro un capitolo sull'importanza della suggestione dal punto di vista giuridico. Finora i «delitti suggeriti» sono solo una possibilità cui i giuristi si stanno preparando, e che gli scrittori di romanzi possono predire come «non tanto improbabili che un giorno o l'altro non possano verificarsi». Certo, in laboratorio è abbastanza facile spingere dei buoni sonnambuli a perpetrare delitti immaginari; ma in seguito alle acute critiche che il Delboeuf ha mosse agli esperimenti del Liégeois, rimane aperto il problema: fino a che punto la coscienza che si tratta solo di un esperimento facilita nei soggetti il compimento dei delitti?

III. Trattamento psichico (Trattamento dell'anima)*

«Psiche» è un vocabolo greco che significa «anima». Perciò per «trattamento psichico» s'intende «trattamento dell'anima»; si potrebbe quindi pensare che voglia dire trattamento dei fenomeni patologici della vita dell'anima. Ma il significato dell'espressione è diverso. Trattamento psichico vuol dire invece trattamento a partire dall'anima, trattamento di disturbi psichici o somatici, con mezzi che agiscono in primo luogo e direttamente sulla psiche umana.

Questo mezzo è costituito anzitutto dalla parola, e le parole sono anche lo strumento fondamentale del trattamento psichico. Certo, difficilmente il profano potrà comprendere come le «sole» parole del medico possano rimuovere disturbi patologici somatici e psichici. Penserà che gli si chieda di credere nella magia. E non del tutto ha torto; le parole dei nostri discorsi di tutti i giorni sono solo magia attenuata. Ma per comprendere come la scienza riesca, almeno in parte, a restituire alla parola la sua primitiva forza magica, occorrerà scegliere una strada indiretta, più vasta.

Anche i medici che hanno avuto una formazione scientifica solo recentemente hanno cominciato a comprendere il valore del trattamento psichico, il che si spiega facilmente pensando all'evoluzione della medicina negli ultimi cinquant'anni. Dopo un periodo piuttosto infecondo, di dipendenza dalla cosiddetta «filosofia naturale», la medicina ha compiuto notevolissimi passi avanti, come scienza e come arte, sotto il benefico influsso delle scienze naturali; ha scoperto che l'organismo è strutturato sulla

* III. Titolo originale: «Psychische Behandlung (Seelenbehandlung)». Pubblicato la prima volta in *Die Gesundheit*, a cura di R. Kossmann e J. Weiss, Union Deutsche Verlagsgesellschaft, Stuttgart-Berlin-Leipzig, 1890. Traduzione di Cecilia Galassi e Antonella Ravazzolo.

base di unità microscopiche (cellule), ha imparato a comprendere i processi vitali (funzioni) da un punto di vista fisico e chimico; ha distinto le modificazioni visibili e tangibili delle parti del corpo, che sono gli effetti dei diversi processi patologici; d'altro lato, ha anche scoperto i sintomi per cui nelle persone ancora in vita si manifestano determinati processi patologici profondi, ed ha ridotto in modo incredibile i pericoli di gravi interventi operatori servendosi delle cognizioni di recente acquisite. Tutti questi progressi e queste scoperte si riferivano al lato somatico dell'uomo, e così, per un processo di valutazione ingiusto ma facilmente comprensibile, si arrivò al punto che i medici si interessarono solo del corpo, lasciando senz'altro che fossero i filosofi, che essi disprezzavano, ad occuparsi del lato psichico.

Anche se la medicina moderna aveva buone ragioni per studiare l'indubbio rapporto tra corpo e psiche, essa non cessò mai di considerare quest'ultima come determinata e dipendente dal corpo. Così si rilevò che le prestazioni intellettuali dipendono dalla presenza di un cervello normalmente sviluppato ed alimentato in modo sufficiente, e che esse risentono di ogni malattia di questo organo; inoltre si rilevò che con l'introduzione in circolo di sostanze tossiche si possono provocare determinati stati di alterazione mentale o, per citare un caso minore, che i sogni vengono modificati a seconda degli stimoli che a scopo sperimentale si fanno agire su chi dorme.

Nell'animale come nell'uomo, il rapporto tra corpo ed anima è un rapporto di reciproco completamento, ma in passato l'altro lato di questo rapporto, l'azione della psiche sul corpo, trovava nei medici scarsa considerazione. Era come se questi avessero timore di concedere alla vita psichica una certa indipendenza, quasi come se in questo modo si allontanassero da un livello scientifico.

Poco a poco, negli ultimi quindici anni, si è verificato un cambiamento in questo indirizzo unilaterale della medicina in direzione del corpo, mutamento derivato direttamente dall'attività medica. Ci sono infatti parecchi malati, più o meno gravi, che con i loro sintomi e le loro lamentele richiedono molto dalla medicina e nei quali, tuttavia, non si riesce, né in vita né dopo la morte, e nonostante tutti i progressi nei metodi d'indagine della medicina scientifica, a riscontrare indizi tangibili ed evidenti del processo patologico. Alcuni di questi malati presentano un quadro clinico notevolmente vasto e molteplice: il mal di testa o l'incapacità di concentrarsi impediscono loro il lavoro intellettuale, quando leggono dolgono loro gli occhi, quando camminano avvertono una sensazione di stanchezza alle gambe, si lamentano di un dolore sordo o si addormentano, hanno una digestione disturbata da sensazioni dolorose, eruttazioni o crampi allo stomaco, l'evacuazione non riesce se non è facilitata, il sonno è impossibile, ecc. Possono presentare tutti questi sintomi contemporaneamente o in tempi successivi, o solo una parte di essi; evidentemente, la malattia è sempre la stessa. Spesso i suoi sintomi sono mutevoli, e si avvicendano e si sostituiscono reciprocamente; lo stesso soggetto che prima non era in grado di lavorare per il mal di testa, ma aveva una digestione discreta, il giorno dopo può rallegrarsi perché ha la testa libera, ma da allora sopporta male quasi tutti i cibi. Per di più, quando si verifica un notevole cambiamento nelle sue condizioni di vita, è d'un tratto liberato da tutte le sue sofferenze: durante un viaggio gli può capitare di stare benissimo e di gustare senza fastidio qualunque cibo; probabilmente, una volta tornato a casa dovrà nuovamente limitarsi al latte cagliato. In alcuni di questi malati può anche capitare che il male – un dolore o un'astenia di tipo paralitico – cambi improvvisamente lato, trasferendosi dalla parte destra del corpo alla corrispondente zona di sinistra. Ma in tutti si può constatare con assoluta evidenza come i sintomi del male subiscano l'influenza di eccitazioni, emozioni, preoccupazioni, ecc., ed inoltre come essi possano venir meno con il ristabilimento di una perfetta salute e senza lasciar traccia, anche dopo essere durati a lungo.

Infine la ricerca medica è arrivata a stabilire che questi soggetti non vanno considerati e trattati come malati di stomaco o malati d'occhi, ecc., ma che per essi si deve trattare di un disturbo del sistema nervoso nel suo complesso. Finora non si è riusciti, però, con l'esame del cervello e dei nervi di questi malati, ad osservare un evidente mutamento, ed alcuni aspetti del quadro clinico escludono senz'altro che un giorno si possa arrivare a trovare, mediante più raffinati strumenti d'indagine, questi mutamenti che potrebbero chiarire la malattia. Questi stati vengono denominati «nervosità» (nevrastenia, isteria) e definiti come mali esclusivamente funzionali del sistema nervoso. D'altronde, neanche l'accurato esame del cervello (dopo la morte del paziente) ha portato ad alcun risultato, neppure nel caso di mali nervosi più persistenti, e di altri che rivelano solo sintomi psichici (cosiddette idee ossessive, idee deliranti, follie).

I medici dovettero affrontare il compito di ricercare il carattere e l'origine delle manifestazioni nervose di questi nervosi o nevrotici. Allora si scoprì che, almeno per una parte di questi malati, i sintomi del male hanno origine solo in un *mutato influsso sul corpo della vita psichica*, e che quindi la causa prima del disturbo va ricercata nella psiche. Quali siano le cause remote del male che ha colpito la psiche e che ora a sua volta sconvolge anche il corpo è un altro problema, che qui possiamo senz'altro tralasciare. Ma a questo punto la medicina aveva trovato l'anello di congiungimento che le permetteva d'interessarsi dell'aspetto, che finora aveva trascurato, del reciproco rapporto tra corpo e psiche.

Solo con lo studio del patologico si arriva a comprendere il normale. Da sempre si conoscevano molte cose sull'influsso della psiche sul corpo, ma solo ora queste acquistavano il giusto rilievo. La cosiddetta «espressione dei moti d'animo» costituisce l'esempio più comune di azione della psiche sul corpo, e si può osservare regolarmente e in tutti. La tensione ed il rilassamento dei muscoli facciali, l'adattamento degli occhi, l'afflusso del sangue alla pelle, la sollecitazione impressa all'apparato vocale, la disposizione delle membra, specie delle mani, rivelano quasi tutti gli stati psichici di un uomo. Di solito queste simultanee modificazioni somatiche non arrecano alla persona alcun beneficio, ed anzi costituiscono spesso un ostacolo ai suoi intenti, quando essa vuol tenere nascosti agli altri i propri processi psichici, ma per gli altri esse costituiscono indizi precisi, che rendono possibile comprendere i processi psichici e sulle quali ci si può basare più che sulle espressioni verbali usate contemporaneamente e di proposito.

Se poi si ha la possibilità di esaminare in modo più accurato una persona nello svolgimento di determinate attività psichiche, si possono osservare in essa altre conseguenze somatiche di queste attività, nelle modificazioni dell'attività cardiaca, nella variazione della distribuzione del sangue nell'organismo, ecc.

La partecipazione del corpo è cosi palese e così intensa in certi stati psichici denominati «affetti», che alcuni psicologi sono arrivati a pensare che l'essenza degli affetti sia costituita solo dalle loro espressioni somatiche. Tutti sanno che sotto l'influsso, ad esempio, della paura, della rabbia, della sofferenza psichica, del piacere sessuale, si verificano incredibili cambiamenti nell'espressione facciale, nella circolazione del sangue, nelle secrezioni, negli stati d'eccitamento dei muscoli volontari. Altre conseguenze somatiche degli affetti, che non fanno più parte della loro espressione, sono meno note, anche se perfettamente accertate. Duraturi stati affettivi penosi e di natura, come si dice, «depressiva», come dispiacere, preoccupazioni e lutto, riducono il generale stato di nutrizione del corpo, fanno imbiancare i capelli, scomparire il grasso e modificare in modo patologico le pareti dei vasi sanguigni. Ed invece si vede come, per l'influsso di eccitazioni piacevoli, della «felicità», si vede tutto il corpo rifiorire e la persona riacquista alcune caratteristiche della giovinezza. È evidente che i grandi affetti sono collegati alla capacità di resistenza alle malattie infettive; l'osservazione medica che la tendenza a prendere il tifo e la dissenteria è assai più notevole in quelli che fanno parte di un esercito sconfitto che nei vincitori ne costituisce un buon esempio. Ma gli affetti, ed in realtà quasi solo quelli depressivi, abbastanza spesso divengono anche, di per sé, cause patogene sia di malattie del sistema nervoso con modificazioni anatomicamente riscontrabili, sia di malattie di altri organi, dimodoché si è portati a pensare che già in precedenza la persona colpita avesse in sé una tendenza, fino ad allora rimasta inefficace, a questa malattia.

Affetti violenti possono influenzare notevolmente stati patologici già avanzati, in genere nel senso di un peggioramento, sebbene si siano anche verificati casi in cui un forte spavento o un dolore improvviso abbiano influenzato beneficamente o perfino eliminato un male ben radicato, per una straordinaria modificazione dell'organismo. È indubbio, infine, che affetti depressivi possano abbreviare considerevolmente la durata della vita, come che un forte spavento, un' «offesa» o umiliazione cocente possano improvvisamente porre fine alla vita; singolarmente, talvolta quest'ultimo effetto può essere anche la conseguenza di una grande gioia improvvisa.

Gli affetti in senso stretto sono caratterizzati da un particolarissimo rapporto con i processi somatici, ma in realtà tutti gli stati psichici, anche quelli che generalmente consideriamo «processi di pensiero», sono in qualche modo «affettivi», e a nessuno di essi mancano le manifestazioni somatiche e la capacità di modificare processi somatici. Anche quando si pensa tranquillamente per «rappresentazioni», vengono continuamente deviati verso i muscoli lisci e striati eccitamenti corrispondenti al contenuto di queste rappresentazioni; essi possono essere evidenziati con un idoneo rafforzamento, ed in tal modo fornire la spiegazione di alcuni fenomeni straordinari, che anzi si presumono «soprannaturali».

Così, quella che chiamiamo «lettura del pensiero» può essere spiegata con gli impercettibili, involontari movimenti dei muscoli che il *medium* effettua quando si compiono esperimenti con lui, ad esempio quando ci si fa guidare da lui alla ricerca di un oggetto nascosto. A questo fenomeno si addice meglio il nome di «tradimento del pensiero».

Anche i processi della volontà e dell'attenzione possono influire profondamente sui processi corporei e partecipare in misura considerevole alle malattie somatiche, come elementi promotori o inibitori. Un grande medico inglese afferma di essere in grado di provocare varie sensazioni e dolori in qualunque parte del suo corpo su cui voglia volgere la propria attenzione, ed in modo simile sembra si comporti la maggior parte della gente. Considerando dolori che in genere vengono annoverati tra i fenomeni somatici, si deve tener presente la loro strettissima dipendenza da condizioni psichiche. In genere i profani, che amano comprendere questi influssi psichici sotto la denominazione di «immaginazione», tengono in poco conto i dolori provocati dall'immaginazione, al contrario di quanto fanno per quelli provocati da ferita, malattia o infezione. Ma ciò è palesemente ingiusto; qualunque sia la loro causa, sia pure l'immaginazione, non per questo i dolori sono meno veri e meno intensi.

Così come si provocano o si esagerano i dolori dando loro importanza, nello stesso modo questi scompaiono quando se ne distoglie l'attenzione. Questa esperienza può essere utilizzata con ogni bambino, per tranquillizzarlo; nell'accanimento della lotta il guerriero adulto non avverte il dolore delle ferite; nell'estasi del suo sentimento religioso, quando tutti i suoi pensieri sono rivolti alla divina ricompensa che lo attende, molto probabilmente il martire diventa assolutamente insensibile ai dolori dei suoi tormenti. È meno facile illustrare con esempi l'influsso della volontà sui processi patologici somatici, ma è lecito pensare che la volontà di guarire o il desiderio di morire non siano irrilevanti per l'esito di casi gravi ed incerti di malattia.

La condizione psichica dell'*attesa*, con la quale si possono attivare una serie di forze psichiche efficacissime per contrarre e guarire malattie somatiche, merita, da parte nostra, il massimo interesse. L'attesa *angosciosa* non è certo irrilevante per quanto riguarda l'esito; sarebbe interessante stabilire con certezza se, riguardo ad una malattia, essa è così efficace come si crede, se è vero, ad esempio, che in un'epidemia sono in pericolo soprattutto quelli che temono di ammalarsi. La condizione opposta, l'attesa speranzosa e *fiduciosa*, costituisce una forza attiva che dobbiamo senz'altro tenere in considerazione in tutti i nostri tentativi di terapia e guarigione. Altrimenti non riusciremo a capire le particolarità degli effetti che riscontriamo nel caso dei medicamenti e degli interventi terapeutici.

Ma è nelle guarigioni cosiddette «miracolose», che tuttora si verificano davanti a noi senza il concorso della medicina, che possiamo constatare l'influsso più evidente dell'attesa fiduciosa. Le vere guarigioni miracolose si verificano nei credenti, sotto l'influsso di preparativi che si prestano ad esaltare il sentimento religioso, cioè nei luoghi dove si venera un'immagine miracolosa, in cui una persona santa o divina è apparsa agli uomini promettendo loro consolazione in cambio di adorazione, o in cui si conservano come un tesoro le reliquie di un santo. Non sembra che la fede religiosa possa facilmente, mediante l'attesa, eliminare da sola il male, poiché in genere nelle guarigioni miracolose c'è anche l'intervento di altre circostanze. I periodi in cui si ricerca la grazia divina devono essere caratterizzati da particolari rapporti; il disagio fisico che il malato s'impone, le fatiche ed i sacrifici del pellegrinaggio, lo rendono particolarmente degno di ricevere questa grazia.

Limitarsi a non credere a queste guarigioni miracolose e a spiegarle mediante il concorso di un pio inganno e di una inesatta osservazione sarebbe comodo, ma errato. Sebbene questo tentativo di spiegazione possa apparire soddisfacente in moltissimi casi, esso tuttavia non è in grado di eliminare il fenomeno delle guarigioni miracolose in generale. Queste avvengono, sono sempre avvenute, e non solo per quanto riguarda malattie di origine psichica, provocate quindi dall'immaginazione, su cui appunto possono influire in particolar modo le circostanze del pellegrinaggio, ma anche condizioni patologiche con una base «organica», per cui in precedenza si erano rivelati inutili gli sforzi dei medici.

Però non c'è alcun bisogno di tirare in ballo altre forze che non siano psichiche per spiegare le guarigioni miracolose. Neanche in queste condizioni si presentano effetti che potremmo considerare inaccessibili alla nostra conoscenza. Tutto si svolge in modo naturale; anzi, la potenza della credulità religiosa è in questo caso rinvigorita da varie forze motrici autenticamente umane. La fede del singolo è esaltata dall'entusiasmo della folla di persone che in genere lo circonda quand'egli si accosta al luogo sacro. Questa influenza di massa può far risaltare potenziati in modo illimitato gli impulsi psichici dell'individuo singolo. Nel caso di una persona che ricerchi la guarigione nel luogo del pellegrinaggio, l'influsso della folla è sostituito dalla fama e dalla reputazione del luogo; ancora una volta, solo il potere della moltitudine consegue un effetto. Inoltre questo influsso si fa valere per altra via. Giacché, com'è noto, la grazia divina si rivolge sempre e solo a pochi dei molti che la invocano, ognuno vorrebbe partecipare a questa schiera di eletti; l'ambizione che cova in ogni uomo sorregge la sua credulità religiosa. Non dobbiamo meravigliarci se, con il concorso di tutte queste forze, talvolta capita che il fine sia realmente raggiunto.

Chi non ha fede religiosa non deve per ciò rinunciare a guarigioni miracolose. La fama e l'influsso di massa costituiscono per costoro un ottimo sostituto della fede religiosa. In tutti i tempi ci sono cure alla moda e medici alla moda, soprattutto nell'alta società, nella quale il desiderio di superarsi vicendevolmente e di imitare i membri più in vista costituiscono potentissime forze motrici psichiche. Gli effetti terapeutici ottenuti con queste cure alla moda non rientrano nel loro effettivo potere, e usati dal medico alla moda che, ad esempio, si è fatto una certa fama soccorrendo un personaggio in vista, gli stessi strumenti sortiscono effetti molto maggiori che nel caso di altri medici. Così, accanto a taumaturghi divini, esistono taumaturghi umani; ma questi uomini, resi famosi dalla moda e dall'imitazione, si consumano rapidamente, cosa che corrisponde al genere di forze che agiscono in loro favore.

Una giustificabile insoddisfazione per l'aiuto, spesso insufficiente, fornito dalla medicina, e forse anche una ribellione profonda contro la costrizione delle concezioni scientifiche, che rappresentano all'uomo l'inesorabilità della natura, hanno posto, sempre e anche attualmente, una strana condizione all'efficacia terapeutica di individui e metodi di cura. Solo quando il soccorritore non è medico e può sostenere di non capire niente della base scientifica della tecnica terapeutica, quando la cura non è verificata con un esame accurato, ma, ad esempio, avvalorata dal favore popolare, riesce a crearsi l'attesa fiduciosa. Ne deriva il gran numero di cure naturali e di guaritori naturali che ancora oggi contendono ai medici l'esercizio della loro professione e di cui, quantomeno, si può dire che danneggino coloro che vogliono la guarigione assai più spesso di quanto non giovino loro. Tuttavia, anche se in questo caso abbiamo ragione di biasimare l'attesa fiduciosa dei malati, non dobbiamo dimenticare che la stessa forza viene continuamente in aiuto alle nostre cure mediche. L'effetto di qualunque rimedio prescritto dal medico, di qualsiasi intervento da lui intrapreso, è molto probabilmente composto di due elementi. Il primo è costituito in misura maggiore o minore, ma mai in modo del tutto trascurabile, dall'atteggiamento psichico del malato. L'attesa fiduciosa con cui egli si predispone al diretto influsso del rimedio medico dipende da un lato dalla forza del suo desiderio di guarire, dall'altro dalla sua convinzione di aver fatto tutto quanto era necessario per ottenere ciò, quindi dalla sua fiducia nella medicina in generale, poi dal potere che egli attribuisce al suo medico e addirittura dalla simpatia che prova per lui. Alcuni medici posseggono in misura superiore ad altri la dote di accattivarsi la fiducia dei pazienti; in questo caso spesso avviene che il malato si senta risollevato già dal momento in cui il medico entra nella sua stanza.

I medici hanno praticato il trattamento psichico in tutti i tempi, e nell'antichità ancora più di oggi. Intendendo per trattamento psichico il tentativo di provocare nel paziente gli stati e le condizioni psichiche più favorevoli alla guarigione, possiamo dire che, storicamente, questo è il tipo più antico di trattamento medico. I popoli dell'antichità disponevano quasi esclusivamente del trattamento psichico, e non omettevano mai di potenziare l'effetto di pozioni e rimedi terapeutici mediante un energico trattamento di questo tipo. Solo per via psichica il ben noto impiego di formule magiche, di bagni di purificazione, la determinazione di sogni profetici mediante il sonno nel recinto dei templi, ecc., possono aver avuto un'azione terapeutica. Dato che, agli inizi, la tecnica terapeutica era esclusiva dei sacerdoti, la stessa personalità del medico acquistò una rinomanza che gli veniva direttamente dalla potenza divina. Allora come oggi, la persona del medico veniva così a costituire uno degli elementi fondamentali per la produzione nel malato delle condizioni psichiche favorevoli alla guarigione.

Si comincia così a comprendere anche la «magia» della parola. Infatti le parole costituiscono il mezzo più efficace per l'influenza esercitata da una persona sull'altra; le parole costituiscono un valido strumento per indurre modificazioni psichiche in colui al quale si dirigono e, perciò, l'affermazione per cui la magia della parola è in grado di sopprimere fenomeni patologici, anzitutto quelli basati su condizioni psichiche, non ha più un significato enigmatico.

Tutti gli influssi psichici che sono in grado di eliminare malattie presentano degli aspetti imprevedibili. Tutte le forze – affetti, esercizio della volontà, rilassamento dell'attenzione, attesa fiduciosa –, che talvolta eliminano il male, altre volte vengono meno senza che il diverso risultato possa essere imputato alla natura del male. Evidentemente, è il carattere autonomo delle varie personalità, tanto diverse psichicamente, che impedisce la puntualità di un esito terapeutico positivo. Perciò, da quando i medici si son resi conto con chiarezza dell'importanza, ai fini della guarigione, delle condizioni psichiche, hanno trovato naturale tentare che non sia più il malato a determinare l'entità della condiscendenza psichica che si può stabilire in lui, ma che si debba, di propria volontà, provocare lo stato d'animo favorevole con mezzi adeguati.

Ne derivano vari modi di trattamento, alcuni dei quali sono semplici, mentre altri possono essere compresi solo riferendosi a complicate premesse. Ad esempio, è naturale che il medico, che ai giorni nostri non può incutere rispetto come sacerdote o come detentore d'una scienza occulta, si valga della propria personalità per accattivarsi la fiducia e un po' di simpatia del proprio paziente. Allora appare utile, per una ripartizione funzionale, che egli consegua questo successo solo con un limitato numero di malati, mentre altri, per il loro livello culturale e le loro tendenze, preferiscono piuttosto altri medici; tuttavia, *eliminando la libera scelta del medico, si sopprimerebbe un'importante condizione per l'influenzamento psichico dei malati.*

Il medico è costretto a fare a meno di parecchi utilissimi rimedi psichici, in quanto o non sa servirsene o non può arrogarsi il diritto di farlo. Questo è vero anzitutto quando si tratta di provocare affetti violenti, cioè, per i mezzi più efficaci di azione della psiche sul corpo. Spesso è il destino che cura le malattie, con violente eccitazioni liete, appagamenti di bisogni, soddisfacimento di desideri; il medico che spesso, fuori dell'ambito della sua professione, è a sua volta un incapace, non può competere con questi elementi. Invece egli potrà forse provocare, a fini terapeutici, paura e spavento ma, a parte il caso dei bambini, dovrà pensarci bene prima di far ricorso a questi rimedi a doppio taglio. D'altro lato, per il medico è escluso ogni rapporto col malato che si colleghi con sentimenti affettuosi, data la fondamentale importanza di questi stati psichici. Detto ciò, sembrerebbe che la sua possibilità di influire psichicamente sui suoi pazienti sia *a priori* così ristretta, che il trattamento psichico praticato intenzionalmente non prospetterebbe alcun vantaggio rispetto al metodo precedente.

Ad esempio, il medico può tentare di guidare la volontà e l'attenzione del malato, e parecchie situazioni patologiche gli offrono ottime occasioni per far ciò. Se costringe pazientemente un individuo che crede di essere paralizzato a fare quei movimenti che egli ritiene di non poter fare, o se si rifiuta di visitare un individuo apprensivo che vuole essere visitato per un male certamente immaginario, avrà trovato il sistema adatto; ma queste rare occasioni non possono far sì che il trattamento psichico sia considerato come un metodo terapeutico particolare. Invece, al medico si è prospettata, in modo strano ed imprevedibile, la possibilità d'influire profondamente, anche se transitoriamente, sulla psiche dei propri pazienti, e di servirsene a fini terapeutici.

La possibilità di trasporre le persone, con certi lievi interventi, in una particolarissima condizione psichica molto simile al sonno, e perciò denominata «ipnosi», era nota da parecchio tempo, ma è stata accertata senza ombra di dubbio solo negli ultimi decenni. In un primo momento si direbbe che i sistemi per provocare l'ipnosi non abbiano granché in comune tra di loro. Si può ipnotizzare costringendo il soggetto a tenere per qualche momento lo sguardo fisso su di un oggetto lucente, o tenendogli un orologio accostato all'orecchio per lo stesso spazio di tempo, facendogli passare più volte, a poca distanza, le mani aperte sul viso e sulle membra. Ma lo stesso effetto può essere ottenuto annunciando in tono sicuro e tranquillo alla persona da ipnotizzare il sopravvenire dello stato ipnotico e delle sue caratteristiche, dunque «suggerendole» a parole l'ipnosi. I due sistemi possono anche essere collegati tra di loro. Ad esempio, s'invita la persona ad accomodarsi, si tiene un dito davanti ai suoi occhi, le si raccomanda di fissarlo attentamente, poi le si dice: «Lei è stanco. Già le si chiudono gli occhi e lei non riesce a tenerli aperti; le sue membra si sono appesantite, lei non riesce più a muoversi; lei si addormenta...», ecc. Ma è evidente che in tutti questi sistemi c'è l'elemento comune della fissazione dell'attenzione; nei primi si stanca l'attenzione con lievi e regolari stimoli sensoriali. Ancora non è stato sufficientemente chiarito in che modo il solo suggerimento verbale possa provocare proprio lo stesso stato degli altri metodi. Ipnotizzatori esperti affermano che con questo sistema si riesce a provocare una netta modificazione ipnotica circa nell'ottanta per cento delle persone sottoposte all'esperimento. Ma non ci sono indizi che permettono d'individuare già da prima quali soggetti possano essere ipnotizzati e quali no. È assolutamente da escludere che tra le condizioni dell'ipnosi rientri uno stato patologico; sembra che le persone normali possano essere ipnotizzate con particolare facilità, una parte dei soggetti nervosi con molta difficoltà, mentre per i malati di mente è assolutamente impossibile. Nello stato ipnotico ci sono varie gradazioni; nella fase più lieve, l'ipnotizzato sente solo qualcosa di simile ad un leggero stordimento, mentre il massimo livello d'ipnosi, contrassegnato da speciali caratteristiche, è denominato «sonnambulismo» per la sua analogia con il fenomeno del camminare dormendo che si verifica spontaneamente. Ma l'ipnosi non è assolutamente un sonno, come quello notturno o quello provocato artificialmente con sonniferi. In essa si manifestano mutamenti e si conseguono prestazioni psichiche che non si verificano nel sonno normale.

Alcuni fenomeni ipnotici, come le modificazioni dell'attività muscolare, sono interessanti solo da un punto di vista scientifico. Ma la caratteristica dell'ipnosi più indicativa e che più c'interessa è costituita dall'atteggiamento dell'ipnotizzato nei confronti di chi lo ipnotizza. Mentre in genere l'ipnotizzato si comporta nei riguardi del mondo esterno come una persona che dorma, cioè se n'è allontanato con tutti i sensi, per l'ipnotizzatore egli è *sveglio*, vede e sente solo questo, lo comprende e gli risponde. Questo fenomeno, che nel caso dell'ipnosi viene denominato *rapport*, ha un corrispondente nel modo di dormire di certe persone, ad esempio della madre che allatta il proprio bambino. Il fenomeno è così chiaro che dovrebbe porci in grado di capire il rapporto tra ipnotizzato ed ipnotizzatore.

Ma non è sufficiente dire che il mondo dell'ipnotizzato è limitato all'ipnotizzatore. Avviene anche che il primo divenga assolutamente arrendevole nei confronti del secondo, *ubbidiente e credulo*, e, nel caso di un alto grado d'ipnosi, in modo quasi illimitato. Ed allora questa ubbidienza e credulità dimostrano come il fatto che nell'ipnotizzato l'influsso della vita psichica sul corpo è estremamente intensificato sia una caratteristica dello stato ipnotico. Se l'ipnotizzatore afferma: «Lei non può muovere il braccio», il braccio ricade immobile; è evidente come l'ipnotizzato si sforzi più che possibile, e tuttavia non riesca a muoverlo. Se l'ipnotizzatore afferma: «Il suo braccio si muove da solo, lei non può fermarlo», il braccio si muove e l'ipnotizzato si sforza inutilmente per fermarlo. La rappresentazione che, con la parola, l'ipnotizzatore ha comunicato all'ipnotizzato ha provocato in quest'ultimo il comportamento psicofisico esattamente corrispondente al contenuto di essa. Da una parte tutto ciò comporta obbedienza, ma dall'altra incrementa l'influsso fisico di un'idea. Davvero in questo caso la parola è diventata magia.

Lo stesso avviene per quanto riguarda le percezioni sensorie. L'ipnotizzatore afferma: «Lei vede un serpente, lei odora una rosa, lei ascolta una bellissima musica», e l'ipnotizzato vede, odora, ascolta, come gli richiede la rappresentazione che è stata provocata in lui. Come si fa a sapere che l'ipnotizzato ha effettivamente queste percezioni? Si potrebbe sospettare che egli si comporti come se le avesse; ma non c'è ragione di pensare ciò, perché egli si comporta come se avvertisse realmente queste percezioni, esprime tutti gli affetti che ad esse si riferiscono e può anche darsi che, dopo l'ipnosi, riferisca le sue immaginarie percezioni ed esperienze. Allora si può constatare che egli ha visto e sentito come si vede e si sente in sogno, cioè per «allucinazione». Egli è chiaramente così credulo nei confronti dell'ipnotizzatore che, quando questi glielo annuncia, è davvero *convinto* che ci sia un serpente da vedere e questa convinzione agisce sul corpo con tanta forza che egli lo vede realmente, come d'altronde può talvolta capitare a persone non ipnotizzate.

Incidentalmente si può dire che una credulità come quella dell'ipnotizzato nei confronti del suo ipnotizzatore, a parte il caso dell'ipnosi, nella vita reale si osserva solo nel bambino nei confronti dei cari genitori, ed una simile impostazione della propria vita psichica verso quella di un'altra persona, con un'arrendevolezza dello stesso tipo, ha un solo corrispondente, ma di gran valore, in certi rapporti sentimentali caratterizzati da una dedizione assoluta. In generale, la concomitanza di valutazione esclusiva e fiduciosa obbedienza fa parte delle caratteristiche dell'amare.

Altre cose vanno aggiunte sullo stato ipnotico. Il discorso dell'ipnotizzatore, che provoca i magici effetti di cui abbiamo parlato, è denominato «suggestione», e si usa questo termine anche nei casi in cui in un primo tempo c'è solo *l'intenzione* di produrre un simile effetto. Così come si è visto per il movimento e la sensazione, anche tutte le altre attività psichiche dell'ipnotizzato si conformano a questa suggestione, ed invece in genere egli non compie niente di propria iniziativa. L'obbedienza ipnotica può essere utilizzata per vari esperimenti interessantissimi che permettono di guardare in profondità nel meccanismo psichico e provocano nello spettatore un'incancellabile convinzione dell'insospettata influenza della psiche sul corpo. Così come l'ipnotizzato può essere indotto a vedere quel che non c'è, gli si può anche impedire di vedere qualcosa che c'è, e che tende ad imporsi ai suoi sensi, ad esempio una persona determinata (cosiddetta «allucinazione negativa»), ed allora per questa persona diviene impossibile farsi notare dall'ipnotizzato con stimoli di qualsiasi genere; egli la tratta «come aria». Si può suggerire all'ipnotizzato di compiere una determinata azione solo dopo un certo tempo dalla cessazione dell'ipnosi («suggestione post-ipnotica»), e l'ipnotizzato rispetta il tempo e compie l'azione suggerita essendo perfettamente sveglio e senza poterne dare spiegazione. Se a questo punto gli viene domandato perché l'abbia compiuta proprio in quel momento, egli tira in ballo un oscuro impulso cui non ha potuto opporsi, o inventa una scusa più o meno accettabile, ed invece gli sfugge la ragione vera, cioè la suggestione che gli è stata comunicata.

Il risveglio dall'ipnosi si verifica senza difficoltà, con l'ingiunzione dell'ipnotizzatore: «Si svegli». Nei gradi più alti non si ricorda niente di quanto si è provato sotto l'influsso dell'ipnotizzatore durante l'ipnosi. Questo episodio di vita psichica rimane come tagliato fuori dal resto. Altri ipnotizzati ricordano in modo vago ed altri ricordano tutto, ma affermano che si trovavano in uno stato di costrizione psichica alla quale non si poteva in alcun modo resistere.

Non è facile sopravvalutare il vantaggio scientifico che medici e psicologi hanno ricevuto dalla conoscenza dei fatti ipnotici. Ma a questo punto, per poter valutare l'importanza dal punto di vista pratico delle nuove cognizioni, mettiamo il medico al posto dell'ipnotizzatore ed il paziente al posto dell'ipnotizzato. In questo caso l'ipnosi non sembra destinata ad appagare tutte le esigenze del medico che voglia apparire al malato come «medico dell'anima»? L'ipnosi fornisce al medico una forza che probabilmente un sacerdote o un taumaturgo non hanno mai posseduto, poiché tutto l'interesse psichico dell'ipnotizzato viene riversato sulla sua persona; essa elimina nel malato l'arbitrarietà della vita psichica, che consideriamo un ostacolo alla manifestazione di influssi psichici sul corpo; di per sé essa genera un aumento della padronanza della psiche sul corpo, che altrimenti si può osservare solo per le più forti influenze affettive, e, con la possibilità di far riemergere solo in seguito, nello stato normale, ciò che è stato introdotto nel malato in stato ipnotico (suggestioni post-ipnotiche), essa fornisce al medico gli strumenti per utilizzare durante l'ipnosi il suo grande potere, al fine di modificare il malato nello stato di veglia. Da ciò deriverebbe uno schema semplice per il metodo di guarigione mediante trattamento psichico. Il medico traspone il malato in stato ipnotico, gli comunica la suggestione, che può variare caso per caso a seconda delle circostanze, per cui egli non è ammalato e dopo essersi risvegliato non avvertirà nessuno dei sintomi della sua malattia, dopo di che lo sveglia e può sperare che la suggestione abbia compiuto il proprio dovere nei confronti della malattia. Nel caso che non fosse stata sufficiente una sola applicazione si potrebbe eventualmente ripetere il procedimento tante volte quante è necessario.

Una sola osservazione potrebbe impedire al medico e al malato di servirsi di questo sistema terapeutico così efficace. Cioè nel caso che dovesse apparire che il beneficio provocato dalla trasposizione in stato ipnotico è bilanciato da un danno, se, ad esempio, questa lasciasse nella vita psichica dell'ipnotizzato un disturbo o un indebolimento duraturo. Le esperienze finora eseguite bastano per escludere questo dubbio; una singola ipnotizzazione non può assolutamente essere dannosa e in genere anche ipnosi ripetute varie volte risultano innocue. Bisogna solo rilevare che quando la situazione richiede un'applicazione continua dell'ipnosi, sorge un'assuefazione ad essa ed una dipendenza dal medico ipnotizzatore che esce dall'ambito degli intenti di questo sistema terapeutico.

Perciò il trattamento ipnotico costituisce effettivamente un grande ampliamento della zona di influenza del medico, quindi un progresso della tecnica terapeutica. Si può consigliare ad ogni persona che soffra di affidarsi ad essa, se praticata da un medico che abbia esperienza e meriti fiducia. Ma si dovrebbe usare l'ipnosi diversamente da come per lo più è usata attualmente.

In genere, si ricorre a questo trattamento solo dopo il fallimento di tutti gli altri rimedi e quando ormai il paziente è avvilito e disgustato. A questo punto, egli abbandona il proprio medico, che non conosce o non pratica la tecnica ipnotica, per rivolgersi ad un medico estraneo che generalmente non fa e non sa fare altro che ipnotizzare. Sono tutte cose svantaggiose per il malato. Il medico di famiglia dovrebbe conoscere egli stesso la tecnica ipnotica e, se pensa che sia il caso sia la persona siano idonei, applicarla sin dall'inizio. In tutti i casi in cui può essere utilizzata, l'ipnosi dovrebbe stare sullo stesso piano di tutti gli altri strumenti terapeutici e non costituire un rimedio estremo e perfino uno scadimento dal livello scientifico alla ciarlataneria. Ma l'ipnoterapia non può essere usata solo nei vari stati nervosi e nei disturbi immaginari, ed inoltre nel divezzamento da abitudini patologiche come alcoolismo, morfinomania, perversioni sessuali, ma anche per parecchie malattie organiche, perfino infiammatorie, in cui, nonostante persista il male di fondo, c'è la possibilità di rimuovere quei sintomi che fanno soffrire in particolar modo il malato, come dolori, inibizione motoria, ecc. È solo il medico che può decidere in quali casi servirsi del procedimento ipnotico.

Adesso però bisogna dissolvere l'impressione che per il medico sarebbe iniziata, con la risorsa dell'ipnosi, un'epoca di facile taumaturgia. Bisogna prendere in considerazione molte circostanze, che possono ridurre considerevolmente le nostre pretese nei confronti dell'ipnoterapia e riportare alla giusta misura le speranze che si siano risvegliate nel malato. Innanzitutto il presupposto fondamentale per cui con l'ipnosi si sarebbe riusciti a far perdere ai malati la disturbante arbitrarietà del loro comportamento psichico è evidentemente insostenibile. Essi la conservano e già a cominciare dalla presa di posizione rispetto al tentativo di ipnotizzarli ne danno prova. Prima si è sostenuto che possono essere ipnotizzate circa l'ottanta per cento delle persone, ma a questa alta percentuale si è giunti semplicemente considerando come casi positivi tutti quelli in cui appare una qualsiasi traccia di influenza ipnotica. In realtà, ipnosi veramente profonde, con assoluta arrendevolezza, come quelle che vengono scelte come esempi in una descrizione, si verificano raramente, senz'altro non in modo così frequente come si potrebbe desiderare ai fini della guarigione. Ma l'impressione suscitata da questo fatto può essere attenuata col rilievo che profondità dell'ipnosi e docilità di fronte alla suggestione non procedono di pari passo, di modo che spesso succede di poter osservare un buon effetto della suggestione con uno stordimento ipnotico abbastanza blando. Ma anche volendo considerare l'arrendevolezza ipnotica di per sé come l'aspetto fondamentale di questo stato, si deve riconoscere che i singoli individui manifestano la propria singolarità lasciandosi influenzare solo fino ad un certo grado di arrendevolezza al quale poi si arrestano. Dunque essi manifestano svariatissimi gradi di adattabilità al procedimento ipnotico.

Se si potessero escogitare sistemi con cui ampliare sino all'ipnosi completa tutti questi particolari gradi dello stato ipnotico, sarebbe nuovamente soppressa la singolarità dei malati e risulterebbe realizzato l'ideale del trattamento psichico. Ma finora questo progresso non ha avuto luogo; il livello di docilità che sarà messo a disposizione della suggestione continua sempre a dipendere molto più dal malato che dal medico, cioè, ancora una volta, esso dipende dalla volontà del primo.

C'è un altro aspetto ancora più significativo. Quando si espongono gli stranissimi risultati della suggestione in stato ipnotico, accade spesso di dimenticare che, in questo caso, come in tutti gli effetti psichici, si tratta anche di rapporti di grandezze e di forze. Quando si traspone un uomo sano in stato di ipnosi profonda e gli si ingiunge di addentare una patata che gli viene presentata come pera, o gli si suggerisce che vede un conoscente e lo deve salutare, si potrà facilmente constatare un'assoluta arrendevolezza, perché nell'ipnotizzato non c'è nessun grave motivo di ribellarsi alla suggestione. Ma nel caso di ingiunzione di altro tipo, ad esempio quando si ordina ad una ragazza pudica di spogliarsi, o a un uomo onesto di rubare un oggetto prezioso, nell'ipnotizzato compare una resistenza che può anche giungere al rifiuto di obbedire alla suggestione. Così apprendiamo che, anche nelle ipnosi più profonde, la suggestione non esplica un potere illimitato ma solo un potere di determinata forza. Proprio come nello stato vigile, l'ipnotizzato compie piccoli sacrifici, è titubante di fronte a quelli più grandi. Bene, quando si tratta con un malato e, attraverso la suggestione, lo si induce a rinunciare al suo male, si può constatare che questo è per lui un grosso sacrificio, e non un sacrificio piccolo. Sebbene anche in questo caso la forza della suggestione abbia a che fare con la forza che ha provocato e mantiene i fenomeni patologici, l'esperienza dimostra che quest'ultima appartiene ad un ordine di grandezza assai diverso dall'influsso ipnotico. Può anche accadere che quello stesso soggetto che, con assoluta arrendevolezza, accetta qualunque situazione onirica non del tutto indecente gli venga suggerita, non recepisca in nessun modo la suggestione che si opponga alla sua paralisi immaginaria. Bisogna inoltre dire che, all'atto pratico, sono proprio i soggetti nervosi quelli che è più difficile ipnotizzare, per cui non è il pieno influsso ipnotico ma solo una sua parte a combattere contro le solide forze che tengono la malattia legata alla vita psichica.

Anche dopo che si sia riusciti a provocare una ipnosi, perfino profonda, non si può essere affatto certi della prevalenza della suggestione sulla malattia; ci sarà una lotta il cui risultato molto spesso è incerto. Quindi, nel caso di gravi disturbi d'origine psichica, con una sola ipnosi non si ottiene niente. E, ripetendo l'ipnosi, si può provocare il venir meno dell'impressione del miracolo cui forse il paziente si era preparato. Con successive ipnosi può poi avvenire che l'influsso, in un primo tempo insoddisfacente, sulla malattia, divenga sempre più chiaro, sino al raggiungimento di un buon risultato. Ma un simile trattamento ipnotico può essere lungo e laborioso come qualunque altro.

Anche in un altro modo si rivela la debolezza della suggestione di fronte alla malattia da curare: è vero che la suggestione porta all'eliminazione dei fenomeni patologici, ma solo transitoriamente. Dopo un po' di tempo i sintomi patologici si ripresentano e occorre scacciarli un'altra volta con ipnosi e suggestioni. Se tutto ciò si ripete con una certa frequenza, alla fine la pazienza sia del malato che del medico si esaurisce, e si rinuncia al trattamento ipnotico. In questi casi può anche accadere che nel paziente s'instauri la dipendenza dal medico e come una specie di mania per l'ipnosi.

Il malato dev'essere a conoscenza di questi difetti dell'ipnoterapia e delle possibili delusioni nella sua applicazione. Infatti l'efficacia terapeutica della suggestione ipnotica è una forza reale, che non ha bisogno di essere elogiata in modo esagerato. D'altronde, si comprende facilmente come i medici, che dal trattamento psichico ipnotico si attendevano molto più di quanto non si sia effettivamente ottenuto, ricerchino instancabilmente altri procedimenti con cui agire in modo più efficace e meno irregolare sulla psiche del malato. È lecito sperare con certezza che il moderno e consapevole trattamento psichico, con cui sono stati recentemente riadottati antichi metodi terapeutici, possa fornire al medico strumenti ancora più validi per combattere la malattia. Mediante un'indagine più profonda sui processi della vita psichica, i cui primi elementi si fondano proprio sulle esperienze ipnotiche, se ne troveranno i mezzi e le vie.

IV. Ipnosi*

Sarebbe uno sbaglio considerare facile l'applicazione dell'ipnosi a fini terapeutici; al contrario, la *tecnica* dell'ipnotizzare non presenta difficoltà minori di qualsiasi altro procedimento medico. Il medico che intenda praticare l'ipnosi deve imparare il metodo da una persona esperta di questa tecnica, ed anche allora solo con molta pratica personale potrà ottenere risultati positivi che non si limitino a pochi casi sporadici. Divenuto un ipnotizzatore esperto, egli si disporrà al suo compito con l'atteggiamento serio e deciso di chi è cosciente di fare qualcosa di utile, anzi, in alcuni casi, di necessario. Ricordare tutte le guarigioni ottenute mediante l'ipnosi gli darà, nel suo comportamento nei confronti dei pazienti, una sicurezza che a sua volta non potrà non suscitare anche in loro la speranza della guarigione. Chi si dispone ad ipnotizzare senza una piena fiducia, sentendosi un po' ridicolo in quella situazione, chi, con l'atteggiamento, i gesti, il tono di voce, dà l'impressione di non sperare niente dall'esperimento, non potrà stupirsi di un esito negativo, e farebbe bene a lasciare questo metodo terapeutico ad altri medici che lo pratichino senza sentirsi lesi nella dignità professionale e nella convinzione, raggiunta mediante l'esperienza e le letture, della realtà e della validità dell'influenza ipnotica.

Si deve partire dal principio di non imporre mai ad un malato il trattamento ipnotico. Il pregiudizio, sostenuto anche dai medici di gran fama ma non molto informati su tale questione, che l'ipnosi sia un intervento pericoloso, è parecchio diffuso tra la gente.

* IV. Titolo originale: «Hypnose». Pubblicato la prima volta in *Therapeutisches Lexicon*, a cura di Anton Bum, Urban e Schwarzemberg, Wien, 1891. Traduzione di Cecilia Galassi e Antonella Ravazzolo.

Probabilmente, nel caso tentassimo di applicare l'ipnosi con una persona che creda a queste opinioni, dopo soli pochi minuti ci interromperebbero fatti spiacevoli, che in realtà sono provocati dallo stato ansioso del paziente e dalla sua penosa impressione di essere sopraffatto, ma che invece sarebbero certamente considerati effetti dell'ipnosi. Perciò, quando c'è una forte resistenza contro l'ipnosi, è più opportuno farne a meno sperando che, in seguito ad altre informazioni, il paziente accetti l'idea di farsi ipnotizzare. Invece, il fatto che un paziente affermi di non aver paura dell'ipnosi ma di non credere in essa, o di credere di non poterne trarre alcuna utilità, non costituisce un fatto negativo. In questo caso gli si dice: «Non le chiedo di credervi, ma solo la sua attenzione, e un po' di arrendevolezza iniziale»; ed in genere questo atteggiamento indifferente del soggetto è per noi un ottimo aiuto. Bisogna anche dire che per alcune persone l'ostacolo al cadere in ipnosi è costituito proprio dal loro intenso desiderio di essere ipnotizzate. Ciò non si accorda affatto con l'opinione per cui per cadere in ipnosi bisogna «credervi», ma è proprio così. Si può partire dal presupposto che tutti possono essere ipnotizzati; ma al singolo medico potrà capitare, nelle condizioni in cui si trova ad agire, di non riuscire ad ipnotizzare alcuni soggetti, spesso senza poterne dire la ragione. Talvolta con un certo procedimento – e lo stesso vale per i vari medici – si ottiene con facilità quanto con un altro sembrava impossibile. Non è possibile sapere in anticipo se un soggetto è o non è ipnotizzabile, e solo tentando lo si può stabilire. Per il momento non si è trovato nessun rapporto tra la possibilità di essere ipnotizzato ed un'altra qualsiasi caratteristica del soggetto. Si sa solo che, in genere, con i malati di mente ed i pervertiti l'ipnosi è impossibile, e con i nevrastenici molto difficile. Però non si può dire che gli isterici non si prestino all'ipnosi, perché proprio in questi l'ipnosi si manifesta in seguito ad interventi esclusivamente fisiologici, e con i caratteri di una speciale condizione fisica. È importante farsi in via preliminare una sommaria opinione sulle caratteristiche psichiche di un paziente, sebbene non ci siano per questo regole fisse. Ma evidentemente non è opportuno cominciare immediatamente con l'ipnosi un trattamento medico; è preferibile essersi prima accattivati la fiducia del paziente, lasciando che si attenuino un poco la sua sfiducia ed il suo atteggiamento critico. Ma chi ha una grande reputazione come medico o come ipnotizzatore può senz'altro tralasciare questa fase preliminare.

Per quali malattie è opportuno l'uso dell'ipnosi? Stabilire le indicazioni per l'ipnosi è più difficile che per gli altri metodi terapeutici, in quanto nell'ipnoterapia l'importanza delle reazioni del singolo individuo è quasi pari a quella del tipo di malattia da debellare. In genere, è bene evitare l'impiego dell'ipnosi per sintomi di origine puramente organica, ed invece è bene servirsene per i disturbi di carattere esclusivamente funzionale, per i disturbi nervosi, per quelli d'origine psichica, per le tossicomanie e le altre specie di assuefazione. Ma si deve tenere presente che con l'ipnosi si può influire anche su molti sintomi di malattie organiche, e che le alterazioni organiche possono sussistere senza il disturbo funzionale che da esse deriva. Avviene raramente, data l'attuale ostilità per l'ipnosi, che si faccia ricorso ad essa prima di aver sperimentato inutilmente tutti gli altri rimedi. E ciò è vantaggioso in quanto permette di conoscere il reale ambito d'azione dell'ipnosi. Naturalmente si può anche ipnotizzare per ottenere una diagnosi differenziale, ad esempio quando non si riesce a capire se certi sintomi siano d'origine isterica o abbiano una base organica; ma questa prova è valida solo nel caso di un risultato positivo.

Una volta conosciuto il paziente e stabilita la diagnosi, sorge il dilemma se intraprendere il trattamento ipnotico direttamente, o se sia piuttosto il caso di richiedere la presenza di un'altra persona di fiducia. In questo modo si otterrebbe di salvaguardare il paziente da un abuso di ipnosi, ed il medico dall'accusa di questo abuso, cosa che spesso accade. Ma ciò non è sempre possibile. Il fatto che un'amica, il marito, ecc., siano presenti, spesso imbarazza parecchio la paziente e diminuisce notevolmente l'influenza del medico, e le suggestioni comunicate nello stato ipnotico non sempre si prestano ad essere riferite ad una terza persona, intima della paziente. La presenza di un altro medico non presenterebbe questi svantaggi, ma rende più difficoltoso il trattamento, al punto che in genere non vi si può far ricorso; infatti il medico, che

deve anzitutto aiutare il paziente con l'ipnosi, in genere rifiuterà
la presenza di un'altra persona, sebbene incorra nel pericolo che
si è detto, che verrà ad aggiungersi agli altri pericoli che la sua
professione comporta. Da parte sua il paziente si guarderà bene dal
farsi ipnotizzare da un medico in cui non abbia la massima fiducia.

Invece è della massima importanza che, prima di farsi ipnotizzare, il paziente veda altre persone in stato ipnotico, ed impari,
per imitazione, come debba comportarsi, apprendendo da altri
quali sensazioni si provino sotto l'ipnosi. A Nancy, nella clinica
di Bernheim e nello studio di Liébeault, dove ogni medico può
informarsi sugli effetti dell'influsso ipnotico, un'ipnosi non è mai
praticata senza la presenza di una terza persona. Il paziente che
ancora non ha nessuna esperienza della ipnosi, può, per un po'
di tempo, osservare come i pazienti più esperti si addormentino,
come ubbidiscano nello stato ipnotico e come, dopo il risveglio,
riconoscano la scomparsa dei loro sintomi. Tutto ciò lo predispone
psichicamente, e, quando viene il suo turno, gli permette di addormentarsi profondamente sotto ipnosi. Questo trattamento presenta
lo svantaggio che i disturbi di ogni soggetto vengono discussi
davanti a parecchie persone, cosa indesiderabile per i pazienti di
elevate classi sociali. Ma un medico che intenda usare l'ipnosi non
deve fare a meno di questo sistema così utile, e, non appena ciò sia
possibile, deve far sì che il soggetto da ipnotizzare assista ad una o
più ipnosi di effetto positivo. Anche se non può fare affidamento
sul fatto che il paziente si auto-ipnotizzi per imitazione non appena
glielo si ordina, si può sempre scegliere tra vari procedimenti per
provocare in lui l'ipnosi; questi procedimenti hanno in comune il
fatto di ricordare, attraverso determinate sensazioni corporee, il
processo dell'addormentarsi. Il miglior sistema è questo: si invita
il paziente a sedersi comodamente, gli si raccomanda di fare molta
attenzione e, a partire da quel momento, di non parlare più, cosa che
gli impedirebbe di addormentarsi. Lo si invita a liberarsi di quegli
indumenti che possono esercitare una costrizione e si disporranno
le persone presenti in modo che il paziente non possa vederle. Si
fa in modo che la camera sia oscura e silenziosa. Eseguiti questi
preparativi, ci si pone davanti al soggetto e lo si invita a fissare

due dita della mano destra del medico, facendo attenzione alle proprie sensazioni. Dopo un brevissimo spazio di tempo, all'incirca due minuti, si inizia a provocare nel soggetto la sensazione dell'addormentarsi. Ad esempio, gli si dice: «Capisco già che con lei si procederà in fretta; il suo volto ha già un'espressione fissa, il suo respiro è profondo, lei è tranquillo, le palpebre le pesano, gli occhi si socchiudono, ecco che già non vede più distintamente, ora dovrà deglutire, poi gli occhi le si chiuderanno, ed ecco che lei dorme». Con queste o con simili frasi è già cominciato il processo della «suggestione», come viene denominato questo tipo di persuasione esercitato nell'ipnosi. Ma ci siamo limitati a suggerire le sensazioni ed i processi motori che, quando s'instaura il sonno ipnotico, si verificano naturalmente. Ci si può convincere di ciò nel caso di una persona che può essere ipnotizzata solo inducendola a fissare (sistema di Braid), nella quale, cioè, basta la stanchezza degli occhi causata dalla tensione dell'attenzione, che viene distratta da qualsiasi altra impressione, a provocare una condizione analoga al sonno. Innanzitutto il volto assumerà una espressione fissa, si avrà una respirazione profonda, gli occhi cominceranno a lacrimare chiudendosi e riaprendosi più volte, si verificheranno uno o più movimenti di deglutizione, ed infine le pupille si muoveranno in alto ed in basso, le palpebre diverranno pesanti e si stabilisce l'ipnosi.

Ci sono parecchi casi di questo tipo; quando ci si rende conto di avere a che fare con uno di questi soggetti, è meglio tacere, o limitarsi ad aiutarlo ogni tanto con una suggestione, dato che altrimenti si otterrebbe solo di disturbare il soggetto che già si sta auto-ipnotizzando, e se le sue sensazioni non si svolgono secondo l'ordine delle suggestioni che gli vengono comunicate, si provocheranno in lui contraddizioni. Comunque, di solito è meglio non stare ad aspettare che l'ipnosi insorga spontaneamente, ma facilitarla con la suggestione, che deve essere comunicata in tono deciso e rapidamente. Si può dire che il soggetto non deve avere il tempo di riflettere, di verificare la corrispondenza alla realtà di quanto gli viene detto. Perché egli chiuda gli occhi sono sufficienti da due a quattro minuti, e nel caso che ciò non si verifichi spontaneamente, gli devono essere chiusi con una pressione della mano, senza dimostrare di essere meravigliati o contrariati perché non si sono chiusi da sé. A questo punto, se gli occhi restano chiusi, in genere significa che si è arrivati ad un determinato grado d'influsso ipnotico. Questo momento è decisivo per tutto ciò che segue.

Cioè, si è attuata una di queste possibilità. Può essere accaduto che, con la fissazione e la suggestione, nel paziente si sia realmente verificata l'ipnosi, ed in tal caso, dopo aver chiuso gli occhi, egli resterà tranquillo; allora si provvederà ancora a controllare che egli sia in catalessi, gli si impartiranno le suggestioni che il suo disturbo richiede e subito dopo lo si risveglierà. Dopo essersi risvegliato egli potrà non ricordare più nulla, il che vuol dire che durante l'ipnosi era in stato di «sonnambulismo», oppure potrà ricordare perfettamente e parlare delle sensazioni provate in stato ipnotico. Abbastanza spesso succede che, dopo che egli ha chiuso gli occhi, il suo volto assuma un'espressione sorridente. Questo fatto non deve infastidire il medico; in genere vuol dire che il soggetto può ancora giudicare la propria condizione, che gli appare ridicola e singolare; ma può anche voler dire che egli non subisce ancora nessuna influenza, o solo un'influenza molto blanda, ed invece il medico si è comportato come nel caso di un'ipnosi riuscita. Bisogna immaginare quale sia, in questo caso, lo stato d'animo del paziente; all'inizio aveva promesso di starsene tranquillo, di non parlare, di non esprimere in alcun modo approvazione o rifiuto, ed ora egli vede che, avendo acconsentito a comportarsi in questo modo, gli si dichiara che è già ipnotizzato, ed allora ne è infastidito, è imbarazzato per il fatto di non poterlo esprimere, ed ha anche timore che il medico inizi troppo presto a comunicargli le suggestioni, credendo che egli sia già ipnotizzato prima che lo sia realmente. Bene, noi sappiamo per esperienza che, nel caso non sia effettivamente ipnotizzato, egli non manterrà la sua promessa, ma aprirà gli occhi dicendo, probabilmente in tono seccato: «Non è affatto vero che io sia addormentato!». A questo punto un ipnotizzatore poco esperto considererebbe fallita l'ipnosi, ma quello esperto non si turberà affatto, e senza mostrare la minima contrarietà, risponderà, chiudendo nuovamente gli occhi del paziente: «Stia calmo; eravamo d'accordo che non avrebbe parlato. So perfettamente che lei non è addormentato, né occorre che lo sia. Perché dovrei semplicemente farla addormentare, dimodoché lei non capirebbe quando le parlo? Lei non dorme, lei è sotto ipnosi, sotto il mio influsso, e quanto adesso le dirò le provocherà una speciale impressione e le sarà molto utile». In genere, dopo questi chiarimenti, il soggetto si tranquillizza; a questo punto gli vengono comunicate le suggestioni, facendo a meno per il momento di ricercare i segni somatici dell'ipnosi; ma dopo che questa specie di ipnosi sarà stata ripetuta più volte, compariranno anche alcuni dei fenomeni somatici caratteristici dello stato ipnotico.

Spesso, in casi di questo tipo, resta per sempre il dubbio se allo stato che abbiamo provocato si addica propriamente la denominazione di ipnosi. Ma sarebbe un errore comunicare le suggestioni solo negli altri casi, quando cioè il soggetto piomba in uno stato di sonnambulismo, e in un'ipnosi molto profonda. Si possono ottenere risultati terapeutici estremamente positivi, che del resto non si potrebbero conseguire con la «suggestione in stato di veglia», anche in casi in cui l'ipnosi è solo apparente. Perciò anche in questi casi deve trattarsi di un'ipnosi, che d'altronde non ha altro scopo che l'effetto delle suggestioni comunicate. Ma se dopo che il tentativo è stato ripetuto alcune volte (3-6) non si prospetta alcuna possibilità di un esito positivo, e non si presenta alcun segno somatico dell'ipnosi, sarà bene rinunciare all'esperimento.

Bernheim ed altri hanno stabilito una distinzione dei diversi gradi d'ipnosi, che dal punto di vista pratico non è molto utile stare ad esporre. L'unico elemento decisamente importante è che il soggetto sia o no piombato in stato sonnambolico, cioè se l'ipnosi ha provocato in lui uno stato di coscienza così totalmente diverso da quello solito che dopo essersi risvegliato egli non ricordi niente di quanto è accaduto durante l'ipnosi. Allora il medico può confutare in tono deciso la presenza dei dolori o di altri sintomi, in realtà sussistenti nel soggetto, cosa che invece non osa fare quando si rende conto che, dopo qualche minuto, il paziente gli dirà: «Mentre lei diceva che io non avevo più alcun dolore, io invece ne avevo e ne ho tuttora». L'ipnotizzatore cerca di evitare che si verifichino simili condizioni, che nuocerebbero alla sua autorità. Perciò dal punto di vista terapeutico sarebbe della massima importanza essere a conoscenza di un procedimento che assicuri di poter provocare lo stato di sonnambulismo in qualunque soggetto. Ma purtroppo un simile procedimento non esiste. Il punto debole dell'ipnoterapia consiste soprattutto nel fatto che non è possibile dosarla. Il grado di ipnosi cui si può giungere è condizionato dalla reazione casuale del soggetto, non dal procedimento del medico. Anche rendere più profonda l'ipnosi in cui un paziente è caduto è cosa estremamente difficile, ma in genere vi si riesce se le sedute sono frequenti.

Quando non si è ottenuta un'ipnosi soddisfacente, occorre che, ripetendo il procedimento, si sperimentino altri sistemi, che possono avere un effetto più forte, o più lungo. Alcuni di questi metodi sono: massaggiare con tutte e due le mani, per cinque o dieci minuti, il viso e il corpo del soggetto (con questo sistema si raggiunge un notevole effetto tranquillante e soporifero); comunicare la suggestione, e nello stesso tempo far passare una leggera corrente elettrica che provoca una netta sensazione gustativa (l'anodo va collocato in una larga fascia posta sulla fronte, il catodo in una fascia posta al polso): in questo caso, l'ipnosi è considerevolmente agevolata dalla sensazione di essere fasciati e dalla sensazione galvanica. Altri procedimenti di questo tipo possono essere escogitati a proprio piacere, ma sempre in vista dello scopo di provocare, mediante un'associazione di idee, l'immagine dell'addormentarsi, e di tenere fissa l'attenzione del soggetto mediante una sensazione continua.

La *suggestione* che viene comunicata durante l'ipnosi costituisce il reale valore terapeutico di questa. Con questa suggestione si contesta decisamente la presenza del disturbo che il malato accusa, o si assicura che egli può compiere una certa azione, o gli si ingiunge di fare qualcosa. Se, invece di limitarsi semplicemente ad assicurare o a negare, si pone un rapporto tra la guarigione sperata ed una nostra azione o intervento durante l'ipnosi, si consegue un effetto molto più efficace. Ad esempio, possiamo dire: «Lei non prova più alcun dolore in questo punto, io vi appoggio la mano ed il male scompare». Se, durante l'ipnosi, si strofina e si preme la mano sulla parte dolente, la suggestione effettuata a parole viene fortemente rinvigorita. E non si deve evitare di spiegare al malato il carattere della sua malattia, di chiarirgli in che modo il dolore scompaia, ecc.; infatti, in genere non abbiamo davanti un automa psichico, ma un essere che ha facoltà critiche e possibilità di giudizio, in cui si può solo provocare un'impressione più forte che nello stato di veglia. Quando l'ipnosi non è ancora perfettamente compiuta, bisogna impedire che il soggetto parli perché con questa manifestazione motoria si dissolverebbe l'atmosfera incantata che avvolge la sua ipnosi, ed egli si desterebbe. Invece si può senz'altro permettere che i soggetti in stato sonnambolico parlino, si muovano, lavorino, e si possono ottenere i più intensi influssi psichici interrogandoli sui loro sintomi e sulla causa di questi, mentre sono sotto ipnosi.

Scopo della suggestione può essere o un effetto immediato, come accade specialmente nella cura delle paralisi, delle contratture, ecc., o un effetto post-ipnotico, destinato cioè ad attuarsi in un determinato momento dopo il risveglio. Interporre questa fase di attesa, che può durare anche tutta una notte, fra la comunicazione della suggestione ed il suo effettuarsi, è assai opportuno in tutti i casi di disturbi tenaci. Dall'osservazione dei pazienti è risultato che in genere le impressioni psichiche hanno bisogno di un certo tempo, un periodo d'incubazione, per indurre un'alterazione somatica (v. *Nevrosi traumatiche*[1]). Le varie suggestioni devono essere comunicate in tono estremamente deciso, perché l'ipnotizzato farà caso ad ogni indizio di dubbio, e lo userà in modo sfavorevole; si deve in tutti i modi evitare ogni contraddizione, e, per quanto possibile, si deve ricorrere alla propria capacità di provocare catalessia, contratture, insensibilità, ecc.

La *durata* dell'ipnosi deve essere stabilita secondo le esigenze pratiche; un'ipnosi piuttosto lunga, anche di parecchie ore, non pregiudica certo un esito positivo. Si provoca il risveglio con un'esortazione sul tipo di: «Basta per stavolta». Non bisogna

---

[1] [È il rinvio ad un'altra voce, non di Freud, del *Therapeutisches Lexicon* per il quale appunto fu scritto il saggio *Ipnosi*.]

trascurare di assicurare al paziente che venga ipnotizzato per la prima volta che al risveglio non avrà affatto mal di capo, che sarà di buon umore e in buona salute. Tuttavia talvolta si osserva che molti soggetti si destano da un'ipnosi leggera con una sensazione di peso alla testa e di stanchezza, se l'ipnosi era stata troppo breve: si può dire che essi non hanno dormito sufficientemente.

Non sempre il successo di un'ipnosi corrisponde alla sua *profondità*; in un'ipnosi molto lieve si possono ottenere modificazioni radicali ed invece anche con uno stato sonnambolico si può avere un esito assolutamente negativo. Se dopo poche ipnosi non si raggiunge l'esito desiderato, emerge un'altra difficoltà che questo metodo comporta. Mentre nessun malato si spazientisce se dopo venti sedute elettriche o venti bottiglie di acqua minerale non è ancora guarito, nel caso del trattamento ipnotico sia il medico sia il paziente si spazientiscono assai prima, il che deriva dalla differenza tra le suggestioni, di carattere volutamente ottimistico, e il grigiore della realtà. Anche in questo caso, il soggetto intelligente può agevolare il lavoro del medico rendendosi conto che, quando egli comunica la suggestione, è come se recitasse una parte, e che il vantaggio che ne deriverà sarà tanto maggiore, quanto maggiore è la sua decisione nel negare l'esistenza del disturbo. Per ogni trattamento ipnotico di una certa durata, si devono insistentemente ricercare nuovi spunti per le suggestioni, nuove modifiche per il procedimento ipnotico. Per chi forse, in cuor suo, dubita del risultato, tutto ciò comporta una forte tensione, alla fine esasperante.

Indubbiamente, la sfera d'azione dell'ipnoterapia è molto più vasta di quella degli altri metodi per curare malattie nervose. E l'accusa che l'ipnosi influirebbe solo sui sintomi, e anche per questi in modo transitorio, è assolutamente infondata. Se l'ipnoterapia riguarda solo i sintomi e non anche i processi patologici, si può solo dire che questa via che essa è costretta a praticare è la stessa che seguono le altre terapie.

Nel caso l'ipnosi abbia avuto successo la durata della guarigione dipende dagli stessi elementi che valgono per gli altri rimedi terapeutici. La guarigione durerà a lungo nel caso in cui i fenomeni erano solo effetti tardivi di un processo già concluso; invece è probabile un ritorno del male se ancora sussistono le cause che davano luogo ai sintomi patologici. In ogni caso, il trattamento ipnotico non preclude mai il ricorso anche ad una diversa terapia, dietetica, meccanica, o di ogni altro tipo. In tutti i casi in cui i sintomi patologici abbiano un'origine puramente psichica, l'ipnosi ha tutte le caratteristiche di una terapia causale, e spessissimo si ottengono risultati estremamente positivi interrogando e tranquillizzando il paziente in stato d'ipnosi.

Tutto quanto è stato detto e scritto sui temibili *pericoli* dell'ipnosi dev'essere considerato assolutamente fantastico. A parte il caso di abuso dell'ipnosi per motivi illeciti, il che è possibile anche per qualunque altro procedimento terapeutico, tutt'al più bisogna tener conto del fatto che, dopo parecchie ipnosi, i malati di nervi gravi tendono a cadere in stato ipnotico anche spontaneamente. Il medico può vietare ai malati queste ipnosi spontanee, che, d'altronde, si verificano soltanto in persone eccezionalmente sensibili. Per proteggere sufficientemente queste persone tanto sensibili che possono essere ipnotizzate senza il loro consenso, basterà comunicare loro la suggestione che soltanto il loro medico può ipnotizzarle.

v. Un caso di brillante trattamento ipnotico*

Ho deciso di pubblicare qui uno strano caso di guarigione raggiunta con suggestione ipnotica, in quanto, per vari motivi, esso ha un'efficacia dimostrativa e chiarificatrice insolita rispetto alla maggior parte dei nostri successi terapeutici.

Conoscevo da parecchi anni la signora che ebbi occasione di aiutare in un'importantissima circostanza della sua vita, ed in seguito ebbi la possibilità di seguirla ancora per parecchio tempo; il disturbo che poi la suggestione ipnotica eliminò era apparso per la prima volta un po' di tempo prima, e già era stato curato, ma senza un risultato positivo, coll'imposizione alla malata di una rinuncia a cui la seconda volta, con il mio aiuto, poté sottrarsi. L'esito della terapia fu molto positivo per la malata, e restò valido finché essa si sforzò di esercitare la funzione che il disturbo impediva; finalmente si poté, in questo caso, arrivare a dimostrare il meccanismo psichico che era alla base del disturbo, mettendolo a raffronto con processi neuropatici dello stesso tipo.

Era, per uscire dall'enigma, il caso di una madre che, prima della suggestione ipnotica, non riusciva ad allattare il proprio bambino; gli avvenimenti relativi ad un figlio che aveva avuto prima e ad un altro che ebbe poi, consentirono di verificare i risultati terapeutici, opportunità che si presenta molto di rado.

Questo caso clinico riguarda una giovane donna, tra i venti ed i trent'anni, che conoscevo fin da bambina; per le sue doti, il suo

* v. Titolo originale: «Ein Fall von hypnotischer Heilung». Pubblicato la prima volta in *Zeitschrift für Hypnotismus, Suggestionstherapie, Suggestionslehre und neuwandte psychologische Forschungen*, Berlin, 1, 1892/1893. Traduzione di Cecilia Galassi e Antonella Ravazzolo.

tranquillo equilibrio, la sua spontaneità, nessuno, neanche il suo medico personale, avrebbe potuto considerarla un soggetto nervoso. Ritengo, per le circostanze che ho riferito, che essa possa essere classificata, secondo l'indovinata espressione di Charcot, come un'«isterica occasionale». Com'è noto, appartenere a quella categoria non toglie affatto che si possano avere, nel complesso, ottime qualità ed una salute mentale per il resto eccellenti. Dei membri della sua famiglia conosco la madre, per niente nervosa, ed una sorella minore anch'essa sana; un fratello è stato affetto da una tipica forma di nevrastenia giovanile che gli ha impedito di realizzare le sue aspirazioni. Conosco bene sia le cause sia lo sviluppo di questa malattia, perché parecchie volte, nella mia pratica professionale, ho potuto osservare forme analoghe. Il normale perturbamento sessuale della pubertà, poi le fatiche dell'età scolastica e degli esami, una gonorrea ed immediatamente dopo l'insorgere improvviso di una dispepsia unita ad una tenace stipsi, pressoché incomprensibile, hanno agito su di una costituzione originariamente sana. Qualche mese dopo, una sensazione di pesantezza alla testa, cattivo umore, incapacità di lavorare, presero il posto della stipsi; e, d'allora in poi, si verificarono quelle modificazioni limitative del temperamento e quella tendenza egoistica che rendono il malato una vera disperazione per la famiglia. Non posso sapere con certezza se si possa considerare questa forma di nevrastenia, nei suoi vari aspetti, come ereditaria; non conosco altri parenti della mia cliente, e perciò lascio insoluto il problema se nella sua famiglia ci fosse una tendenza ereditaria alle nevrosi.

Quando stava per nascere il primo figlio del suo felice matrimonio, la paziente sembrava intenzionata ad allattare da sé il bambino. Il parto non fu più difficoltoso di quanto generalmente non lo sia nelle donne che hanno il primo figlio in età non più giovanissima. Ma, nonostante fosse di costituzione sana, la puerpera non riuscì ad essere per il bambino una buona nutrice: aveva poco latte, la suzione le provocava dolore, aveva scarso appetito, si manifestò un violento fastidio per i cibi, passava nottate inquiete ed insonni; perciò, per evitare altri rischi alla madre ed al figlio, dopo quindici giorni si rinunciò al tentativo di allattamento e si affidò il bambino ad una nutrice; da allora, tutti i disturbi della madre vennero meno rapidamente. Voglio chiarire che io non fui presente, né come medico, né come diretto testimone, a questo primo tentativo di allattamento.

Dopo tre anni nacque un altro bambino, e stavolta il ricorso ad una balia sembrava opportuno anche per altri elementi. I tentativi di allattamento da parte della madre risultavano abbastanza negativi, e si ripresentavano disturbi anche più gravi che nella volta precedente. La giovane donna rigettava qualunque cibo avesse ingerito, quando vedeva che le portavano il cibo a letto si irritava, non riusciva assolutamente a dormire, ed era tanto addolorata per la sua impotenza che tutti e due i medici di famiglia, il dottor Breuer e il dottor Lott, entrambi molto conosciuti nella nostra città, si rifiutarono di continuare i tentativi. Essi si limitarono a consigliare, come ultima possibilità, un tentativo di suggestione ipnotica, e mi fecero chiamare dalla mia conoscente, come medico, la sera del quarto giorno.

Essa era a letto, aveva il volto congestionato ed era fuori di sé per la sua incapacità ad allattare il bambino, incapacità che ad ogni tentativo cresceva e che, tuttavia, combatteva con tutte le sue forze. In tutto il giorno non aveva preso niente per calmare il vomito. Aveva l'epigastrio contratto, sensibile alla pressione, palpando si percepiva la peristalsi gastrica, ogni tanto c'erano eruttazioni inodore, la paziente si lamentava di sentire in bocca un cattivo sapore; l'area di risonanza dello stomaco era aumentata considerevolmente. Non venni certo ricevuto a braccia aperte, come un taumaturgo, ma anzi con una palese avversione, e non potevo aspettarmi una gran fiducia.

Cercai subito di provocare l'ipnosi con il sistema della fissazione e ricordando ininterrottamente, a parole, gli elementi del sonno. Tre minuti dopo la paziente si addormentò profondamente con sul volto un'espressione tranquilla. Non ricordo se cercai di provocare la catalessi e le altre espressioni di assoluta arrendevolezza. Lottai contro tutte le sue paure, e le sensazioni che erano alla base di queste, servendomi della suggestione. «Non deve temere, lei sarà un'ottima nutrice ed alleverà perfettamente suo figlio. Il suo stomaco è assolutamente calmo, la sua fame aumenta, lei ora ha voglia di mangiare», ecc. Poi la malata continuò a dormire per qualche minuto e, al risveglio, dimostrò di non ricordare nulla. Prima di andar via, dovetti tranquillizzare il marito, che temeva che l'ipnosi potesse danneggiare gravemente i nervi di una donna.

La sera dopo seppi qualcosa che mi rassicurava sulla possibilità di successo, e che invece, stranamente, non aveva impressionato granché né la paziente, né i familiari. La sera la donna aveva mangiato senza alcun fastidio, poi si era tranquillamente addormentata, e anche la mattina aveva mangiato e allattato il bambino senza disturbi. Ma il pranzo, molto abbondante, era stato di troppo per lei. Appena questo le fu presentato essa provò nuovamente lo stesso fastidio di prima, il vomito si manifestò prima ancora che assaggiasse qualcosa, e non poté tenere il bambino al seno; quando io arrivai, tutti i sintomi oggettivi si ripresentavano esattamente come la sera prima. Il suo ragionamento, che ora fosse tutto finito, perché essa si era convinta che i disturbi potevano diminuire e venir meno anche per una mezza giornata, non ebbe alcun effetto. Provocai la seconda ipnosi, ed anche questa portò subito al sonnambulismo; stavolta il mio comportamento fu più energico e più deciso. Cinque minuti dopo che io me ne fossi andato, la paziente si sarebbe dovuta rivolgere con una certa irritazione ai parenti: dove avevano messo il cibo? volevano affamarla? come poteva nutrire il bambino se non le davano niente? ecc.

La terza sera, al mio arrivo, la donna non volle sottoporsi ad un altro trattamento. Non le occorreva nulla; le era tornato l'appetito, aveva abbondante latte per il bambino ed allattarlo non le presentava più nessuna difficoltà, ecc. Il marito sembrava scarsamente rassicurato in quanto la sera precedente, subito dopo che io me n'ero andato, la donna era rimasta inquieta per parecchio tempo dopo aver mangiato e, cosa mai accaduta prima, aveva rimproverato la madre. Ma da allora tutto era andato benissimo.

Perciò non dovetti fare più niente. La donna continuò ad allattare il bambino per otto mesi e, data la nostra amicizia, ebbi più volte occasione di constatare la buona salute della madre e del figlio. Fui solo meravigliato ed irritato dal fatto che, nei nostri discorsi, non si parlasse mai del mio intervento che si era dimostrato estremamente efficace.

Ciononostante, un anno più tardi ci fu di nuovo bisogno di me, quando un terzo figlio richiedeva dalla madre cose che neanche stavolta lei poteva dare. Osservai che le condizioni della donna erano le stesse dell'anno prima, e che anche stavolta essa era irritata con se stessa perché non sapeva vincere, con la propria volontà, il disgusto per i cibi e gli altri sintomi. Il primo trattamento ipnotico rese la madre ancora più disperata. Dopo la seconda ipnosi il sintomo scomparve nuovamente del tutto, tanto che non fu necessaria una terza seduta. La donna poté continuare tranquillamente ad allattare questo bambino, che attualmente ha diciotto mesi e gode di una perfetta salute.

Finalmente, di fronte a questo nuovo successo, i coniugi abbandonarono il loro riserbo e mi spiegarono la ragione del loro comportamento nei miei confronti. La donna mi confessò che si era vergognata per aver avuto bisogno dell'ipnosi per una cosa che non era riuscita a vincere con la propria volontà. Tutto considerato, suppongo che né lei, né il marito abbiano vinto la loro ostilità per l'ipnosi.

A questo punto devo prendere in considerazione il meccanismo del disturbo da cui la suggestione ha liberato la mia paziente. Non dispongo, come per altri casi di cui parlerò altrove, di un'informazione diretta, e devo limitarmi ad avanzare delle ipotesi.

Ad alcune rappresentazioni è connesso uno stato affettivo di attesa; queste rappresentazioni possono essere di due tipi; quelle come «io farò questo o quello», cioè i cosiddetti *propositi*, e quelle come «mi succederà questo o quello», cioè vere e proprie *aspettative*. Lo stato affettivo che vi è collegato è condizionato da due elementi: anzitutto, dall'importanza che io attribuisco al fatto; poi dal grado di insicurezza connesso all'attesa. L'incertezza soggettiva, la contro-aspettativa, risulta da un complesso di rappresentazioni che possiamo chiamare «dolorose rappresentazioni di contrasto». Queste rappresentazioni di contrasto, nel caso dei propositi, possono essere espresse in questo modo: non riuscirò a realizzare il mio proposito, perché questa o quell'altra cosa è troppo difficile

per me, ed io mi sento impotente; inoltre so che, in queste circostanze, anche altre determinate persone non riuscirebbero. L'altro
caso, il caso dell'attesa, è chiarissimo: la contro-aspettativa si basa
sulla considerazione di tutte le altre possibilità che mi si possono
presentare prima che io arrivi a quella che desidero. L'esame più
approfondito di questo caso ci introduce nella sfera delle fobie,
che rivestono così grande importanza nella sintomatologia delle
nevrosi. Fermiamoci al primo tipo, quello dei propositi.

Qual è il comportamento della normale attività rappresentativa
di fronte alle rappresentazioni di contrasto contro il proposito?
Essa le soffoca e le inibisce meglio che può, il che corrisponde
all'assoluta fiducia in sé tipica dello stato di salute; inoltre essa
le tiene fuori dall'associazione, e vi riesce al punto che in genere
la stessa esistenza della rappresentazione di contrasto opposta al
proposito scompare, e solo con la considerazione delle nevrosi
diviene verosimile. Invece, nelle nevrosi, ed io non parlo solo
dell'isteria, ma dello *status nervosus* in genere, *c'è in via primaria*
una tendenza al cattivo umore, alla diminuzione della fiducia in
se stessi che, come sintomo estremamente importante, ritroviamo nella melancolia. Bene, nelle nevrosi sono considerate molto
importanti anche le rappresentazioni di contrasto nei confronti
del proposito, probabilmente perché il loro contenuto si adatta
bene allo stato d'animo, o forse perché delle rappresentazioni di
contrasto, che forse non si sarebbero presentate, si formano sulla
base delle nevrosi.

Nel semplice *status nervosus* questo intensificarsi delle rappresentazioni di contrasto è connesso all'attesa, nel senso di stato
d'animo pessimistico in generale; nella nevrastenia dà luogo alle
varie fobie del nevrastenico, collegandosi a sensazioni assolutamente accidentali. Trasferendosi sul proposito, questo elemento dà
luogo ai disturbi compresi sotto la denominazione di *folie du doute*
e che hanno per contenuto la sfiducia dell'individuo nelle proprie
azioni. In questo punto le due grandi nevrosi, nevrastenia ed isteria,
hanno un comportamento tipicamente diverso. Nella nevrastenia,
si connette con un atto di coscienza la rappresentazione di contrasto, fortemente intensificata, alla rappresentazione della volontà;

essa si sottrae a quest'ultima dando luogo alla singolare ipobulia del nevrastenico, che ne è consapevole. Nell'isteria il processo è diverso in due punti, o forse in uno soltanto. Dato che nell'isteria sussiste una tendenza alla *dissociazione della coscienza*, si porta la dolorosa rappresentazione di contrasto, apparentemente inibita, fuori dall'associazione, insieme al proposito, ed allora, spesso in modo inconscio per lo stesso malato, rimane come rappresentazione isolata. Bene, il fatto che per questa rappresentazione di contrasto, che quando si tratta di realizzare il proposito è inibita, sia possibile obiettivarsi sul piano dell'innervazione corporea, proprio come negli stati normali avviene per la rappresentazione della volontà, è decisamente una caratteristica isterica. La rappresentazione di contrasto viene così a costituire, potremmo dire, una «controvolontà», ed il malato è consapevole, con meraviglia, di una volontà decisa ma senza forze. Come abbiamo detto, è probabile che i due momenti si riducano ad uno solo, perché l'oggettivazione della rappresentazione di contrasto è possibile solo in quanto essa non viene inibita dal nesso col proposito, come invece inibisce quest'ultimo[1].

Nel caso che abbiamo considerato, una madre che non può allattare per difficoltà nervose, se fosse stata nevrastenica si sarebbe comportata in questo modo: si sarebbe consapevolmente spaventata per le funzioni cui doveva adempiere, avrebbe esasperatamente temuti i possibili rischi, ma, nonostante ciò, dopo molte incertezze, dopo molti dubbi e timori, avrebbe portato a termine l'allattamento senza difficoltà; oppure, nel caso fosse prevalsa la rappresentazione di contrasto, e non avendo fiducia in se stessa, lo avrebbe interrotto. L'isterica agisce in modo diverso; probabilmente non si rende conto del suo stesso timore, è decisa ad allattare e vi si accinge senza dubbio. Ma a questo punto agisce come se assolutamente non volesse allattare il bambino; e questa volontà provoca in lei tutti i sintomi oggettivi che una simulatrice

---

[1] Fra la compilazione di queste righe e la correzione delle bozze mi è giunto uno scritto di H. Kaan, *Der neurasthenische Angstaffekt bei Zwangsvorstellungen und der primordiale Grübelzwang* (Vienna 1893) in cui sono espresse considerazioni analoghe.

fingerebbe per evitare il compito di allattare, cioè l'inappetenza, il disgusto per il cibo, la sofferenza al momento della suzione, ed inoltre vari sintomi oggettivi a carico del tratto digerente che invece la simulazione non può provocare, in quanto la controvolontà ha sul corpo un'azione più efficace che non la simulazione cosciente. In questo caso, invece della debolezza della volontà della nevrastenica, c'è una degenerazione della volontà, ed invece di una rassegnata indecisione, c'è meraviglia e sconforto per il conflitto che la malata non riesce a comprendere.

Ritengo perciò di poter definire la mia paziente come una «isterica occasionale» in quanto, influenzata da una causa occasionale, era in grado di produrre una sindrome il cui meccanismo è così caratteristicamente isterico. In questo caso, si può considerare come occasionale l'eccitazione precedente al primo parto e l'esaurimento che lo seguì, perché il primo parto è appunto il trauma più violento cui è esposto l'organismo della donna, ed in seguito al quale essa tende a manifestare tutti i sintomi nevrotici latenti nella sua costituzione.

Il caso di questa malata può essere considerato come esemplificativo e chiarificatore per quanto riguarda tutti quei casi in cui influenze nervose impediscono l'allattamento, o funzioni d'altro tipo. Dato che ho parlato solo di sfuggita del meccanismo psichico del caso che ho esposto, mi affretto ad assicurare che spesso, durante il trattamento ipnotico, sono riuscito ad individuare per i sintomi isterici un meccanismo psichico analogo[2].

Qui esporrò solo uno degli esempi più significativi. Curavo da anni una signora isterica dotata di una forte volontà per tutto ciò che non subiva l'influsso della sua malattia, ma oppressa da varie e gravi limitazioni e incapacità di carattere isterico. Tra l'altro, questa signora attirava l'attenzione per uno strano rumore, una specie di tic, che s'intrometteva nei suoi discorsi e che si potrebbe descrivere come uno speciale schiocco della lingua con improvvisa

---

[2] Cfr. la contemporanea *Comunicazione preliminare* di J. Breuer e *Il meccanismo psichico dei fenomeni isterici* di S. Freud [trad. it. in *Opere complete, vol. 1 1886-1912*, Newton Compton editori, Roma 2015].

apertura delle labbra convulsamente serrate. Finalmente, dopo averla ascoltata per varie settimane, chiesi da quanto tempo ed in quali circostanze si fosse manifestato quel disturbo. Essa rispose: «Non potrei dire esattamente da quando, ma certamente da parecchio tempo». Pensai si trattasse di un tic, finché non mi venne in mente di chiedere la stessa cosa alla malata in stato di ipnosi profonda. Durante l'ipnosi, e senza bisogno di alcun suggerimento, la malata fu in grado di ricordare tutto, potrei dire che poté disporre della pienezza della sua coscienza, limitata, invece, nello stato di veglia. Rispose subito: «Il mio bambino più piccolo era tanto malato... la sera, finalmente, dopo aver avuto convulsioni per tutto il giorno si addormentò; mentre me ne stavo seduta vicino al letto, riflettevo: ora tu devi stare zitta per non svegliarlo, allora... per la prima volta schioccai la lingua. Poi la cosa scomparve, ma qualche anno dopo, mentre viaggiavo di notte per la foresta di *, si scatenò un violento temporale, ed un fulmine colpì un albero proprio davanti a noi, lungo la strada, ed il cocchiere fu costretto a fermare i cavalli; io pensai: ora non devi gridare, altrimenti i cavalli si spaventeranno; in quel momento il disturbo riapparve e da allora mi è rimasto». Potei dunque convincermi che quel suono provocato con la lingua non era propriamente un tic perché, una volta scoperta la sua origine, esso scomparve, e così fu per anni, finché mi fu possibile seguire la paziente. Ma proprio in questa occasione ebbi per la prima volta la possibilità di capire come i sintomi isterici si formino mediante l'oggettivazione di una dolorosa rappresentazione di contrasto, cioè mediante una controvolontà. La madre, sfinita dalla paura e dalle cure del bimbo malato, si propone di non emettere alcun suono per non svegliare il bambino che finalmente dorme. In questa condizione di sovraffaticamento la concomitante rappresentazione di contrasto, cioè che essa, nonostante tutto, lo farà, ha la prevalenza, arriva all'innervazione della lingua che forse la donna, nel proposito di rimanere in silenzio, aveva dimenticato di inibire, ed esce dalla fessura delle labbra provocando un rumore che d'allora, soprattutto per il ripetersi di un episodio analogo, resterà fissato per parecchi anni.

Non comprenderemo esattamente questo processo finché non

avremo ribattuto una precisa obiezione. Infatti ci si potrebbe chiedere perché proprio la rappresentazione di contrasto abbia avuto il sopravvento, in un comune esaurimento che costituisce la disposizione a processi di questo genere. Penso si possa rispondere formulando l'ipotesi che questo esaurimento sia solo parziale. Cioè, sono esauriti gli elementi del sistema nervoso che costituiscono le basi materiali delle rappresentazioni connesse alla coscienza primaria; non sono invece esaurite le rappresentazioni che restano fuori da questa catena associativa – dell'Io normale –, cioè le rappresentazioni inibite, represse, e perciò, nel momento della disposizione isterica, esse hanno la prevalenza.

Ma chiunque abbia una certa esperienza dell'isteria osserverà che il meccanismo psichico che ora ho illustrato è in grado di spiegare non solo singole, sporadiche crisi isteriche, ma una parte notevole della sintomatologia isterica, ed alcuni suoi aspetti caratteristici più interessanti. Se consideriamo assodato il presupposto che, nel momento della disposizione isterica, proprio le dolorose rappresentazioni di contrasto, represse ed inibite dalla coscienza morale, hanno avuto il sopravvento, per mezzo dell'innervazione corporea, allora siamo anche in grado di capire le caratteristiche degli attacchi isterici deliranti. Non è un caso che, nelle epidemie medievali, gli attacchi isterici delle monache consistessero in gravi bestemmie ed in uno sfrenato erotismo, e non è un caso che, come osserva Charcot, ragazzi per bene, educati, abbiano attacchi isterici in cui si realizza senza alcuna difficoltà ogni bricconata e sgarberia. Quando il soggetto è in preda ad un esaurimento isterico, sono proprio tutte le varie rappresentazioni inibite, ed inibite a fatica, che vengono convertite in azione, per una specie di controvolontà. Forse in certi casi il legame è più stretto, perché l'attacco isterico si verifica proprio a causa della penosa inibizione; e, d'altronde, gli aspetti psicologici dell'attacco isterico qui non sono ancora stati presi in considerazione. Qui devo limitarmi a cercare di spiegare per quali motivi, in presenza di quella disposizione isterica, i sintomi si manifestano nel modo in cui effettivamente ci appaiono.

Di solito, è per questo imporsi della controvolontà che l'isteria

presenta quell'aspetto diabolico che tanto spesso l'accompagna e
che è costituito dal fatto che ai malati è precluso proprio ciò che
essi desidererebbero più intensamente, e nel modo che vorrebbero,
e che devono calpestare ed oltraggiare proprio ciò che è loro più
caro. Chi ha una certa conoscenza degli isterici sa che la perversione temperamentale dell'isteria, il desiderio di fare ciò che è male,
di dover essere malati mentre si desiderava ardentemente essere
sani, tutte queste coazioni, colpiscono assai spesso i caratteri più
normali, che siano rimasti per un certo tempo senza protezione
di fronte alle loro rappresentazioni di contrasto.

Riguardo alla vita rappresentativa normale sembra assurdo sapere
cosa ne sarà dei propositi inibiti. La risposta potrebbe essere che
essi, appunto, non vengono più attuati. Ma dallo studio dell'isteria risulta che, nonostante tutto, essi hanno un'attuazione, cioè
vengono messi da parte e conservano un'insospettata esistenza
in una specie di zona d'ombra, finché non riemergono come fol-
letti impossessandosi del corpo, che altrimenti si conforma alla
prevalente coscienza dell'Io.

Poco fa ho affermato che si tratta di un meccanismo caratteristico dell'isteria, ma devo aggiungere che non la riguarda in
modo esclusivo. Lo si può ritrovare, in modo sorprendente, nel
tic convulsivo, una nevrosi che, dal punto di vista dei sintomi,
presenta parecchie analogie con l'isteria, per cui, nel complesso,
può apparire come una manifestazione parziale dell'isteria, tanto
che Charcot, se non ho del tutto frainteso quanto egli dice su
questo punto, riuscì, dopo una lunga ricerca, a rilevare una sola
differenza, cioè che il tic isterico può essere eliminato, ed invece
il tic vero e proprio persiste. Com'è noto, abbiamo il quadro di un
grave *tic convulsivo* in movimenti involontari che spesso, sempre
secondo Charcot e Guinon, hanno carattere di smorfia o di atti
che in origine avevano una qualche utilità, da coprolalia, ecola-
lia, e da rappresentazioni coatte del gruppo della *folie du doute*.
Bene, siamo sorpresi nell'apprendere che Guinon, quantunque
ometta di approfondire il meccanismo psichico di questo sintomo,
racconti che in certi suoi pazienti le contrazioni e le smorfie si
erano manifestate attraverso l'oggettivazione di rappresentazioni

di contrasto. Questi malati dicevano che, in una certa occasione, avevano visto un tic del genere, o avevano visto un comico che di proposito alterava in quel modo la propria espressione, e che perciò avevano temuto di dover riprodurre quegli orrendi gesti. E realmente, da quel momento, essi avevano cominciato a riprodurli. Naturalmente, solo una piccola parte dei movimenti involontari dei soggetti afflitti da tic si manifesta in questo modo. Invece, si potrebbe provare la tentazione di riferire questo meccanismo d'insorgenza alla coprolalia, termine che, com'è noto, sta ad indicare la pronuncia involontaria, o, per meglio dire, non voluta, di parole oscene da parte delle persone afflitte da tic. L'origine della coprolalia consisterebbe nell'impressione, che il malato prova, di non riuscire ad evitare di emettere certi suoni, in genere un «hm, hm». A ciò si aggiungerebbe in seguito il timore di perdere il controllo anche di altri suoni, soprattutto delle parole che una persona per bene non deve assolutamente pronunciare; e da questo timore deriverebbe l'attuazione di quanto è temuto. Nelle anamnesi riferite da Guinon non trovo nessun elemento che possa confermare questa ipotesi, ed a me non è mai capitato di parlare con un paziente coprolalico. Nello stesso autore trovo invece la notizia di un altro caso di tic veramente eccezionale, perché la parola pronunciata involontariamente non fa parte del patrimonio verbale della coprolalia. Il caso riguarda un individuo adulto, che non poteva far a meno di uscirsene nell'esclamazione: «Maria!». Da studente, egli si era innamorato di una ragazza che aveva questo nome, che lo aveva colpito in modo particolare, presumibilmente creando in lui una disposizione alla nevrosi. Da allora, egli aveva cominciato a pronunciare ad alta voce, nelle ore di scuola, il nome della fanciulla amata, e questo nome era rimasto in lui come un tic, anche dopo che il rapporto sentimentale era cessato da un tempo equivalente alla metà di una vita umana. Ritengo improbabile che tutto ciò si sia svolto in modo diverso da questo: l'intenso sforzo di mantenere segreto quel nome in un momento di speciale eccitazione si era trasformato proprio in controvolontà, e, da allora, era rimasto il tic, proprio come è successo per la mia seconda malata.

Se l'interpretazione del caso esemplificato è esatta, si prova la tentazione di imputare allo stesso meccanismo il tic coprolalico vero e proprio, perché le parole oscene sono segreti noti a tutti, ma la cui conoscenza tendiamo sempre a tener nascosta di fronte agli altri[3].

[3] Dico solo che sarebbe utile studiare, anche al di fuori dell'ambito dell'isteria e del tic, l'oggettivarsi della controvolontà, tanto frequente anche nell'ambito del normale.

Elenco delle opere di Sigmund Freud

Le date della prima colonna si riferiscono all'anno della pubblicazione dell'opera originale. Quelle tra parentesi indicano l'anno in cui fu ultimata la composizione quando questo è diverso dalla data di pubblicazione.

1884	*«Über coca». Secundararzt im. k.k. Allgemeinen Krankenhause in Wien, «Zentralblatt für die gesamte Therapie», 2*	Sulla coca
1885	*«Beitrag zur Kenntniss der Coca Wirkung». Sekundararzt im k.k. Allgemeinen Krankenhause in Wien, «Wiener Medizinische Wochenschrift», 5*	Contributo alla conoscenza degli effetti della cocaina
	«Nachträge Über Coca». Sekundararzt im k.k. Allgemeinen Krankenhause in Wien. Neu, durchgesehener und vermehrter Separat-Abdruck aus dem «Zentralblatt für die gesamte Therapie», Wien	Aggiunte a «Sulla coca»
	Über die Allgemeinwirkung des Cocaïns, in «Medizinisch-chirurgisches Zentralblatt», 32	Sugli effetti generali della cocaina
1886	*Beobachtung einer hochgradigen Hemianästhesie bei einem hysterischen Manne*	Osservazione di un grave caso di emianestesia in un isterico
	Vorwort des Übersetzers zu "Neue Vorlesungen über die Krankheiten des Nervensystems, insbesondere über Hysterie" von J.-M. Charcot	Prefazione alla traduzione delle *Lezioni sulle malattie del sistema nervoso* di Charcot
1887	*Beiträge Über die Anwendung des Cocaïns, in «Wiener Medizinische Wochenschrift»*	Cocainomania e cocainofobia
	Referate: Averbeck und Weir Mitchell	Due brevi recensioni (a Averbeck e a Weir Mitchell)
1887-1888	*Zwei Kurzreferate über Hypnotismus Referat über Berkhan "Versuche, die Taubstummheit zu bessern und die Erfolge dieser Versuche" (1887)*	Due brevi note sull'ipnotismo Recensione a *Esperimenti per migliorare il sordomutismo e risultati di questi esperimenti* di Berkhan

	Referat über Obersteiner, "Der Hypnotismus" mit besonderer Berücksichtigung seiner klinischer und forensischer Bedeutung (1887)	Recensione a *L'ipnotismo con speciale considerazione del suo significato clinico e forense* di Obersteiner, Wien 1887
1888	*Hysterie (Hysteroepilepsie)*	Isteria (in appendice: Isteroepilessia)
1888-1893	*Hypnotismus und Suggestion Vorrede des Übersetzers zu "Die Suggestion und ihre Heilwirkung" von Hippolyte Bernheim* (1888)	Scritti su ipnosi e suggestione Introduzione alla traduzione di *Sulla suggestione* di Hippolyte Bernheim
	Referat über "Der Hypnotismus" von August Forel (1889)	Recensione a *L'ipnotismo* di August Forel
	Psychische Behandlung (Seelenbehandlung) (1890)	Trattamento psichico (Trattamento dell'anima)
	Hypnose (1891)	Ipnosi
	Ein Fall von hypnotischer Heilung (1892)	Un caso di brillante trattamento ipnotico
1891	*Zur Auffassung der Aphasien*	L'interpretazione delle afasie
1892	*Bericht über einen Vortrag "Über Hypnose und Suggestion"*	Relazione su una conferenza *Su ipnosi e suggestione*
1892-1894	*Vorwort und Anmerkungen des Übersetzers zu "Poliklinische Vorträge" von J.-M. Charcot*	Prefazione e note alla traduzione delle *Lezioni del martedì della Salpêtrière* di J.-M. Charcot
1893	*Charcot*	Charcot
	Quelques considérations pour une étude comparative des paralysies motrices organiques et hystériques	Qualche indicazione per uno studio comparato delle paralisi motorie organiche e isteriche
	Über den psychischen Mechanismus hysterischer Phänomene	Il meccanismo psichico dei fenomeni isterici
1893-1895	*Studien über Hysterie* (1892-1895)	Studi sull'isteria
1894	*Die Abwehr-Neuropsychosen*	Le neuropsicosi di difesa
1895	*Autoreferat des Vortrags "Mechanismus der Zwangsvorstellungen und Phobien"*	Autorecensione della conferenza *Meccanismo delle ossessioni e fobie*
	Besprechung von A. Hegar, "Der Geschlechtstrieb: Eine sozial-medizinische Studie"	Recensione a *La pulsione sessuale: uno studio medico-sociale* di A. Hegar, Stuttgart 1884
	Besprechung von P.J. Möbius, "Die Migräne"	Recensione a *L'emicrania* di P.J. Moebius, Wien 1894
	Obsessions et phobies	Ossessioni e fobie
	Über die Berechtigung, von der Neurasthenie einen bestimmten Symptomenkomplex als "Angstneurose" abzutrennen	Opportunità di distinguere dalla nevrastenia una particolare sindrome con il nome di "nevrosi d'angoscia"

	Tatbestandsdiagnostik und Psycho-analyse	La psicoanalisi e l'accertamento dei fatti nei procedimenti legali
	Vorwort zur ersten Auflage der "Sammlung kleiner Schriften zur Neurosenlehre aus den Jahren 1893-1906"	Prefazione alla prima edizione della *Raccolta di brevi scritti sulla teoria delle nevrosi 1893-1906*
1907	*Antwort auf eine Rundfrage "Vom Lesen und von guten Büchern"*	Risposta a un questionario sulla lettura e sui buoni libri
	Der Wahn und die Träume in Wilhelm Jensens "Gradiva" (1906)	Delirio e sogni nella *Gradiva* di Jensen
	Prospekt für die Reihe "Schriften zur angewandten Seelenkunde"	Prospetto per la collana «Scritti di psicologia applicata»
	Zur sexuellen Aufklärung der Kinder	L'istruzione sessuale dei fanciulli
	Zwangshandlungen und Religionsübungen	Comportamenti ossessivi e pratiche religiose
1908	*Charakter und Analerotik*	Carattere ed erotismo anale
	Der Dichter und das Phantasieren (1907)	Il poeta e la fantasia
	Die "kulturelle" Sexualmoral und die moderne Nervosität	La morale sessuale "civile" e il nervosismo moderno
	Hysterische Phantasien und ihre Beziehung zur Bisexualität	Fantasie isteriche e loro rapporti con la bisessualità
	Vorwort zu "Nervöse Angstzustände und ihre Behandlung" von Dr. Wilhelm Stekel	Prefazione a *Stati d'angoscia nervosa e loro trattamento* di Wilhelm Stekel
1909	*Allgemeines über den hysterischen Anfall* (1908)	Osservazioni generali sull'attacco isterico
	Analyse der Phobie eines fünfjährigen Knaben (1908)	«Il caso del piccolo Hans». Analisi di una fobia in un bambino di cinque anni
	Bemerkungen über einen Fall von Zwangsneurose. (Arbeitsnotizen, 1907-08)	«Il caso dell'uomo dei topi». Osservazioni su un caso di nevrosi ossessiva. (In appendice gli appunti di lavoro 1907-1908)
	Der Familienroman der Neurotiker (1908)	Il romanzo familiare del nevrotico
	Über infantile Sexualtheorien (1908)	Teorie sessuali infantili
1910	*Beispiele des Verrats pathogener Phantasien bei Neurotikern*	Due casi di fantasie patogene rivelate da nevrotici
	Brief and Dr. Friedrich S. Krauss über die "Anthropophyteia"	Lettera al dottor Friedrich S. Krauss su «Anthropophyteia»
	Die psychogene Sehstörung in psychoanalytischen Auffassung	I disturbi psicogeni della vista nella concezione psicoanalitica

Die zukünftigen Chancen der psychoanalytischer Auffassung

Prospettive future della terapia psicoanalitica

Eine Kindheitserinnerung des Leonardo da Vinci

Un ricordo d'infanzia di Leonardo da Vinci

Referat: Wilhelm Neutra, "Briefe an nervöse Frauen"

Recensione a *Lettere a donne nervose* di Wilhelm Neutra

Über den Gegensinn der Urworte

Significato antitetico delle parole primitive

Über Psychoanalyse (1909)

Sulla psicoanalisi. Cinque conferenze

Über "wilde" Psychoanalyse

La psicoanalisi selvaggia

Vorwort zu "Lélekelemzés, értekezések a pszichoanalisis köreböl, irta Dr. Ferenczi Sándor" (1909)

Prefazione a *Psicoanalisi: saggi nel campo della psicoanalisi* di Sándor Ferenczi

Zur Einleitung der Selbstmord-Diskussion. Schlusswort

Contributi a una discussione sul suicidio

1910-1918   *Beiträge zur Psychologie des Liebeslebens:*
1. Über einen beionderen Typus der Objektwahl beim Manne (1910);
2. Über die allgemeinste Erniedrigung des Liebeslebens (1912);
3. Das Tabu der Virginität (1917)

Contributi alla psicologia della vita amorosa:
1. Un particolare tipo di scelta oggettuale nell'uomo;
2. Sulla tendenza universale alla devalorizzazione della vita amorosa;
3. Il tabù della verginità

1911   *Besprechung von G. Greve, "Sobre psicologia y psicoterapia de ciertos estados angustiosos"*

Recensione a *Sulla psicologia e psicoterapia di alcuni stati d'angoscia* di G. Greve, 1910

Die Bedeutung der Vokalfolge

Il significato della successione delle vocali

Formulierungen über die zwei Prinzipien des psychischen Geschehens

Precisazioni su due princìpi dell'accadere psichico

"Gross ist die Diana der Epheser"

«Grande è la Diana degli Efesini»

Psychoanalytische Bemerkungen über einen autobiographisch beschriebenen Fall von Paranoia (Dementia paranoides) (1910)

«Il caso di Schreber». Osservazioni psicoanalitiche sul resoconto autobiografico di un caso di paranoia (dementia paranoides)

Zur Technik der Psychoanalyse
Die Handhabung der Traumdeutung in der Psychoanalyse (1911)

Consigli di tecnica della psicoanalisi
L'impiego dell'interpretazione dei sogni in psicoanalisi

Zur Dynamik der Übertragung (1912)

La dinamica del transfert

Ratschläge für den Arzt bei der psychoanalytischen Behandlung (1912)

Raccomandazioni al medico sul trattamento psicoanalitico

1912   *A Note on the Unconscious in Psychoanalysis*

Nota sull'inconscio in psicoanalisi

Anmerkung zu Ernest Jones, "Psycho-Analyse Roosevelts"	Nota a Ernest Jones, *Psicoanalisi di Roosevelt*
Nachfrage des Herausgebers über Kindheitsträume	Richiesta del direttore intorno ai sogni dell'infanzia
Über neurotische Erkrankungstypen	Modi tipici di instaurarsi delle nevrosi
Zur Einleitung der Onanie-Diskussion. Schlusswort	Contributi a una discussione sulla masturbazione

1913

Das Interesse an der Psychoanalyse	L'interesse per la psicoanalisi
Das Motiv der Kästchenwahl	Il motivo della scelta degli scrigni
Die Disposition zur Zwangsneurose	La disposizione alla nevrosi ossessiva
Ein Traum als Beweismittel	Un sogno come mezzo di prova
Erfahrungen und Beispiele aus der analytischen Praxis	Osservazioni ed esempi desunti dalla pratica psicoanalitica
Geleitwort zu "Der Unrat in Sitte, Brauch, Glauben und Gewohnheitsrecht der Völker" von John Gregory Bourke	Prefazione a *L'elemento scatologico negli usi, costumi, credenze e abitudini* di J. G. Bourke
Geleitwort zu "Die psychoanalytische Methode" von Dr. Oskar Pfister, Zürich	Prefazione a *Il metodo psicoanalitico* di Oskar Pfister
Kindheitsträume mit spezieller Bedeutung	Sogni dell'età infantile con speciale significato
Märchenstoffe in Träumen	Materiale fiabesco dei sogni
On Psycho-analysis (1911)	Sulla psicoanalisi
Totem und Tabu. Einleitungspassagen zu "Über einige Übereinstimmungen im Seelenleben der Wilden und der Neurotiker" (1912)	Totem e tabù. Alcune concordanze nella vita psichica del selvaggi e dei nevrotici
Vorwort zu "Die psychischen Störungen der männlichen Potenz" von Dr. Maxim. Steiner	Prefazione a *I disturbi psichici dell'impotenza maschile* del dott. M. Steiner
Zwei Kinderlügen	Due bugie infantili

1913-1915

Weitere Ratschläge zur Technik der Psychoanalyse: *1. Zur Einleitung der Behandlung* (1913); *2. Erinnern, Wiederholen und Durcharbeiten* (1914); *3. Bemerkungen über die Übertragungsliebe* (1914)	Nuovi consigli sulla tecnica psicoanalitica: 1. L'inizio del trattamento; 2. Ricordare, ripetere, elaborare; 3. Osservazioni sull'amore di transfert

1914

Der Moses des Michelangelo (1913)	Il Mosè di Michelangelo

	Über fausse reconnaissance ("déjà raconté") während der psychoanalytischen Arbeit (1913)	Falso riconoscimento ("Dejà raconté") nel trattamento psicoanalitico
	Zur Einführung des Narzissmus	Introduzione al narcisismo
	Zur Geschichte der psychoanalytischen Bewegung	Storia del movimento psicoanalitico
	Zur Psychologie des Gymnasiasten	Psicologia del ginnasiale
1915	*Metapsychologie: Triebe und Triebschicksale; Die Verdrängung; Das Unbewusste*	Metapsicologia: Pulsioni e loro destini; La rimozione; L'inconscio
	Mitteilung eines der psychoanalytischen Theorie widersprechenden Falles von Paranoia	Un caso di paranoia in contrasto con la teoria psicoanalitica della malattia
	Zeitgemässes über Krieg und Tod	Considerazioni attuali sulla guerra e sulla morte
1916	*Eine Beziehung zwischen einem Symbol und einem Symptom*	Una relazione tra simbolo e sintomo
	Einige Charaktertypen aus der psychoanalytischen Arbeit	Alcuni tipi di carattere tratti dal lavoro psicoanalitico
	Mythologische Parallele zu einer plastischen Zwangsvorstellung	Parallelo mitologico di una rappresentazione ossessiva plastica
	Vergänglichkeit (1915)	Sulla precarietà
1916-1917	*Vorlesungen zur Einführung in die Psychoanalyse* (1915-1917)	Introduzione alla psicoanalisi
1917	*Eine Kindheitserinnerung aus "Dichtung und Wahrheit"*	Un ricordo d'infanzia da *Poesia e verità* di Goethe
	Eine Schwierigkeit der Psychoanalyse (1916)	Una difficoltà della psicoanalisi
	Metapsychologische Ergänzung zur Traumlehre (1915)	Supplemento metapsicologico alla teoria del sogno
	Trauer und Melancholie (1915)	Lutto e melancolia
	Über Triebumsetzungen, insbesondere der Analerotik (1915)	Sulle trasformazioni pulsionali in particolare nell'erotismo anale
1918	*Aus der Geschichte einer infantilen Neurose* (1914)	«Il caso dell'uomo dei lupi». Dalla storia di una nevrosi infantile
1919	*Brief an Frau Dr. Hermine von Hug-Hellmuth* (1915)	Lettera alla dottoressa Hermine von Hug-Hellmuth
	Das Unheimliche	Il perturbante
	"Ein Kind wird geschlagen"	"Un bambino viene battuto"
	Einleitung zu "Zur Psychoanalyse der Kriegsneurosen"	Introduzione a *Psicoanalisi delle nevrosi di guerra*

	E.T.A. Hoffmann über die Bewusst-seinsfunktion	E.T.A. Hoffmann sulla funzione della coscienza
	Internationaler Psychoanalytischer Verlag und Preiszuteilungen für psychoanalytische Arbeiten	Pubblicazione e premiazione di lavori psicoanalitici
	James J. Putnam †	Necrologio di J.J. Putnam
	Kell-e az egyetemen a psychoanaly-sist tanitani? (1918)	Bisogna insegnare la psicoanalisi nelle università?
	Victor Tausk †	Necrologio di V. Tausk
	Vorrede zu "Probleme der Religions-psychologie" von Dr. Theodor Reik	Il rituale. Prefazione a *Problemi di psicologia religiosa* di Theodor Reik
	Wege der psychoanalytischen Therapie (1918)	Vie della terapia psicoanalitica
1920	*Dr. Anton von Freund*	Il dottor Anton von Freund
	Ergänzungen zur Traumlehre	Complementi alla teoria del sogno
	Gedankenassoziation eines vierjährigen Kindes	Associazione d'idee di una bambina di quattro anni
	Jenseits des Lustprinzips	Al di là del principio del piacere
	Über die Psychogenese eines Falles von weiblicher Homosexualität	Psicogenesi di un caso di omosessualità in una donna
	Zur Vorgeschichte der analytischen Technik	Preistoria della tecnica analitica
1921	*Auszug eines Briefs an Claparède* (1920)	Estratto di una lettera a Claparède
	Introduction to J. Varendonck, "The Psychology of Day-Dreams"	Prefazione a *La psicologia dei sogni a occhi aperti* di J. Varendonck
	Massenpsychologie und Ich-Analyse	Psicologia collettiva e analisi dell'Io
	Preface to "Addresses on Psycho-Analysis" by J.J. Putnam	Prefazione a *Discorsi di psicoanalisi* di J.J. Putnam
	Preisausschreibung	Premiazioni
1922	*Etwas vom Unbewussten*	Qualche parola sull'inconscio
	Preiszuteilungen	Concorso a premio
	Traum und Telepathie (1921)	Sogno e telepatia
	Über einige neurotische Mechanismen bei Eifersucht, Paranoia und Homosexualität (1921)	Alcuni meccanismi nevrotici nella gelosia, paranoia e omosessualità
	Vorwort zu "La méthode psychanalytique" von Raymond de Saussure	Prefazione a *Il metodo psicoanalitico* di Raymond de Saussure
1923	*Bemerkungen zur Theorie und Praxis der Traumdeutung* (1922)	Osservazioni sulla teoria e pratica dell'interpretazione dei sogni

Brief an Luis López-Ballesteros y de Torres

Lettera a Luis López-Ballesteros y de Torres

Das Ich und das Es (1922)

L'Io e l'Es

Die infantile Genitalorganisation

L'organizzazione genitale infantile

Dr. Ferenczi Sándor (Zum 50. Geburtstag)

Il dottor Sándor Ferenczi (per il cinquantesimo compleanno)

Eine Teufelsneurose im siebzehnten Jahrhundert (1922)

Una nevrosi demoniaca nel secolo decimosettimo

Josef Popper-Lynkeus und die Theorie des Traumes

Josef Popper-Lynkeus e la teoria del sogno

"Psychoanalyse" und "Libidotheorie" (1922)

Due voci di enciclopedia: *Psicoanalisi* e *Teoria della libido*

Vorwort zu Max Eitingon, "Bericht über die Berliner psychoanalytische Poliklinik"

Prefazione a *Rapporto sul Policlinico psicoanalitico di Berlino* di Max Eitingon

1924   *Brief an Fritz Wittels* (1923)

Lettera a Fritz Wittels

Das ökonomische Problem des Masochismus

Il problema economico del masochismo

Der Realitätsverlust bei Neurose und Psychose

La perdita di realtà nella nevrosi e nella psicosi

Der Untergang des Ödipuskomplexes

Il tramonto del complesso edipico

Kurzer Abriss der Psychoanalyse (1923)

Breve compendio di psicoanalisi

Lettre à "Le Disque vert"

Lettera alla rivista «Le Disque vert»

Mitteilung des Herausgebers

Comunicazione del direttore sui mutamenti nella direzione della «Zeitschrift»

Neurose und Psychose (1923)

Nevrosi e psicosi

1925   *Brief an den Herausgeber der "Jüdischen Presszentrale Zürich"*

Lettera al direttore del periodico «Jüdische Presszentrale Zürich»

Die Verneinung

La negazione

Die Widerstände gegen die Psychoanalyse (1924)

Le resistenze alla psicoanalisi

Einige Nachträge zum Ganzen der Traumdeutung

Alcune aggiunte d'insieme alla *Interpretazione dei sogni*

Einige psychische Folgen des anatomischen Geschlechtsunterschieds

Alcune conseguenze psichiche della differenza anatomica tra i sessi

Geleitwort zu "Verwahrloste Jugend" von August Aichhorn

Prefazione a *Gioventù traviata* di August Aichhorn

Josef Breuer †

Necrologio di Josef Breuer

	Notiz über den "Wunderblock" (1924)	Nota sul "notes magico"
	Selbstdarstellung (1924)	Autobiografia
	To the Opening of the Hebrew University	In occasione dell'inaugurazione dell'Università ebraica
1926	*An Romain Rolland*	A Romain Rolland
	Anmerkung über Ewald Hering	Nota su Ewald Hering
	Bemerkung zu E. Pickworth Farrow's "Eine Kindheitserinnerung aus dem 6. Lebensmonat"	Premessa a un articolo di E. Pickworth Farrow
	Die Frage der Laienanalyse	Il problema dell'analisi condotta da non medici
	Dr. Reik und die Kurpfuschereifrage	Il dottor Reik e il problema dei guaritori empirici
	Hemmung, Symptom und Angst (1925)	Inibizione, sintomo e angoscia
	Karl Abraham †	Necrologio di Karl Abraham
	Psycho-Analysis (1925)	Psicoanalisi
1927	*Der Humor*	L'umorismo
	Die Zukunft einer Illusion	L'avvenire di un'illusione
	Fetischismus	Feticismo
1928	*Dostojewski und die Vatertötung* (1927)	Dostoevskij e il parricidio
	Ein religiöses Erlebnis (1927)	Un'esperienza religiosa
1929	*Brief an Maxime Leroy über einen Traum des Cartesius*	Un sogno di Cartesio: lettera a Maxime Leroy
	Dr. Ernest Jones (Zum 50. Geburtstag)	Il dottor Ernest Jones (per il cinquantesimo compleanno)
1930	*Auszug eines Briefs an Theodor Reik* (1929)	Estratto di una lettera a Theodor Reik
	Das Unbehagen in der Kultur (1929)	Il disagio della civiltà
	Geleitwort zu "The Medical Review of Reviews", vol. 36	Prefazione a un numero speciale di «The Medical Review of Reviews»
	Goethe-Preis 1930	Premio Goethe 1930
	Vorwort zu "Zehn Jahre Berliner Psychoanalytisches Institut"	Prefazione a *Dieci anni dell'Istituto psicoanalitico di Berlino*
1931	*Brief an den Bürgermeister der Stadt Příbor*	Lettera al borgomastro di Příbor
	Brief an Georg Fuchs	Lettera a Georg Fuchs

	Brief an Professor Tandler	Lettera al professor Tandler
	Das Fakultätsgutachten im Prozess Halsmann (1930)	La perizia della Facoltà medica nel processo Halsmann
	Geleitwort zu "Elementi di psicoanalisi" von Edoardo Weiss (1930)	Prefazione a *Elementi di psicoanalisi* di Edoardo Weiss
	Über die weibliche Sexualität	Sessualità femminile
	Über libidinöse Typen	Tipi libidici
1932	*Geleitwort zu "Allgemeine Neurosenlehre auf psychoanalytischer Grundlage" von Hermann Nunberg* (1931)	Prefazione a *Teoria generale delle nevrosi secondo i principi psicoanalitici* di Hermann Nunberg
	Meine Berührung mit Josef Popper-Lynkeus	I miei rapporti con Josef Popper-Lynkeus
	Zur Gewinnung des Feuers (1931)	L'acquisizione del fuoco
1933	*Brief an Siegfried Hessing* (1932)	Lettera a Siegfried Hessing
	Neue Folge der Vorlesungen zur Einführung in die Psychoanalyse (1932)	Introduzione alla psicoanalisi (Seconda serie di lezioni)
	Sándor Ferenczi †	Necrologio di Sándor Ferenczi
	Vorwort zu "Edgar Poe, étude psychanalytique", von Marie Bonaparte	Prefazione a *Edgar Poe, studio psicoanalitico* di Marie Bonaparte
	Warum Krieg? (1932)	Perché la guerra?
1935	*Die Feinheit einer Fehlhandlung*	La finezza di un'azione mancata
	Thomas Mann zum 6o. Geburtstag	A Thomas Mann per il suo sessantesimo compleanno
1936	*Brief an Romain Rolland: Eine Erinnerungsstörung auf der Akropolis*	Un disturbo della memoria sull'Acropoli: lettera aperta a Romain Rolland
	Geleitwort zu "Handwörterbuch der Psychoanalyse" von Richard Sterba (1932)	Prefazione al *Piccolo dizionario di psicoanalisi* di Richard Sterba
	Vorwort zur tschechischen Ausgabe der "Vorlesungen zur Einführung in die Psychoanalyse" (1935)	Prefazione all'edizione ceca delle lezioni di *Introduzione alla psicoanalisi*
	Zum Ableben Professor Brauns	Necrologio di Ludwig Braun
1937	*Die endliche und die unendliche Analyse*	Analisi terminabile e interminabile
	Konstruktionen in der Analyse	Costruzioni nell'analisi
	Lou Andreas-Salomé †	Necrologio di Lou Andreas-Salomé
1937-1938	*Der Mann Moses und die monotheistische Religion: Drei Abhandlungen* (1934-1938)	Mosè e il monoteismo: tre saggi

1938	*Anti-semitism in England*	Antisemitismo in Inghilterra
	Ein Wort zum Antisemitismus	Una parola sull'antisemitismo
1940	*Abriss der Psychoanalyse* (1938)	Compendio di psicoanalisi
	Das Medusenhaupt (1922)	La testa di Medusa
	Die Ichspaltung im Abwehrvorgang (1938)	La scissione dell'Io nel processo di difesa
	Einführung zu Yisrael Doryon, "Lynkeus' New State" (1938)	Prefazione a Yisrael Doryon, *Il nuovo Stato di Lynkeus*
1940-1941	*Beiträge zu "Vorläufige Mitteilung"* (1892)	Abbozzi per la *Comunicazione preliminare* (poi I cap. di *Studi sull'isteria*)
1941	*Ansprache an die Mitglieder des Vereins B'nai B'rith* (1926)	Discorso ai membri della Associazione B'nai B'rith
	Eine erfüllte Traumahnung (1899)	Un presentimento onirico avveratosi
	Ergebnisse, Ideen, Probleme (1938)	Risultati, idee, problemi
	Psychoanalyse und Telepathie (1921)	Psicoanalisi e telepatia
	Some Elementary Lessons in Psycho-Analysis (1938)	Alcune lezioni elementari di psicoanalisi
1942	*Psychopathische Personen auf der Bühne* (1905)	Personaggi psicopatici sulla scena
1945-1946	*Auszüge aus zwei Briefen an Yisrael Doryon* (1938)	Estratti di due lettere a Yisrael Doryon
1950	*Abhandlungen an Wilhelm Fliess* (1892-1897)	Minute teoriche per Wilhelm Fliess
	Entwurf einer Psychologie (1895)	Progetto di una psicologia
1954	*Brief an Israel Cohen* (1938)	Lettera a Israel Cohen
1955	*Brief an Juliette Boutonier* (1930)	Lettera a Juliette Boutonier
	Gutachten über die elektrische Behandlung der Kriegsneurotiker (1920)	Promemoria sul trattamento elettrico dei nevrotici di guerra
1958	*Brief an D.E. Oppenheim* (1909)	Lettera a D.E. Oppenheim
	Träume im Folklore (1911)	Sogni nel folklore (in collaborazione con D. E. Oppenheim)
1960	*Bericht über meine Studienreise nach Paris und Berlin* (1886)	Relazione sui miei viaggi di studio a Parigi e a Berlino
	Habilitationsgesuch, Curriculum vitae, Lehrplan, Reisestipendiumgesuch (1885)	Curriculum vitae
1966	*Einleitung zu "Thomas Woodrow Wilson. Eine psychologische Studie"* (1930)	Introduzione allo studio psicologico su Thomas Woodrow Wilson

1978	*Vier Documente über den Fall "Nina R."* (1891-1894)	Quattro documenti sul caso «Nina R.» (con Josef Breuer)
1985	*Übersicht der Übertragungsneurosen* (1915)	Sintesi generale delle nevrosi di traslazione
1987	*Drei Briefe an Georg Hermann* (1936)	Tre lettere a Georg Hermann
1989	*Einweisungsschreiben "Mathilde S."* (1889)	Due documenti sul caso «Mathilde S.»
1990	*Wir und der Tod* (1915)	Noi e la morte

Indice